ARISTOPHANE

EUGÈNE TALBOT

ARISTOPHANE

TRADUCTION NOUVELLE

PRÉFACE DE SULLY PRUDHOMME

TOME SECOND

PARIS

ALPHONSE LEMERRE, ÉDITEUR

23-31, PASSAGE CHOISEUL, 23-31

M DCCC XCVII

LES OISEAUX

(L'AN 415 AVANT J.-C.)

Deux citoyens, Pisthétéros (Fidèle ami) et Evelpide (Bon espoir), dégoûtés de la vie que l'on mène à Athènes, se déterminent à bâtir une ville aérienne, Néphélococcygia (Nuéecoucouville). Tous les hommes veulent y venir habiter, mais le poète, enlevant le sceptre aux dieux qui ne savent plus maintenir l'ordre sur la terre, chasse impitoyablement de la cité nouvelle les prêtres, les devins, les philosophes, les poètes, les législateurs, les avocats. On crée des divinités à l'image des oiseaux, à qui appartient désormais l'empire du monde, et les anciens dieux, bloqués dans l'Olympe, où n'arrive plus l'odeur des offrandes, sont forcés d'entrer en composition avec Pisthétéros.

PERSONNAGES DU DRAME

Evelpidès.
Pisthétæros.
Le Roitelet, serviteur de la Huppe.
La Huppe.
Choeur d'Oiseaux.
Le Phoenikoptère.
Hérauts.
Un Prêtre.
Un Poète.
Un Diseur d'oracles.
Le Rossignol.
Proknè.
Métôn, géomètre.
Un Inspecteur.
Un Vendeur de décrets.
Messagers.
Iris.
Un Parricide.
Kinésias, poète dithyrambique.
Un Sykophante.
Promètheus.
Poséidôn.
Un Triballe.
Hèraklès.
Un Esclave de Pisthétæros.
Xanthias. } Esclaves,
Manodoros ou Manès } personnages muets.

La scène se passe dans un endroit sauvage, rocailleux, au fond d'une forêt.

LES OISEAUX

EVELPIDÈS, *au geai.*

Est-ce tout droit que tu me dis d'aller, du côté où l'on voit cet arbre ?

PISTHÉTÆROS, *tenant une corneille.*

La peste te crève ! La voilà qui me croasse de revenir en arrière !

EVELPIDÈS.

Pourquoi, malheureux, sautillons-nous de haut en bas ? Nous nous tuons à chercher ainsi notre route de côté et d'autre.

PISTHÉTÆROS.

Je me suis fié, pour mon malheur, à cette corneille, qui m'a fait parcourir deux mille stades de chemin.

EVELPIDÈS.

Et moi je me suis fié, pour mon infortune, à ce geai, qui m'a rongé les ongles des doigts.

PISTHÉTÆROS.

En quel endroit de la terre sommes-nous ? je n'en sais rien.

EVELPIDÈS.

D'ici, retrouverais-tu ta patrie, toi ?

PISTHÉTÆROS.

Non, de par Zeus ! pas plus qu'Exèkestidès.

EVELPIDÈS.

Malheur !

PISTHÉTÆROS.

Allons, mon ami, suis cette route.

EVELPIDÈS.

Certes, il nous a joué un vilain tour, cet oiseleur du marché à la volaille, ce fou de Philokratès, en me disant que ces deux guides seuls, parmi les oiseaux, nous diraient où est Tèreus, la huppe, changé en oiseau. Il nous a vendu une obole ce geai, fils de Tharrélidès, et trois oboles cette corneille qui, l'un et l'autre, ne savent rien que mordre. Eh bien ! qu'as-tu, maintenant, à ouvrir le bec ? Est-ce que tu vas encore nous mener de façon à tomber des rochers ? Ici, il n'y a pas de route.

PISTHÉTÆROS.

Et ici, de par Zeus ! pas le moindre sentier.

EVELPIDÈS.

La corneille ne dit donc rien au sujet de la route? Pas de croassements?

PISTHÉTÆROS.

Pas plus maintenant que tout à l'heure.

EVELPIDÈS.

Enfin, que dit-elle de la route?

PISTHÉTÆROS.

Que veux-tu qu'elle dise, sinon qu'en les rongeant, elle me mangera les doigts?

EVELPIDÈS.

N'est-il pas étrange, assurément, que, avec notre désir d'aller aux corbeaux et nos préparatifs achevés, nous ne puissions ensuite trouver la route? En effet, ô vous, hommes qui assistez à cet entretien, nous sommes malades du mal contraire à celui de Sakas. N'étant pas citoyen, il veut l'être à toute force, et nous qui sommes d'une tribu et d'une famille honorables, citoyens comme nos concitoyens, sans en être chassés par personne, nous prenons des deux pieds notre vol loin de notre patrie, non point par haine pour cette ville qui n'est pas seulement grande et heureusement douée par la nature, mais ouverte à tous pour y dépenser leur avoir. En effet, les cigales ne chantent qu'un ou deux mois sur les jeunes figuiers, tandis que les Athéniens chantent toute leur vie l'air des procès. Voilà pourquoi nous avons entrepris ce voyage, et comment, pourvus d'une corbeille, d'une cruche et de myrte, nous errons tous deux à la recherche d'un lieu tranquille, où nous puissions nous établir et séjourner. Nous nous dirigeons du côté de Tèreus la huppe, pour le prier de nous dire si, dans la région où il a porté son vol, il a vu quelque part cette sorte de ville.

PISTHÉTÆROS.

Holà! hé!

EVELPIDÈS.

Qu'est-ce donc?

PISTHÉTÆROS.

Depuis longtemps la corneille m'indique quelque chose là-haut.

EVELPIDÈS.

Et ce geai aussi ouvre le bec comme pour me montrer quelque chose. Il n'est pas possible qu'il n'y ait pas par là des oiseaux. Nous le saurons tout de suite en faisant du bruit.

PISTHÉTÆROS.

Alors, sais-tu ce qu'il faut faire? Heurte ta jambe contre cette roche.

EVELPIDÈS.

Et toi ta tête; ce sera un double bruit.

PISTHÉTÆROS.

Alors, toi, une pierre; prends et frappe.

EVELPIDÈS.

Très bien, si cela te plaît. Esclave, esclave!

PISTHÉTÆROS.

Que dis-tu? Au lieu de la Huppe, tu appelles : « Esclave! » En place d'« Esclave! » il te fallait crier : « Epopoï! »

EVELPIDÈS.

Epopoï! Veux-tu que je frappe encore une fois? Epopoï!

LE ROITELET.

Quels sont ces gens? Qui est-ce qui crie en appelant mon maître?

EVELPIDÈS.

Apollôn sauveur, quelle ouverture de bec!

LE ROITELET.

Malheur à moi! ce sont deux oiseleurs!

EVELPIDÈS.

Voilà un être affreux et d'une vilaine conversation!

LE ROITELET.

Allez tous deux à la malheure!

EVELPIDÈS.

Mais nous ne sommes pas des hommes!

LE ROITELET.

Qu'êtes-vous donc?

EVELPIDÈS.

Je suis le Peureux, oiseau de Libyè.

LE ROITELET.

Des contes!

EVELPIDÈS.

Regarde plutôt à mes pieds.

LE ROITELET.

Et l'autre? Quel oiseau est-ce? Tu ne parles pas?

PISTHÉTÆROS.

Je suis l'Emmerdé, oiseau du Phasis.

EVELPIDÈS.

Et toi, quel animal es-tu, au nom des dieux?

LE ROITELET.

Je suis un oiseau esclave.

EVELPIDÈS.

Tu as été vaincu par quelque coq?

LE ROITELET.

Non pas; mais lorsque mon maître est devenu huppe, il demanda que, moi aussi, je devinsse oiseau, afin d'avoir un compagnon et un serviteur.

EVELPIDÈS.

Est-ce qu'un oiseau a besoin d'un serviteur?

LE ROITELET.

Lui, du moins, je le crois, parce que jadis il était homme. Tantôt il veut manger des anchois de Phalèron; je cours lui chercher des anchois dans une écuelle; tantôt il désire de la purée : il lui faut une cuillère et une marmite; je cours chercher la cuillère.

EVELPIDÈS.

C'est un coureur que cet oiseau. Sais-tu ce qu'il te faut faire, Roitelet? Appelle-nous ton maître.

LE ROITELET.

Mais, de par Zeus! il vient de s'endormir, après avoir mangé des baies de myrte et quelques moucherons.

EVELPIDÈS.

Malgré cela, éveille-le!

LE ROITELET.

Je suis sûr qu'il va se mettre en colère; mais, pour vous plaire, je l'éveillerai. *(Il sort.)*

PISTHÉTÆROS, *au Roitelet qui s'en va.*

Puisses-tu périr de malemort, toi qui as failli me tuer.

EVELPIDÈS.

Ah! malheureux que je suis! mon geai s'est envolé de frayeur.

PISTHÉTÆROS.

Tu es bien le plus lâche des animaux : ta frayeur a fait partir le geai.

EVELPIDÈS.

Dis-moi, toi-même n'as-tu pas fait partir la corneille, en tombant?

PISTHÉTÆROS.

Non pas, de par Zeus!

EVELPIDÈS.

Où est-elle alors?

PISTHÉTÆROS.

Elle s'est envolée.

EVELPIDÈS.

Et tu ne l'as pas fait partir! O mon bon, comme tu es brave!

LA HUPPE.

Ouvre l'huis, pour que je sorte.

EVELPIDÈS.

Par Hèraklès! quel est cet animal? Quel plumage! Quel appendice de triple aigrette!

LA HUPPE.

Quelles sont ces gens qui me cherchent?

EVELPIDÈS.

Les douze dieux semblent t'avoir mis en piteux état.

LA HUPPE.

Ne vous riez pas de moi en voyant mon plumage! Car, ô étrangers, autrefois j'étais homme.

EVELPIDÈS.

Nous ne rions pas de toi.

LA HUPPE.

Mais de quoi ?

EVELPIDÈS.

Ton bec nous paraît risible.

LA HUPPE.

C'est pourtant comme cela que Sophoklès me traite indignement dans ses tragédies, moi Tèreus.

EVELPIDÈS.

Tu es donc Tèreus ? Simple oiseau ou paon ?

LA HUPPE.

Oiseau.

EVELPIDÈS.

Où sont donc tes plumes ?

LA HUPPE.

Elles sont tombées.

EVELPIDÈS.

Est-ce par suite de quelque maladie ?

LA HUPPE.

Non; mais, en hiver, tous les oiseaux muent, et nous reprenons ensuite d'autres plumes. Mais vous deux, dites-moi, qui êtes-vous ?

EVELPIDÈS.

Nous ? Des mortels.

LA HUPPE.

De quel pays ?

EVELPIDÈS.

De celui où sont les belles trières.

LA HUPPE.

Êtes-vous hèliastes ?

EVELPIDÈS.

Absolument le contraire : antihèliastes.

LA HUPPE.

On sème donc là-bas de cette graine ?

EVELPIDÈS.

Tu n'en recueillerais pas beaucoup en cherchant dans nos champs.

LA HUPPE.

Quelles pressantes affaires vous ont fait venir ici ?

EVELPIDÈS.

Le désir de converser avec toi.

LA HUPPE.

Et pourquoi ?

EVELPIDÈS.

Parce que, d'abord, tu as été homme comme nous, jadis ; parce que tu as dû de l'argent, comme nous, jadis ; parce que tu aimais à ne pas le rendre, comme nous, jadis. Puis, ayant changé ta nature en celle d'oiseau, tu as promené ton vol circulaire sur la terre et sur la mer. Et c'est la raison pour laquelle tu as l'intelligence de l'homme mêlée à celle de l'oiseau. Aussi sommes-nous venus ici tous deux vers toi te prier de nous dire s'il y a quelque cité de laine épaisse, comme une couverture moelleuse où l'on goûte le repos.

LA HUPPE.

Alors tu cherches une ville plus grande que celle des fils de Kranaos ?

EVELPIDÈS.

Pas plus grande, mais qui nous convienne mieux.

LA HUPPE.

Il est clair que tu cherches un gouvernement aristocratique.

EVELPIDÈS.

Moi ? Pas du tout : je déteste même le fils de Skellios.

LA HUPPE.

Quelle ville habiteriez-vous donc le plus volontiers ?

EVELPIDÈS.

Celle où la plus grande affaire serait d'entendre à ma porte, dès le matin, quelque ami me dire : « Au nom de Zeus Olympien, présente-toi chez moi de bonne heure, toi et tes enfants, au sortir du bain : je dois donner un repas de noces ; n'y manque pas surtout ; autrement, ne mets jamais les pieds chez moi, quand je serai dans le malheur. »

LA HUPPE.

De par Zeus! tu as la passion des grandes infortunes! Et toi?

PISTHÉTÆROS.

J'ai une passion semblable, moi.

LA HUPPE.

Et laquelle?

PISTHÉTÆROS.

Celle d'une cité où, en me rencontrant, le père d'un joli garçon me dise d'un ton de reproche, comme offensé par moi : « Vraiment, Stilbonidès, en voilà une belle conduite! Tu rencontres mon fils revenant du bain et du gymnase, et pas un baiser, pas une parole, pas une caresse, pas un attouchement de toi, l'ami du père! »

LA HUPPE.

Mon pauvre homme, pour quelles tristes choses tu te passionnes! Eh bien, il y a une ville heureuse, telle que vous le dites, sur les côtes de la mer Erythræa.

EVELPIDÈS.

Malheur! Ne nous parle pas d'une ville maritime : un beau matin on y verrait aborder la Salaminienne amenant un huissier. As-tu une ville hellénique à nous proposer?

LA HUPPE.

Pourquoi n'iriez-vous pas habiter Lépréon, en Élis?

EVELPIDÈS.

Par les dieux! sans l'avoir vue, j'ai en horreur Lépréon, à cause de Mélanthios.

LA HUPPE.

Il y a encore dans la Lokris la ville des Opontiens; vous pourriez y habiter.

EVELPIDÈS.

Mais moi je ne voudrais pas être Opontien, pour un talent d'or. Et quelle est la vie qu'on mène chez les oiseaux ? Tu dois le savoir parfaitement.

LA HUPPE.

Pas désagréable à vivre : premièrement il faut s'y passer de bourse.

EVELPIDÈS.

Vous avez ainsi retiré de la vie une grande source de fraudes.

LA HUPPE.

Notre nourriture, cueillie dans les jardins, est le sésame blanc, le myrte, les pavots et la menthe.

EVELPIDÈS.

Mais alors vous êtes en quête d'une vie de nouveaux mariés.

PISTHÉTÆROS.

Hé! hé! J'entrevois un grand dessein pour la race des oiseaux : elle deviendrait puissante, si vous m'obéissiez.

LA HUPPE.

Et comment t'obéirions-nous ?

PISTHÉTÆROS.

Comment vous m'obéiriez ? Tout d'abord ne voltigez

pas n'importe où, bec ouvert : c'est une habitude malséante. Chez nous quand il y a des gens volages, on dit : « Quel est cet oiseau ? » Et Téléas répond : « C'est un homme sans équilibre, un oiseau qui vole, un être inconsidéré, qui ne saurait jamais rester en place. »

LA HUPPE.

Par Dionysos ! tes railleries portent juste. Que pourrions-nous donc faire ?

PISTHÉTÆROS.

Bâtissez une ville.

LA HUPPE.

Et quelle ville bâtirions-nous, nous autres oiseaux ?

PISTHÉTÆROS.

Vrai ? Oh ! la sotte parole lâchée ! Regarde en bas.

LA HUPPE.

Je regarde.

PISTHÉTÆROS.

Tourne le cou.

LA HUPPE.

De par Zeus ! quelle jouissance, si je me déboîte la tête !

PISTHÉTÆROS.

As-tu vu quelque chose ?

LA HUPPE.

Oui, les nuages et le ciel.

PISTHÉTÆROS.

Eh bien! n'est-ce pas le pôle des oiseaux?

LA HUPPE.

Le pôle? Comment cela?

PISTHÉTÆROS.

Comme qui dirait le lieu. Attendu que cela tourne et traverse tout, on l'appelle pôle. Une fois bâti et fortifié par vous, on l'appellera police. Alors vous régnerez sur les hommes, ainsi que sur les sauterelles; et les dieux, vous les ferez mourir de faim comme les Mèliens.

LA HUPPE.

De quelle manière?

PISTHÉTÆROS.

L'air est entre le ciel et la terre; et de même que, quand nous voulons aller à Delphœ, nous demandons passage aux Bœotiens, ainsi, quand les hommes sacrifieront aux dieux, si les dieux ne nous paient pas tribut, votre ville, étrangère pour eux, et l'espace empêcheront de monter la fumée des cuisses.

LA HUPPE.

Iou! Iou! Par la Terre, les filets, les nuées, les rets, je n'ai jamais entendu dessein mieux imaginé. Aussi suis-je tout prêt à bâtir la ville avec toi, si le projet a l'approbation des autres oiseaux.

PISTHÉTÆROS.

Qui donc leur exposera l'affaire?

LA HUPPE.

Toi. Jadis ils étaient barbares; mais moi je leur ai enseigné le langage, depuis mon long séjour avec eux.

PISTHÉTÆROS.

Comment les convoqueras-tu ?

LA HUPPE.

Aisément. Je vais entrer tout de suite dans le taillis, éveiller ma chère Aèdôn, et nous leur ferons appel. Dès qu'ils auront entendu notre voix, ils voleront ici à tire-d'ailes.

PISTHÉTÆROS.

O toi, le plus aimable des oiseaux, ne tarde pas davantage. Je t'en prie, entre au plus vite dans le taillis, et éveille Aèdôn.

LA HUPPE.

Allons, ma compagne, cesse de sommeiller; fais jaillir de ta bouche divine les notes des hymnes sacrés; gémis sur mon fils et le tien, le déplorable Itys, en gazouillements harmonieux, sortis de ton bec agile. Ta voix pure monte à travers le smilax couronné de feuillage, jusqu'au trône de Zeus où Phœbos à la chevelure d'or répond à tes élégies par le son de sa lyre d'ivoire et préside aux danses des dieux; et de leurs bouches immortelles s'élance le concert plaintif des bienheureuses divinités. *(On entend le son d'une flûte.)*

PISTHÉTÆROS.

O Zeus souverain! quelle voix charmante pour un si

petit oiseau! Quelle douceur de miel répandue sur le taillis entier!

EVELPIDÈS.

Holà!

PISTHÉTÆROS.

Qu'y a-t-il? Te tairas-tu?

EVELPIDÈS.

Pourquoi?

PISTHÉTÆROS.

La Huppe prépare de nouveaux chants.

LA HUPPE, *dans le taillis.*

Epopopopopopopopopopoï! Io, Io! Venez, venez, venez, venez, venez ici, ô mes compagnons ailés; vous qui paissez les sillons fertiles des laboureurs, tribus innombrables de mangeurs d'orge, famille des cueilleurs de graines, au vol rapide, au gosier mélodieux; vous qui, dans la plaine labourée, gazouillez, autour de la glèbe, cette chanson d'une voix légère: « Tio, tio, tio, tio, tio, tio, tio, tio; » et vous aussi qui dans les jardins, sous les feuillages du lierre, faites entendre vos accents; et vous qui, sur les montagnes, becquetez les olives sauvages et les arbouses, hâtez-vous de voler vers mes chansons. — Trioto, trioto, totobrix! — Et vous, vous encore qui, dans les vallons marécageux, dévorez les cousins à la trompe aiguë, qui habitez les terrains humides de rosée et les prairies aimables de Marathôn, francolin au plumage émaillé de mille couleurs, troupe d'alcyons volant sur les flots gonflés de la mer, venez apprendre la nouvelle. Nous rassemblons ici toutes les tribus des oiseaux au long cou. Un vieillard habile est venu, avec des idées neuves et de neuves entreprises. Venez tous à cette conférence, ici, ici, ici, ici. — Torotorotorotorotix. Kikkabau, kikkabau. Torotorotorotorolililix.

PISTHÉTÆROS.

Vois-tu quelque oiseau ?

EVELPIDÈS.

Non, par Apollôn ! pas un ; et pourtant je suis là bouche béante à regarder le ciel.

PISTHÉTÆROS.

Ce n'était guère la peine, ce semble, que la Huppe allât couver dans le taillis, à la façon du pluvier.

LE PHOENIKOPTÈRE.

Torotix, torotix.

PISTHÉTÆROS.

Mais, mon bon, on s'avance, c'est quelque oiseau qui arrive.

EVELPIDÈS.

Oui, de par Zeus ! un oiseau. Quel est-il ? N'cst-ce pas un paon ?

PISTHÉTÆROS.

La Huppe nous le dira. Quel est cet oiseau ?

LA HUPPE.

Ce n'est pas un de ces oiseaux ordinaires comme vous en voyez tous les jours, mais un oiseau de marais.

PISTHÉTÆROS.

Oh! oh! il est beau, et d'un rouge phœnikien.

LA HUPPE.

Sans doute; aussi l'appelle-t-on Phœnikoptère.

EVELPIDÈS.

Ohé! dis donc, toi!

PISTHÉTÆROS.

Qu'as-tu à crier?

EVELPIDÈS.

Un autre oiseau que voici.

PISTHÉTÆROS.

Par Zeus! c'en est effectivement un autre; il doit être étranger. Quel peut être ce singulier prophète, cet oiseau de montagnes?

LA HUPPE.

Son nom est le Mède.

PISTHÉTÆROS.

Le Mède! Oh! souverain Hèraklès! Comment, s'il est Mède, a-t-il pu, sans chameau, voler ici?

EVELPIDÈS.

En voici un autre qui a pris une aigrette.

PISTHÉTÆROS.

Quel prodige est-ce là ? Tu n'es donc pas la seule huppe, et il y en a une autre.

LA HUPPE.

Mais celle-ci est née de Philoklès, par la huppe ; et moi, je suis le grand-père de cette dernière : c'est comme si tu disais : « Hipponikos issu de Kallias, et Kallias d'Hipponikos.

PISTHÉTÆROS.

Kallias est donc un oiseau ? Comme il mue !

EVELPIDÈS.

C'est qu'étant généreux, il est plumé par les sykophantes, et les femelles lui arrachent aussi des plumes.

PISTHÉTÆROS.

O Poséidôn ! voici un autre oiseau de couleurs nuancées : comment l'appelle-t-on ?

LA HUPPE.

Lui ? Le katophagas !

PISTHÉTÆROS.

Il y a donc d'autres katophagas que Kléonymos ?

EVELPIDÈS.

Comment alors se fait-il, si ce n'est pas Kléonymos, qu'il ait perdu son aigrette ?

PISTHÉTÆROS.

Mais cependant que signifie cette affluence d'oiseaux à aigrettes ? Viennent-ils pour le diaulos ?

LA HUPPE.

Ils font comme les Kariens, mon bon, qui habitent les aigrettes de la terre, pour cause de sûreté.

PISTHÉTÆROS.

O Poséidôn, ne vois-tu pas quelle terrible agglomération d'oiseaux ?

EVELPIDÈS.

Souverain Apollôn, quelle nuée! Iou! Iou! Leurs ailes étendues ne laissent plus voir l'entrée.

PISTHÉTÆROS.

Voici la perdrix, et cet autre, de par Zeus! c'est le francolin; puis le pénélops, et celui-ci l'alcyon.

EVELPIDÈS.

Et quel est celui qui vient derrière ?

PISTHÉTÆROS.

Celui-ci ? Le kèrylos.

EVELPIDÈS.

Ce kèrylos est donc un oiseau ?

PISTHÉTÆROS.

Est-ce qu'il n'y a pas Sporgilos ? Voici la chouette.

EVELPIDÈS.

Que dis-tu ? Qui a donc amené une chouette à Athènes ?

PISTHÉTÆROS.

A la suite pie, tourterelle, alouette, éléas, hypothymis, colombe, nertos, épervier, ramier, coucou, rouget, kéblépyris, porphyris, kerkhné, plongeon, pie-grièche, orfraie, pivert.

EVELPIDÈS.

Iou! Iou! Que d'oiseaux!

PISTHÉTÆROS.

Iou! Iou! Que de merles! Comme ils gazouillent, comme ils arrivent à grands cris!

EVELPIDÈS.

Est-ce qu'ils nous menacent? Oh! là, là! Ils ouvrent le bec, ils nous regardent, toi et moi.

PISTHÉTÆROS.

Cela me paraît être ainsi.

LE CHOEUR.

Popopopopopop! Où est celui qui m'a appelé? Dans quel endroit se tient-il?

LA HUPPE.

Je suis ici depuis longtemps, et je ne lâche pas mes amis.

LE CHOEUR.

Tititititititititi! Quelle bonne idée as-tu à me communiquer?

LA HUPPE.

D'un intérêt commun, sûre, juste, agréable, utile. Deux hommes d'un jugement délié sont venus ici me trouver.

LE CHOEUR.

Où ? Comment ? Que dis-tu ?

LA HUPPE.

Je dis que, de chez les hommes, deux vieillards sont venus me parler d'une affaire prodigieuse.

LE CHOEUR.

Oh ! quelle faute ! C'est la plus grosse depuis que je suis né ! Que dis-tu ?

LA HUPPE.

Que mes paroles ne t'effraient pas.

LE CHOEUR.

Qu'as-tu fait ?

LA HUPPE.

J'ai accueilli deux hommes qui désirent vivement notre alliance.

LE CHOEUR.

Et tu as fait cela ?

LA HUPPE.

Je l'ai fait, et je m'en réjouis.

LE CHOEUR.

Et ils sont maintenant chez nous ?

LA HUPPE.

Comme je suis chez vous moi-même ?

LE CHOEUR.

Ea! Ea! Trahison! Sacrilége! Un ami, nourri avec nous des produits de nos campagnes, a violé nos antiques lois, violé les serments des oiseaux. Il m'a attiré dans un piége, il m'a jeté en proie à une race impie qui, depuis qu'elle existe, m'a déclaré la guerre. Nous aurons, plus tard, une explication avec cet oiseau; mais il faut commencer par le châtiment de ces deux vieillards et les mettre en pièces.

PISTHÉTÆROS.

C'en est fait de nous!

EVELPIDÈS.

C'est pourtant toi seul qui es la cause de tous les maux qui nous arrivent. Pourquoi m'as-tu amené ici?

PISTHÉTÆROS.

Afin de t'avoir pour compagnon.

EVELPIDÈS.

Pour me faire pleurer de grands malheurs.

PISTHÉTÆROS.

En vérité, tu radotes absolument. Comment pleureras-tu donc, quand une fois tu auras les deux yeux arrachés?

LE CHOEUR.

Io! Io! En avant, attaque, élance-toi sur l'ennemi, verse le sang, déploie tes ailes de toutes parts, enveloppe-le. Il faut qu'ils gémissent tous les deux et qu'ils servent de pâture à notre bec. Il n'y a ni montagne ombragée, ni nuage aérien, ni mer chenue, qui les dérobe à ma poursuite. Hâtons-nous de les plumer et de les déchirer. Où est le taxiarkhe ? Qu'il lance l'aile droite !

EVELPIDÈS.

Nous y voilà ! Où fuirai-je, infortuné ?

PISTHÉTÆROS.

Eh ! l'ami ! Tu ne tiens pas bon ?

EVELPIDÈS.

Pour être écharpé par ce monde-là ?

PISTHÉTÆROS.

Et comment te figures-tu leur échapper ?

EVELPIDÈS.

Je ne sais pas trop comment.

PISTHÉTÆROS.

Moi, je te dirai qu'il faut combattre de pied ferme et prendre les marmites.

EVELPIDÈS.

A quoi ces marmites nous serviront-elles ?

PISTHÉTÆROS.

La chouette ne nous attaquera pas.

EVELPIDÈS.

Mais ces oiseaux armés de serres crochues ?

PISTHÉTÆROS.

Empoigne la broche et brandis-la devant toi.

EVELPIDÈS.

Et mes yeux ?

PISTHÉTÆROS.

Couvre-les avec ce vinaigrier ou avec ce plat.

EVELPIDÈS.

O homme de génie, quelle bonne invention, quel stratagème! Tu l'emportes sur Nikias, en fait de machines.

LE CHOEUR.

Eleleleu! En avant, bec baissé : pas de délai! tire, déchire, frappe, écorche, et casse d'abord la marmite.

LA HUPPE.

Mais, dites-moi, vous les plus cruels de tous les animaux, pourquoi voulez-vous mettre à mal ces deux hommes qui ne vous ont rien fait, et déchirer des gens de la parenté et de la tribu de ma femme ?

LE CHOEUR.

Devons-nous les épargner plus que des loups ? De quels autres plus grands ennemis tirerions-nous vengeance ?

LA HUPPE.

Mais s'ils sont vos ennemis de race, ils sont vos amis de cœur, et c'est pour vous donner un conseil utile qu'ils viennent vers vous.

LE CHOEUR.

Quel conseil utile pourraient nous donner, quelle parole nous faire entendre, ceux qui furent les ennemis de nos pères ?

LA HUPPE.

Mais, certes, c'est de leurs ennemis que les sages apprennent le plus. La prudence sauve tout. D'un ami on n'a rien à apprendre; un ennemi vous y contraint. Et d'abord les cités ont appris de leurs ennemis, et non de leurs amis, à bâtir des murailles élevées, à construire des vaisseaux longs : et cette science sauve nos enfants, notre ménage, notre avoir.

LE CHŒUR.

Eh bien! écoutons leurs paroles, c'est notre avis : nous y trouvons avantage; on peut entendre quelque sage conseil de la bouche même de ses ennemis.

PISTHÉTÆROS.

Ils ont l'air de se relâcher de leur colère. Retire ta jambe en arrière.

LA HUPPE.

C'est justice, et vous m'en devez de la reconnaissance.

LE CHŒUR.

Non, jamais jusqu'ici, en aucune affaire, nous ne t'avons été opposés.

PISTHÉTÆROS.

Plus pacifique est leur conduite envers nous. La marmite et les deux plats, pose-les à terre. La lance ou plutôt la broche en main, promenons-nous à l'intérieur du camp, l'œil sur la marmite, et de près, car il ne faut pas fuir.

EVELPIDÈS.

A merveille; mais, si nous mourons, en quel endroit de la terre serons-nous enterrés?

PISTHÉTÆROS.

Le Kéramique nous recevra. Pour être enterrés aux frais de l'État, nous dirons aux stratèges que c'est en combattant contre les ennemis que nous sommes morts à Ornéæ.

LE CHŒUR.

Que chacun reprenne son rang à la même place; déposez votre courage et votre colère, comme un hoplite, et informons-nous quelles sont ces gens, d'où ils viennent, et dans quelle intention. Ohé! la Huppe, je t'appelle.

LA HUPPE.

Tu m'appelles, et que veux-tu savoir?

LE CHŒUR.

Qui sont ces hommes? D'où viennent-ils?

LA HUPPE.

Deux étrangers de la sage Hellas.

LE CHŒUR.

Quelle aventure les a conduits chez les Oiseaux?

LA HUPPE.

Le goût de notre genre de vie, le désir d'habiter et de rester toujours avec toi.

LE CHŒUR.

Que dis-tu? Et quels sont leurs propos?

LA HUPPE.

Incroyables, inouïs.

LE CHOEUR.

Voient-ils quel avantage peut résulter de leur séjour auprès de moi, et qui les engage à demeurer ici pour avoir de quoi vaincre leur ennemi ou rendre service à leurs amis ?

LA HUPPE.

Ils parlent d'une grande félicité, indicible, incroyable ; que tout est à toi ici, là, partout, et ils s'efforcent de le prouver.

LE CHOEUR.

Sont-ils fous ?

LA HUPPE.

On ne peut dire combien ils sont sensés.

LE CHOEUR.

Quoi ! Ils ont leur bon sens ?

LA HUPPE.

Les plus fins renards : subtilité, astuce, rouerie, fleur de ruse de la tête aux pieds.

LE CHOEUR.

Qu'ils me parlent, qu'ils me parlent, fais-les venir. Car d'entendre d'eux les choses que tu me dis, j'en ai des ailes au dos.

LA HUPPE.

Allons, toi et toi, reprenez cette armure, et suspendez-la, avec espoir de la bonne chance, dans l'âtre, près de la crémaillère. Quant à toi, expose à ceux-ci les projets en vue desquels je les ai réunis, parle.

PISTHÉTÆROS.

Non, par Apollôn! je n'en ferai rien, à moins qu'ils ne conviennent avec moi d'une convention pareille à celle que fit avec sa femme ce singe de fabricant d'épées, de ne point me mordre, de ne point m'arracher les testicules, de ne pas me fouiller...

LE CHOEUR.

Le... Mais non, pas du tout.

PISTHÉTÆROS.

Non, je veux dire les deux yeux.

LE CHOEUR.

Je te le promets.

PISTHÉTÆROS.

Jure-le-moi à l'instant.

LE CHOEUR.

Je le jure, à condition que j'aurai les suffrages de tous les juges et de tous les spectateurs.

PISTHÉTÆROS.

Convenu.

LE CHOEUR.

Et, si je manque de parole, de ne l'emporter que d'une voix.

LE HÉRAUT.

Écoutez, peuples! Que les hoplites reprennent leurs armes sur-le-champ, qu'ils retournent chez eux et qu'ils voient ce que nous aurons inscrit sur les tableaux.

LE CHŒUR.

Rusé toujours et partout, tel est le caractère essentiel de l'homme. Parle-moi, cependant. Peut-être as-tu par devers toi quelque avis utile que tu négliges de me dire, ou quelque moyen d'étendre ma puissance, qui a échappé à mon manque de pénétration. Toi, dis-moi ce que tu veux faire dans notre intérêt mutuel; car si tu réussis à me procurer quelque avantage, le profit en sera commun. Et, d'abord, pour quel motif es-tu venu? quelle a été ton intention? Dis-le hardiment; nous ne romprons point la trêve avant de t'avoir entendu.

PISTHÉTÆROS.

De par Zeus! j'en brûle d'envie : j'ai un discours en pâte, que rien ne m'empêche de pétrir. Esclave, apporte une couronne. De l'eau à verser sur les mains! Qu'on me l'apporte vite.

EVELPIDÈS.

Est-ce que nous allons nous mettre à table, ou quelque chose comme cela?

PISTHÉTÆROS.

Non, de par Zeus! mais j'essaie de dire quelque chose de grand, de succulent, qui remue l'âme de ceux qui sont là : tant je souffre pour vous qui, jadis, ayant été rois...

LA HUPPE.

Nous, rois? Et de qui?

PISTHÉTÆROS.

Vous! De tout ce qui existe; de moi, d'abord, de celui-ci et de Zeus lui-même; car vous êtes plus anciens et plus vieux que Kronos, que les Titans et que la Terre.

LA HUPPE.

Que la Terre ?

PISTHÉTÆROS.

Oui, par Apollôn !

LA HUPPE.

De par Zeus ! je ne m'en doutais pas.

PISTHÉTÆROS.

C'est que tu es un ignorant, un insouciant, et que tu n'as jamais feuilleté Æsopos, qui dit que l'alouette naquit avant tous les autres oiseaux, avant la Terre même ; ensuite que son père mourut de maladie ; que la Terre n'existait pas encore ; qu'il resta cinq jours sans sépulture ; et qu'elle, dans cet embarras, ensevelit son père dans sa tête.

EVELPIDÈS.

Ainsi, le père de l'alouette est maintenant enseveli à Képhalè ?

PISTHÉTÆROS.

Eh bien ! si les oiseaux ont précédé la Terre, précédé les dieux, leur ancienneté ne légitime-t-elle pas leur royauté ?

EVELPIDÈS.

Oui, par Apollôn ! Il faut donc absolument que tu aiguises ton bec en vue de l'avenir.

LA HUPPE.

Zeus ne se pressera pas de céder le sceptre au pivert.

PISTHÉTÆROS.

Que ce ne soient pas les dieux, mais les oiseaux qui, jadis, aient régné sur les hommes, on en a beaucoup de preuves. Et tout d'abord je vous citerai le coq qui, le premier, a été chef et souverain de tous les Perses, avant Daréios et Mégabyzos : aussi l'appelle-t-on l'oiseau persan, à cause de cette antique souveraineté.

EVELPIDÈS.

C'est donc pour cela qu'aujourd'hui même, il marche comme le Grand Roi, la tête couronnée, seul entre les oiseaux, de la tiare droite.

PISTHÉTÆROS.

Il avait alors tant de vigueur, de grandeur et de puissance, qu'aujourd'hui encore, par un effet de son ancienne force, dès qu'il fait entendre son chant matinal, tous courent à l'ouvrage, forgerons, potiers, corroyeurs, cordonniers, baigneurs, boulangers, armuriers, tourneurs de lyres et de boucliers : ils se chaussent et vont au travail quand la nuit dure encore.

EVELPIDÈS.

Tu peux m'interroger là-dessus. Il est cause que j'ai eu le malheur de perdre une læna en laine de Phrygia. Invité à un banquet qui se donnait à la ville pour le dixième jour après la naissance d'un enfant, je bois et je m'endors. Alors, avant que les autres se soient assis à table, le coq chante, et moi, croyant qu'il est jour, je sors pour me rendre à Alimos ; bientôt, à peine me suis-je glissé hors des murs, qu'un voleur d'habits me frappe d'un coup de bâton dans le dos; je tombe, je veux crier, mais il m'avait subtilisé mon manteau.

PISTHÉTÆROS.

Le milan était alors chef et roi des Hellènes.

LA HUPPE.

Des Hellènes?

PISTHÉTÆROS.

Et c'est lui qui, le premier, leur apprit, lorsqu'il était roi, à s'incliner devant les milans.

EVELPIDÈS.

Par Dionysos! un jour que je m'étais incliné de la sorte en voyant un milan, je m'étendis, la bouche ouverte, et j'avalai une obole! Voilà comment je rapportai à la maison mon sac vide.

PISTHÉTÆROS.

A leur tour, l'Ægyptos et la Phœnikè tout entière ont eu pour roi le coucou, et quand le coucou criait: « Coucou! » alors tous les Phœnikiens moissonnaient le blé et l'orge dans les champs.

EVELPIDÈS.

Et de là sans doute le proverbe authentique: « Coucou! Les circoncis aux champs! »

PISTHÉTÆROS.

Telle était la force de leur pouvoir, que, dans toutes les villes des Hellènes où il y avait un roi, Agamemnôn ou Ménélaos, un oiseau siégeait sur les sceptres, et partageait les présents offerts au prince.

EVELPIDÈS.

Eh bien! j'ignorais cela, moi : aussi l'étonnement me prenait quand un·Priamos paraissait, dans les tragédies, portant un oiseau qui se dressait pour observer si Lysikratès recevrait quelque présent.

PISTHÉTÆROS.

Mais voici le plus fort de tout : Zeus, qui règne aujourd'hui, est représenté ayant un aigle sur la tête, en sa qualité de roi ; sa fille porte une chouette, et Apollôn, comme serviteur, un épervier.

EVELPIDÈS.

Par Dèmètèr! tu dis vrai. Pourquoi ont-ils ces attributs?

PISTHÉTÆROS.

Afin que, dans les sacrifices, lorsqu'on dépose entre leurs mains, suivant le rit prescrit, les entrailles des victimes, les oiseaux en aient leur part, même avant Zeus. Pas un homme alors ne jurait par un dieu, mais tous juraient par les oiseaux. Lampôn, aujourd'hui même encore, jure par l'oie quand il fait quelque friponnerie, tellement tout le monde alors vous tenait pour grands et pour saints, tandis qu'on vous traite maintenant d'esclaves, de niais, de Manès; on vous jette des pierres comme à des fous, et, jusque dans les lieux sacrés, il n'y a pas un oiseleur qui ne vous tende lacets, pièges, gluaux, barreaux, réseaux, filets, rets. Une fois pris, ils vous vendent en masse : les acheteurs vous tâtent. Encore, s'ils se contentaient d'agir de la sorte, en vous faisant rôtir et servir, mais ils râpent du fromage, qu'ils mêlent à de l'huile, du silphion et du vinaigre, ils écrasent le tout où ils versent un assaisonnement doux et gras, puis ils vous arrosent de cette sauce bouillante ainsi que des charognes.

LE CHŒUR.

Homme, tu viens de nous tenir un bien triste, bien triste langage. Combien je déplore la lâcheté de mes pères, qui ne m'ont pas transmis les honneurs légués par leurs ancêtres ! Enfin la divinité et la bonne chance te font venir à moi comme un sauveur. Aussi je te confie mes petits et moi-même en toute sécurité. Mais que faut-il faire ? Dis-le-nous maintenant : car la vie sera sans prix pour nous, si nous ne recouvrons pas, de quelque manière, notre souveraineté.

PISTHÉTÆROS.

Et d'abord mon avis est qu'il y ait une ville des oiseaux, et que tout l'espace circulaire et intermédiaire soit clos de grosses briques cuites comme à Babylôn.

LA HUPPE.

O Kébryôn ! ô Porphyriôn ! quel redoutable rempart !

PISTHÉTÆROS.

Ensuite, quand le mur sera élevé, on redemandera l'empire à Zeus ; et, s'il dit qu'il ne veut pas, s'il ne revient pas tout de suite sur sa décision, il faut lui déclarer la guerre sainte et défendre aux dieux de traverser, en vrais libertins, votre domaine, pour descendre coucher avec des Alkmènès, des Alopès, des Sémélès : s'ils y viennent, mettez le scellé sur leurs instruments de plaisir, afin qu'ils n'en aient plus la jouissance. Pour les hommes, je vous engage à leur dépêcher un autre oiseau, qui leur enjoigne de la part des oiseaux, rois du monde, de sacrifier désormais aux oiseaux et ensuite aux dieux, puis d'adjoindre convenablement à chaque divinité l'oiseau qui aura le plus de rapport avec elle. Sacrifie-t-on à Aphroditè, il faut offrir du froment à la piette. Si on offre une brebis à Poséidôn, il faut donner du froment au canard. Si l'on sacrifie à Hèraklès, il faut sacrifier à la mouette des gâteaux miellés. Si l'on immole un bélier à Zeus, roi des dieux, le roitelet, en sa qualité de roi des oiseaux, devra recevoir, avant Zeus même, le sacrifice d'un moucheron mâle.

EVELPIDÈS.

Je suis ravi de ce sacrifice d'un moucheron. Qu'il tonne maintenant, le pauvre Zeus!

LA HUPPE.

Mais comment les hommes nous prendront-ils pour des dieux, et non pour des geais, nous qui volons et qui avons des ailes?

PISTHÉTÆROS.

Tu extravagues. Hé! de par Zeus! Hermès, tout dieu qu'il est, vole et porte des ailes, ainsi qu'un grand nombre d'autres dieux. Et d'abord la Victoire prend son vol avec des ailes d'or; et, de par Zeus! l'Amour en fait autant. Et Homèros prétend qu'Iris ressemble à une timide colombe.

LA HUPPE.

Et Zeus tonnant ne lance-t-il pas sur nous la foudre ailée?

PISTHÉTÆROS.

Si donc les hommes, par ignorance, vous comptent pour rien et ne croient qu'aux dieux de l'Olympos, il faut alors lancer une nuée de moineaux et d'oiseaux granivores qui pillent toutes les semences de leurs campagnes, et que Dèmètèr leur mesure le froment, quand ils seront dans la misère.

EVELPIDÈS.

Elle ne voudra pas, de par Zeus! mais tu la verras alléguer des prétextes.

PISTHÉTÆROS.

En outre, que les corbeaux fondant sur les attelages qui labourent la terre, et sur les troupeaux, leur crèvent les yeux, en manière de preuve, et qu'ensuite le médecin Apollôn les guérisse; on le paie pour cela.

EVELPIDÈS.

Oh! non, pas avant que j'aie vendu mes deux petits bœufs.

PISTHÉTÆROS.

Mais si les hommes vous regardent toi comme dieu, toi comme la vie, toi comme la Terre, toi comme Kronos, toi comme Poséidôn, tous les biens leur arriveront.

LA HUPPE.

De ces biens dis-m'en un seul.

PISTHÉTÆROS.

Premièrement les sauterelles ne rongeront plus les vignes en fleurs : un bataillon de chouettes et de crécerelles les dévorera. Les moucherons et les kinips ne mangeront plus les figues : tout cela sera nettoyé par une troupe de grives.

LA HUPPE.

Et pour les enrichir, que ferons-nous ? Car chez eux c'est une passion violente.

PISTHÉTÆROS.

A ceux qui vous consulteront, on donnera les meilleures mines ; on indiquera au devin les marchés avantageux, et il ne périra plus un seul marin.

LA HUPPE.

Comment n'en périra-t-il plus ?

PISTHÉTÆROS.

Toujours l'oiseau, consulté sur la navigation, répondra : « Aujourd'hui, ne mets pas à la voile, il y aura tempête. Aujourd'hui, mets à la voile, il y aura profit. »

EVELPIDÈS.

J'achète un bateau et je navigue : je ne veux plus rester chez vous.

PISTHÉTÆROS.

Ils indiqueront aux hommes les trésors enfouis par leurs pères ; ils savent où est l'argent. Aussi dit-on partout : « Personne ne sait où gît mon trésor, si ce n'est peut-être quelque oiseau. »

EVELPIDÈS.

Je frète un bateau, j'achète une pioche, et je déterre les vases pleins d'or.

LA HUPPE.

Mais comment leur donner la santé, qui est chez les dieux ?

PISTHÉTÆROS.

S'ils sont heureux, n'est-ce pas la meilleure santé ? Sache-le, un homme malheureux ne se porte jamais bien.

LA HUPPE.

Comment parviendront-ils à la vieillesse ? car elle est aussi dans l'Olympos ; ou faudra-t-il qu'ils meurent enfants ?

PISTHÉTÆROS.

Mais, par Zeus ! les oiseaux ajouteront trois cents ans à leur vie.

LA HUPPE.

Pris sur qui ?

PISTHÉTÆROS.

Sur qui ? Sur eux-mêmes. Ne sais-tu pas que la corneille babillarde vit cinq âges d'hommes ?

EVELPIDÈS.

Ah ! ah ! Comme voilà pour nous de bien meilleurs rois que Zeus !

PISTHÉTÆROS.

Bien meilleurs, n'est-ce pas ? Et d'abord nous n'avons pas besoin de leur bâtir des temples de marbre, ni de les fermer avec des portes d'or : ils habiteront sous l'épaisseur des bois, sous les yeuses ; puis les vénérables parmi les oiseaux auront pour temple un olivier. Sans aller à Delphœ ou auprès d'Ammôn, nous leur offrirons ici des sacrifices. Debout parmi les arbousiers et les oliviers sauvages, nous leur présenterons une poignée d'orge ou de blé et nous les prierons, les mains étendues, de nous donner une part de leurs biens, et nous les aurons aussitôt en échange de quelques grains de froment.

LE CHŒUR.

O vieillard, qui m'es devenu si cher, après m'avoir été si odieux, il n'est plus possible que je m'écarte désormais volontairement de tes avis. Confiant dans tes paroles, j'ai menacé, j'ai juré que si, lié avec moi par des promesses loyales, sincères, sacrées, tu marches contre les dieux, unis toi et moi par la même pensée, les dieux n'useront pas longtemps le sceptre qui est à moi. Oui, tout ce qu'il faut exécuter par la force, nous nous en chargeons ; tout ce qui dépend du conseil et de la délibération repose sur toi.

LA HUPPE.

Non, de par Zeus ! ce n'est plus pour nous le moment de sommeiller, ni de temporiser à la façon de Nikias ; mais il faut agir au plus vite. Et d'abord entrez dans mon nid, sur ma paille, sur les feuilles sèches que voici, et dites-moi votre nom.

PISTHÉTÆROS.

C'est chose facile : mon nom est Pisthétæros.

LA HUPPE.

Et lui ?

EVELPIDÈS.

Evelpidès, du dême de Krios.

LA HUPPE.

Bonne chance à tous les deux!

PISTHÉTÆROS.

Nous acceptons l'augure.

LA HUPPE.

Entrez donc.

PISTHÉTÆROS.

Allons. Toi, sers-nous de guide.

LA HUPPE.

Allez.

PISTHÉTÆROS.

Hé! hé! l'ami! reviens vite sur tes pas. Voyons, voyons, dis-nous un peu. Comment, moi et mon compagnon, vivrons-nous avec vous la gent ailée, étant tous deux sans ailes?

LA HUPPE.

Facilement.

PISTHÉTÆROS.

Vois maintenant comme dans les fables æsopiques il est dit que le renard fit un jour imprudemment société avec l'aigle.

LA HUPPE.

Ne crains rien. Vous mangerez d'une certaine racine qui vous donnera des ailes à tous les deux.

PISTHÉTÆROS.

Entrons donc. Tiens, Xanthias et toi, Manodoros, prenez notre bagage.

LE CHOEUR.

Holà, toi! Je t'appelle, je t'appelle!

LA HUPPE.

Pourquoi m'appelles-tu?

LE CHOEUR.

Emmène ces gens faire un bon dîner avec toi; mais le rossignol aux doux chants, dont la voix égale celle des Muses, laisse-le ici près de nous, en nous quittant, afin que nous en soyons charmés.

PISTHÉTÆROS.

Oh! de par Zeus! cède à leurs désirs. Fais sortir l'aimable oiseau des joncs à ombelles.

EVELPIDÈS.

Fais-le sortir, au nom des dieux, afin que nous voyions l'oiseau chanteur.

LA HUPPE.

Puisqu'il vous plaît ainsi, je dois le faire. Sors, Proknè, et montre-toi à nos hôtes. *(Proknè paraît.)*

PISTHÉTÆROS.

O Zeus vénéré, quelle jolie petite personne ailée! Quelle délicatesse, quel éclat!

EVELPIDÈS.

Sais-tu que je la cajolerais avec plaisir?

PISTHÉTÆROS.

Quelle riche parure d'or! On dirait d'une vierge.

EVELPIDÈS.

Je serais tout à fait en humeur de lui donner des baisers.

PISTHÉTÆROS.

Mais, mon pauvre garçon, elle a un bec long de deux broches.

EVELPIDÈS.

Eh bien, de par Zeus! il n'y a qu'à enlever l'écaille qui lui couvre la tête, et à lui donner ensuite de bons baisers.

LA HUPPE.

Allons-nous-en.

PISTHÉTÆROS.

Guide-nous, et à la Bonne Fortune!

PARABASE *ou* CHOEUR.

O aimée, ô charmante, ô la plus chérie de toute la gent ailée, compagne de mes chants, rossignole, nourrie avec moi, tu es venue, tu es venue, on te voit, tu m'apportes ton chant suave. Allons, toi qui modules sur la flûte harmonieuse des accents printaniers, prélude à mes anapestes. *(On entend le son d'une flûte.)*

Voyons, humains, aveugles de nature, êtres semblables à des feuilles, créatures de rien, pétris de boue, pareils à des ombres, inintelligents, privés d'ailes, éphémères, infortunés mortels, qu'on prendrait pour des songes, prêtez l'oreille à nous, qui sommes immortels, durant toujours, aériens, exempts de vieillesse, occupés de pensées impérissables. Quand vous aurez appris parfaitement de nous les phénomènes d'en haut, la nature des oiseaux, la genèse des dieux et des fleuves, de l'Érébos et du Khaos, votre science parfaite vous permettra de dire adieu de ma part à Prodikos pour le reste.

Le Khaos, la Nuit, le noir Érébos et le vaste Tartaros existaient au commencement : il n'y avait ni terre, ni air, ni ciel. Dans le sein infini de l'Érébos, la Nuit aux ailes noires enfante d'abord un œuf sans germe, d'où, après des révolutions d'années, naquit le gracieux Érôs au dos brillant de deux ailes d'or, semblable aux tourbillons roulés par le vent. Érôs, uni au Khaos ailé et ténébreux, dans le vaste Tartaros, engendra notre race, et la produisit tout d'abord à la lumière. Ainsi, à l'origine, la race des immortels n'existait pas encore, avant qu'Érôs eût tout uni. Les éléments une fois unis les uns aux autres, parut le Ciel, l'Océan, la Terre et les dieux bienheureux, race éternelle. Voilà comment nous sommes les plus anciens de tous les bienheureux : que nous sommes fils d'Érôs, mille preuves l'attestent. Nous avons des ailes et nous sommes avec ceux qui aiment. Nombre de beaux garçons, qui avaient juré le contraire, au déclin de leur jeunesse, ont éprouvé notre puissance, et se sont prêtés à des amants qui offraient l'un une caille, l'autre un porphyrion, celui-ci une oie, celui-là un oiseau persique. Les mortels, c'est de nous, oiseaux, qu'ils reçoivent les plus grands services. D'abord nous leur indiquons les saisons, printemps, hiver, automne : semer, lorsque la grue, sonnant de la trompette, émigre vers la Libyè et avertit le nocher de suspendre le gouvernail et de dormir; elle conseille à Orestès de se tisser une læna, afin qu'il n'aille pas, parce qu'il grelotte, dépouiller autrui. Le milan, à son tour, par sa venue, annonce une autre saison, c'est-à-dire le moment de tondre la toison printanière des brebis; puis l'hirondelle, quand il faut vendre la læna et acheter un vêtement de toile. Nous sommes pour vous Ammôn, Delphœ, Dôdônè, Phœbos Apollôn. Vous commencez par aller vers les oiseaux pour régler toutes choses, commerce, vivres, choix d'un époux; vous regardez comme oiseau tout ce qui sert à la divination : une parole est pour vous un oiseau; un éternuement, vous l'appelez oiseau; une rencontre, oiseau; une voix, oiseau; un esclave, oiseau; un âne, oiseau. N'est-il pas évident que nous sommes pour vous un prophétique Apollôn?

Si donc vous nous croyez des dieux, vous pouvez user de nous comme de Muses prophétiques, brises, saisons, hiver, été, moyenne chaleur : nous n'irons pas nous asseoir là-haut majestueusement, au milieu des nuages, comme Zeus; mais, présents, nous vous donnerons à vous-mêmes, à vos enfants et aux enfants de vos enfants, richesse, bonheur, santé, paix, jeunesse, rire, chœurs de danse, festins, et le lait des oiseaux : si bien que vous serez écrasés sous les biens, tant vous serez riches tous.

Muse bocagère — tio tio tio tio tio tio tiotinx — aux accords variés, toi avec qui, moi, dans les bois ou sur les sommets montagneux, — tio, tio, tio, tiotinx, — assis sous un frêne à la chevelure feuillue, — tio, tio, tio, tiotinx, — de mon gosier flexible je tire des chants religieux en l'honneur de Pan, mêlés aux danses consacrées à la Mère qui règne sur les montagnes, — to to to to to to to to totinx, — et là, Phrynikhos, comme une abeille, cueille le fruit de ses chants parfumés d'ambroisie et ne cesse d'en apporter les doux accents, — tio tio tio tiotinx.

Si quelqu'un de vous, spectateurs, désire mener désormais une vie agréable avec les oiseaux, qu'il vienne vers nous. En effet, ce qui est ici honteux ou interdit par la loi, tout cela est beau chez nous autres oiseaux. Si la loi proclame honteux ici de battre son père, il est beau chez nous, ici, de courir sus à son père et de le frapper en disant : « Dresse ton éperon, si tu combats. » S'il y a chez vous un esclave fugitif marqué d'un fer chaud, on l'appellera chez nous un francolin aux plumes bigarrées. S'il se trouve chez vous un Phrygien, tel que Spintharos, ce sera ici un Phrygilos de la race de Philèmôn. Si c'est un esclave de Karia comme Exékestidès, qu'il choisisse parmi nous ses aïeux, et on verra paraître des confrères. Si le fils de Pisias veut livrer les portes aux infâmes, qu'il devienne perdrix, oiselet de son père : chez nous il n'y a pas de honte à fuir comme une perdrix.

C'est ainsi que les cygnes — tio tio tio tio tio tio tiotinx — mêlent ensemble leur voix et battent des ailes pour chanter Apollôn, — tio tio tio tiotinx, — posés sur la rive de l'Hèbros, — tio tio tio tiotinx ; — leur voix a traversé les nuages éthérés : l'étonnement a saisi les diverses tribus des bêtes sauvages ; les flots se calment sous une sérénité sans brise, — tototototototototinx ; — tout l'Olympos en retentit ; la surprise saisit les divinités souveraines ; filles de l'Olympos, les Kharites et les Muses répètent la mélodie, — tio tio tio tiotinx.

Rien n'est meilleur ni plus agréable que d'avoir des ailes. Et d'abord si l'un de vous, spectateurs, était ailé, et qu'il fût tourmenté par la faim devant les chœurs tragiques, il n'aurait qu'à s'envoler chez lui, y dîner, et, rassasié, revoler vers nous. Si parmi vous un Patroklidès quelconque se sentait pressé de besoin, il ne salirait pas son manteau, mais il s'envolerait, puis, après avoir peté et repris haleine, il reprendrait son vol. S'il se trouvait chez nous quelque amant, et qu'il aperçût le mari de sa maîtresse au banc des conseillers, il partirait d'entre vous en déployant ses ailes, cajolerait la femme et reviendrait ensuite à sa place. Ainsi, avoir des ailes, n'est-ce pas ce qu'il y a de plus précieux ? Et, de fait, Diitréphès, qui n'a que des ailes d'osier, a été élu phylarkhe, puis hipparkhe : sorti de rien, il s'est élevé très haut, et il est aujourd'hui un hippalektryôn aux plumes jaunes.

PISTHÉTÆROS.

Voilà qui est fait. Par Zeus! je n'ai jamais vu d'affaire plus plaisante.

EVELPIDÈS.

De quoi ris-tu ?

PISTHÉTÆROS.

De tes bouts d'aile. Sais-tu à quoi tu ressembles absolument avec ton plumage ? A une oie grossièrement ébauchée.

EVELPIDÈS.

Et toi à un merle, dont la tête a été plumée.

PISTHÉTÆROS.

C'est nous qui nous sommes imposé ces ressemblances,

et, pour parler avec Æskhylos, non pas à l'aide des plumes d'autrui, mais avec les nôtres.

EVELPIDÈS.

Voyons, que faut-il faire ?

PISTHÉTÆROS.

Il faut d'abord donner à notre ville un nom grand, magnifique, et ensuite sacrifier aux dieux.

EVELPIDÈS.

C'est aussi mon avis.

LA HUPPE.

Voyons, quel nom donnerons-nous à la ville ?

PISTHÉTÆROS.

Voulez-vous que ce grand nom soit emprunté à Lakédæmôn ? Lui donnerons-nous le nom de Spartè ?

EVELPIDÈS.

Par Hèraklès ! moi donner le nom de Spartè à ma cité ! Je ne voudrais pas du tout, même pour mon grabat, avoir de la sparterie.

PISTHÉTÆROS.

Alors, quel nom lui donnerons-nous ?

EVELPIDÈS.

Un terme emprunté aux nuages et aux régions éthérées, quelque chose de bien ronflant.

PISTHÉTÆROS.

Veux-tu Néphélokokkygia ?

EVELPIDÈS.

Iou! Iou! Le beau nom vraiment, le grand nom que tu as trouvé là! Est-ce que c'est la Néphélokokkygia où sont les biens immenses de Théagénès et tous ceux ceux d'Æskhinès?

PISTHÉTÆROS.

C'est plutôt la plaine de Phlégra, où les dieux écrasèrent de leurs traits la révolte des Fils de la Terre.

EVELPIDÈS.

Chose brillante que cette ville! Mais quel dieu en sera le patron? Pour qui tisserons-nous le péplos?

PISTHÉTÆROS.

Pourquoi ne choisissons-nous pas Athèna Polias?

EVELPIDÈS.

Oh! comme ce serait une ville bien policée que celle où une déesse, née femme, se dresserait armée de pied en cap, et où Klisthénès manierait la navette!

PISTHÉTÆROS.

Et qui gardera le rempart pélasgique?

LA HUPPE.

Un oiseau, l'un des nôtres, de race persique, qu'on proclame partout le plus brave de tous, le poussin d'Arès.

EVELPIDÈS.

O noble poussin, que voilà donc un dieu bien fait pour habiter sur des rochers!

PISTHÉTÆROS.

Or çà, maintenant, toi, va-t'en dans les airs te mettre au service de ceux qui construisent les murs; porte des moellons, mets-toi tout nu et gâche du mortier, monte l'auge, tombe de l'échelle, pose des sentinelles, entretiens le feu constamment, fais la ronde, une clochette à la main, et endors-toi ici : envoie ensuite un hérault vers les dieux, là-haut, et un autre de là-haut vers les hommes, en bas, et de là reviens vers moi.

EVELPIDÈS.

Et toi, qui restes ici, pleure auprès de moi.

PISTHÉTÆROS.

Va, mon bon, où je t'envoie; car sans toi rien de ce que je dis ne s'exécutera. Pour moi, je vais offrir un sacrifice aux nouvelles divinités, et appeler un prêtre qui préside à la cérémonie. Enfant, enfant, apporte la corbeille et le bassin.

LE PRÊTRE.

Je fais ce que tu fais, je veux ce que tu veux : je t'engage à adresser aux dieux de grandes et solennelles prières et à immoler une victime en signe de reconnaissance. Va, va, va; fais retentir l'hymne pythien, et que Khæris accompagne nos chants!

PISTHÉTÆROS, *au joueur de flûte.*

Toi, cesse de souffler. Par Hèraklès! qu'est-ce que cela? De par Zeus! j'ai vu bien des prodiges; mais je n'avais pas encore vu de corbeau muselé. Prêtre, fais ton office : sacrifie aux nouveaux dieux.

LE PRÊTRE.

Je le fais. Mais où est celui qui tient la corbeille ? Invoquez la Hèstia des oiseaux, le milan protecteur du Foyer, les oiseaux, olympiens et olympiennes, dieux et déesses, toutes et tous.

PISTHÉTÆROS.

O Épervier de Sounion, salut, prince pélasgique.

LE PRÊTRE.

Salut encore au Cygne pythien et dèlien, à Lèto, mère des cailles, à Artémis Chardonneret.

PISTHÉTÆROS.

Il n'y a plus d'Artémis Kolænis, mais Artémis Chardonneret.

LE PRÊTRE.

Et Sabazios Pinson, et l'Autruche, mère vénérée des hommes !...

PISTHÉTÆROS.

Souveraine Kybélè, Autruche, mère de Kléokritos !

LE PRÊTRE.

Donne aux Néphélokokkygiens santé et prospérité, ainsi qu'aux citoyens de Khios.

PISTHÉTÆROS.

Je suis heureux de voir des citoyens de Khios établis partout.

LE PRÊTRE.

Aux héros, aux oiseaux, aux enfants des héros, au porphyrion, au pélican, au pélékinos, au flexis, au tétras, au paon, à la hulotte, à la sarcelle, à l'élasa, au héron, au plongeon, au bec-figue, à la mésange!

PISTHÉTÆROS.

Finis, ou va-t'en aux corbeaux, finis ton appel! Iou! Iou! A quel sacrifice, malheureux, invites-tu les aigles de mer et les vautours? Ne vois-tu pas qu'un seul milan s'envolerait en emportant tout cela? Loin de nous, toi et tes bandelettes! Je ferai bien moi-même et sans plus ce sacrifice.

LE PRÊTRE.

Il faut encore que, pour l'aspersion, j'entonne un nouvel hymne sacré, et que j'invoque les Bienheureux, ou du moins l'un d'eux, si toutefois vous avez là quelque mets convenable. Car vos offrandes présentes ne sont guère que des poils et des cornes.

PISTHÉTÆROS.

Adressons nos sacrifices et nos prières aux dieux ailés.

UN POÈTE.

Néphélokokkygia la bienheureuse, célèbre-la, Muse, dans tes chants mélodieux!

PISTHÉTÆROS.

Quel est cet être? D'où vient-il? Dis-moi, qui es-tu?

LE POÈTE.

Je suis un chanteur d'hymnes, aux sons doux comme le miel, un zélé serviteur des Muses, selon Homèros.

PISTHÉTÆROS.

Au fait, tu es un esclave et tu as les cheveux longs!

LE POÈTE.

Non pas, mais nous tous, poètes, nous sommes, selon Homèros, les zélés serviteurs des Muses.

PISTHÉTÆROS.

Il n'est donc pas étonnant que tu aies un manteau troué. Mais pourquoi donc, ô poète, as-tu la malechance de venir ici?

LE POÈTE.

J'ai fait des vers pour votre Néphélokokkygia, nombre de beaux dithyrambes et de parthénies dans le goût de Simonidès.

PISTHÉTÆROS.

Et quand les as-tu faits? depuis combien de temps?

LE POÈTE.

Il y a longtemps, longtemps, que je chante cette cité.

PISTHÉTÆROS.

Mais je célèbre à l'instant même son dixième jour, et je viens de la nommer comme on fait pour les petits enfants.

LE POÈTE.

La parole des Muses est rapide; elle vole comme les

coursiers. Et toi, vénérable fondateur d'Ætna, toi de qui le nom rappelle les sacrifices sacrés, fais-nous tel don que tu voudrais pour ta personne; que ta bienveillance nous l'accorde.

PISTHÉTÆROS.

Ce maudit poète va nous donner de la tablature, si nous ne lui octroyons quelque chose qui nous en débarrasse. Holà ! toi qui as une casaque par-dessus ta tunique, quitte-la et fais-en présent à ce poète habile. Prends cette casaque : tu m'as l'air tout transi.

LE POÈTE.

Ma Muse chérie reçoit volontiers ce présent; mais toi, prête-moi une oreille attentive à ce chant pindarique.

PISTHÉTÆROS.

Cet homme ne nous délivrera pas de lui !

LE POÈTE.

Parmi les Skythes nomades erre Stratôn, qui n'a pas même un léger tissu pour se vêtir : il s'en va sans gloire, sans casaque et sans tunique. Tu comprends ce que je dis ?

PISTHÉTÆROS.

Je comprends que tu veux recevoir la tunique. Dépouille-toi; il faut rendre service au poète. Prends et va-t'en.

LE POÈTE.

Je m'en vais, et, en m'en allant, je composerai ces vers pour honorer la ville : « Dieu au trône d'or, célèbre la cité frissonnante et glacée : j'ai parcouru des plaine neigeuses et fécondes. Tra la la la ! »

PISTHÉTÆROS.

Mais, de par Zeus ! te voilà maintenant à l'abri du froid, avec la tunique que tu as reçue. Par Zeus ! je ne pensais pas que ce maudit homme eût si promptement entendu parler de notre ville. Reprends l'aspersoir et fais le tour de l'autel.

LE PRÊTRE.

Faites silence !

UN DISEUR D'ORACLES.

Ne touche pas au bouc.

PISTHÉTÆROS.

Qui es-tu ?

LE DISEUR D'ORACLES.

Qui ? Un diseur d'oracles.

PISTHÉTÆROS.

Va-t'en gémir.

LE DISEUR D'ORACLES.

Malheureux ! ne traite pas légèrement les choses divines. Il y a un oracle de Bakis, qui concerne directement Néphélokokkygia.

PISTHÉTÆROS.

Pourquoi, alors, n'as-tu pas énoncé cet oracle avant que j'eusse bâti la ville ?

LE DISEUR D'ORACLES.

Le ciel m'en empêchait.

PISTHÉTÆROS.

Mais il n'y a rien de tel que d'entendre les paroles mêmes.

LE DISEUR D'ORACLES.

« Quand les loups et les vieilles corneilles habiteront ensemble l'espace qui sépare Korinthos de Sikyôn... »

PISTHÉTÆROS.

Qu'est-ce que les Korinthiens ont de commun avec moi ?

LE DISEUR D'ORACLES.

Par ces mots, Bakis désigne l'air. « ... Que d'abord on immole à Pandôra un bélier à la toison blanche ; et que celui qui, le premier, sera le prophète de vraies paroles, on lui donne un manteau propre et des chaussures neuves. »

PISTHÉTÆROS.

Y a-t-il aussi les chaussures ?

LE DISEUR D'ORACLES.

Prends le papyrus. « Qu'on lui donne aussi une fiole et une large part des entrailles. »

PISTHÉTÆROS.

Y a-t-il aussi le don des entrailles ?

LE DISEUR D'ORACLES.

Prends le papyrus. « Et si tu fais, jeune homme, ce que

je te prescris, tu seras aigle dans les nuées; mais si tu ne le fais pas, tu ne seras ni tourterelle, ni aigle, ni pivert. »

PISTHÉTÆROS.

Y a-t-il encore cela ?

LE DISEUR D'ORACLES.

Prends le papyrus.

PISTHÉTÆROS.

Cet oracle, assurément, ne ressemble en rien à celui que j'ai écrit sous la dictée d'Apollôn : « Si un charlatan vient, sans être appelé, gêner les sacrificateurs et réclamer une part des entrailles, il faut, à l'instant même, lui caresser les côtes. »

LE DISEUR D'ORACLES.

Tu divagues, je crois.

PISTHÉTÆROS.

Prends le papyrus. « Et ne le ménage pas, fût-ce un aigle dans les nuées, fût-ce Lampôn ou le grand Diopithès. »

LE DISEUR D'ORACLES.

Y a-t-il cela ?

PISTHÉTÆROS.

Prends le papyrus et va-t'en aux corbeaux !

LE DISEUR D'ORACLES.

Malheur à moi !

PISTHÉTÆROS.

Cours tout de suite ailleurs débiter tes oracles.

MÉTÔN.

Je viens auprès de vous.

PISTHÉTÆROS.

Autre fâcheux! Que viens-tu faire ici? Quel est ton dessein? l'idée de ton voyage? ta démarche de porteur de kothurne?

MÉTÔN.

Je veux toiser l'air et vous le partager en rues.

PISTHÉTÆROS.

Au nom des dieux, quel homme es-tu?

MÉTÔN.

Qui je suis? Métôn, que connaissent la Hellas et Kolônos.

PISTHÉTÆROS.

Dis-moi, qu'est-ce que tu as avec toi?

MÉTÔN.

Des mesures de l'air. Sache, en effet, tout d'abord, que l'air dans son entier est absolument semblable à un four. A l'aide de cette règle courbe, tombant d'en haut, et en y ajustant le compas... Comprends-tu?

PISTHÉTÆROS.

Je n'y comprends rien.

MÉTÔN.

J'applique une règle droite, de manière à ce que tu aies un cercle tétragone; au centre est l'Agora, les rues qui y conduisent sont droites et convergentes au centre, ainsi que d'un astre, qui est rond de sa nature, partent des rayons droits qui brillent dans tous les sens.

PISTHÉTÆROS.

Cet homme est un Thalès... Métôn ?

MÉTÔN.

Qu'est-ce donc ?

PISTHÉTÆROS.

Tu sais combien je t'aime, moi ? Mais, si tu veux m'en croire, rebrousse chemin.

MÉTÔN.

Quel danger y a-t-il ?

PISTHÉTÆROS.

Le même qu'à Lakédæmôn : la xénélasia; il y pleut nombre de coups à travers la ville.

MÉTÔN.

Est-ce que vous êtes en sédition ?

PISTHÉTÆROS.

Non pas, de par Zeus !

MÉTÔN.

Comment, alors ?

PISTHÉTÆROS.

Nous avons pris la résolution unanime de balayer tous les charlatans.

MÉTÔN.

Je m'esquive.

PISTHÉTÆROS.

Je ne sais pas trop si tu n'es pas en retard : l'orage approche : il est là.

MÉTÔN.

Malheur à moi!

PISTHÉTÆROS.

Ne l'avais-je pas dit depuis longtemps ? Va-t'en prendre tes mesures ailleurs!

UN INSPECTEUR.

Où sont les proxènes ?

PISTHÉTÆROS.

Quel est ce Sardanapalos ?

L'INSPECTEUR.

Je viens ici en qualité d'Inspecteur, élu par la fève, pour surveiller Néphélokokkygia.

PISTHÉTÆROS.

En qualité d'Inspecteur ? Et qui t'envoie ici ?

L'INSPECTEUR.

Un mauvais décret de Téléas.

PISTHÉTÆROS.

Veux-tu, moyennant salaire, ne rien faire et décamper ?

L'INSPECTEUR.

Oui, au nom des dieux. Je pourrais, en effet, assister à l'assemblée, si je restais là-bas. Je suis chargé d'une affaire pour Pharnakès.

PISTHÉTÆROS.

Va-t'en avec ceci : c'est ton salaire. *(Il le bat.)*

L'INSPECTEUR.

Qu'est-ce que c'est que cela ?

PISTHÉTÆROS.

L'assemblée relative à Pharnakès.

L'INSPECTEUR.

Des témoins ! On me frappe, moi, un Inspecteur !

PISTHÉTÆROS.

Tu ne décampes pas ? Tu n'emportes pas les urnes ? N'est-ce pas étrange ? On envoie déjà des Inspecteurs à notre ville, avant même qu'on ait sacrifié aux dieux !

UN VENDEUR DE DÉCRETS.

« Si quelque Néphélokokkygien fait tort à un Athénien... »

PISTHÉTÆROS.

Qu'est-ce que ce maudit papyrus ?

LE VENDEUR DE DÉCRETS.

Je suis Vendeur de décrets, et je viens ici vous vendre les lois nouvelles.

PISTHÉTÆROS.

Lesquelles ?

LE VENDEUR DE DÉCRETS.

« Ordre aux Néphélokokkygiens d'user des mesures, des poids et des décrets prescrits aux Olophyxiens. »

PISTHÉTÆROS.

Et toi tu vas user tout de suite de ceux qui sont prescrits aux Ototyxiens.

LE VENDEUR DE DÉCRETS.

Hé! l'homme! que fais-tu?

PISTHÉTÆROS.

Remporte-moi ces lois! Je t'en ferai voir aujourd'hui de rudes.

L'INSPECTEUR, *revenant.*

J'assigne Pisthétæros, pour fait d'outrages, au mois de Mounykhiôn.

PISTHÉTÆROS.

Vraiment, l'homme! Tu es encore ici?

LE VENDEUR DE DÉCRETS.

« Et si quelqu'un chasse les magistrats et ne les reçoit pas, conformément à la stèle... »

PISTHÉTÆROS.

Ah! quelle misère! Et toi aussi te voilà encore!

L'INSPECTEUR.

Je te mettrai à mal, et je te fais condamner à dix mille drakhmes.

PISTHÉTÆROS.

Et moi je vais briser tes urnes.

L'INSPECTEUR.

Souviens-toi du moment où tu as fait tes ordures près de la stèle, le soir.

PISTHÉTÆROS.

Fi! Qu'on le saisisse! Eh bien! tu ne restes pas?

LE PRÊTRE.

Allons-nous-en d'ici au plus vite; et à l'intérieur sacrifions le bouc aux dieux.

LE CHOEUR.

Désormais c'est à moi, qui vois tout, qui domine tout, que tous les mortels offriront des sacrifices et de solennelles prières. Car mes regards embrassent la terre entière; je préserve les fruits en fleur, en détruisant la race des bêtes de toute espèce, qui, dans la terre, dévorent de leurs mâchoires insatiables les germes sortant du calice, et sur les arbres les fruits qui s'y étalent; je tue celles qui, dans les jardins embaumés, portent le ravage de leur contact funeste : les reptiles et les animaux voraces qui tombent sous mon aile périssent tous jusqu'au dernier.

Aujourd'hui, plus que jamais, on proclame cet édit : « Celui de vous qui tuera Diagoras de Mèlos, recevra un talent; si quelqu'un tue quelqu'un des tyrans morts, il recevra un talent. » Nous aussi, nous voulons aujourd'hui promulguer ce décret : « Si quelqu'un de vous tue Philokratès le Strouthien, il recevra un talent; s'il l'amène vif, il en aura quatre; car c'est lui qui, faisant des paquets de pinsons, en vend sept pour une obole; puis il souffle les grives, les étale et les torture; aux merles, il passe des plumes dans les narines; il rassemble des pigeons et les tient clos, puis il les contraint à servir d'appelants, enfermés dans le filet. » Voilà le décret que nous voulons publier; et si quelqu'un de vous nourrit des oiseaux captifs dans sa cour, nous lui disons de leur donner la volée. Si vous n'obéissez pas, saisis par les oiseaux, enchaînés aussitôt, vous servirez d'appelants.

Heureuse la gent ailée! L'hiver, ils ne s'enveloppent point de læenas; l'été, le rayon lumineux ne nous accable pas d'une chaleur suffocante. Mais c'est dans des prés fleuris que j'habite, au sein des feuillages, lorsque la divine cigale, folle de soleil, émet son chant strident à la chaleur de midi : j'hiverne dans les antres creux, jouant avec les nymphes des montagnes; au printemps, nous paissons le myrte virginal, aux baies blanches, et les fruits du jardin des Kharites.

Aux juges nous voulons dire un mot sur la victoire : nos biens, s'ils nous l'accordent, nous les leur donnerons à tous, présents plus précieux que ceux qui furent offerts à Alexandros. Et d'abord, chose que tout juge souhaite le plus, les chouettes ne vous manqueront jamais, celles du Laurion : elles logeront chez vous, elles nicheront dans vos bourses, et pondront de la petite monnaie. En outre, vous habiterez comme dans des temples, vu que nous élèverons le faîte de vos maisons en forme d'aigle. Si vous excercez une modeste magistrature, et si vous voulez y rapiner quelque chose, nous donnerons à vos mains les serres de l'épervier. Si vous dînez quelque part, nous vous enverrons un vaste jabot. Mais si vous ne nous accordez pas le prix, faites-vous forger des ombrelles de cuivre, et portez-les comme on en met aux statues. Gare à celui de vous qui n'en aura pas : quand vous aurez une khlamyde blanche, vous éprouverez alors notre pire vengeance : tous les oiseaux foireront sur vous.

PISTHÉTÆROS.

Oiseaux, nos sacrifices ont été favorables. Mais je m'étonne qu'il ne vienne des remparts aucun messager nous annoncer comment s'y passent les affaires. En voici un pourtant qui accourt, hors d'haleine, comme le long de l'Alphéios.

UN PREMIER MESSAGER.

Où, où est-il, où ? Où, où est-il, où ? Où, où est-il, où ? Où est Pisthétæros, notre chef ?

PISTHÉTÆROS.

Le voici.

PREMIER MESSAGER.

On a bâti la muraille.

PISTHÉTÆROS.

Bonne nouvelle !

PREMIER MESSAGER.

Très bel ouvrage et des plus magnifiques ! En haut, elle est si large que Proxénidès le Vautour et Théagénès, sur deux chars qui se croiseraient, feraient courir leur attelage, les chevaux en fussent-ils grands comme le Cheval de bois.

PISTHÉTÆROS.

Par Hèraklès!

PREMIER MESSAGER.

La longueur, je l'ai mesurée moi-même, est de cent stades.

PISTHÉTÆROS.

Par Poséidôn! c'est ce qui s'appelle grand. Et quels ouvriers ont bâti cette œuvre gigantesque?

PREMIER MESSAGER.

Les oiseaux. Nul autre qu'eux n'était là : ni tuilier ægyptien, ni tailleur de pierre, ni charpentier : ils ont tout fait de leurs mains : aussi suis-je émerveillé. De la Libyè sont venues trente mille grues, qui avaient avalé les pierres d'assises; les râles les ont équarries de leurs becs : dix mille cigognes façonnaient les briques, tandis que l'eau était portée en l'air par les pluviers et les autres oiseaux de rivière.

PISTHÉTÆROS.

Qui leur préparait le mortier?

PREMIER MESSAGER.

Des hérons dans des auges.

PISTHÉTÆROS.

Et comment transportaient-ils ce mortier?

PREMIER MESSAGER.

Voici, mon bon, une invention des plus ingénieuses. Les oies, se servant de leurs pattes comme de pelles, battaient le mortier et l'entassaient dans les auges.

PISTHÉTÆROS.

Ah! vraiment, que ne ferait-on pas avec les pattes?

PREMIER MESSAGER.

En même temps, de par Zeus! les canes, la ceinture serrée, portaient des briques; en haut, la truelle au dos, comme des mères leurs enfants, le mortier au bec, voltigeaient les hirondelles.

PISTHÉTÆROS.

Quel besoin, après cela, de salarier des mercenaires? Voyons, maintenant, quels oiseaux ont construit la charpente du mur?

PREMIER MESSAGER.

Comme charpentiers des plus habiles étaient les pélicans, qui, de leurs becs, équarrissaient les portes : on eût dit le bruit des haches dans un chantier naval. Et maintenant tout est garni de portes, verrouillé et bien gardé; on fait la ronde, la cloche circule, partout sont posées des sentinelles et des feux allumés sur les tours. Mais je cours vite me laver : à toi à présent de faire le reste.

LE CHŒUR.

Eh bien, que fais-tu? Tu t'étonnes de ce que la muraille a été bâtie si vite?

PISTHÉTÆROS.

Oui, par les dieux! et cela en vaut la peine; car, en vérité, tout cela me paraît mensonges. Mais voici un garde qui nous arrive de la ville en messager; il a l'œil tout en feu.

DEUXIÈME MESSAGER.

Iou Iou! Iou Iou! Iou Iou!

PISTHÉTÆROS.

Qu'y a-t-il?

DEUXIÈME MESSAGER.

Le plus affreux outrage! Je ne sais quel dieu, envoyé par Zeus, a franchi nos portes et pris son vol en l'air, à l'insu des geais, nos gardes de jour.

PISTHÉTÆROS.

Terrible affaire, indigne forfait! Mais quel dieu?

DEUXIÈME MESSAGER.

Nous ne savons pas : il avait des ailes, c'est ce que nous savons.

PISTHÉTÆROS.

Il fallait absolument envoyer des péripoles à sa poursuite!

DEUXIÈME MESSAGER.

Mais nous avons envoyé trente mille éperviers comme

archers à cheval; toute la gent aux ongles crochus s'est mise en campagne, crécerelle, buse, vautour, chouette, aigle; leur élan, leurs ailes, leurs battements agitent l'air, à la recherche du dieu. Il n'est pas bien loin, il doit être près d'ici.

PISTHÉTÆROS.

Il faut donc prendre les frondes et les flèches : que tout serviteur soit ici! Vise, frappe! Donne-moi une fronde.

LE CHŒUR.

Une guerre éclate, guerre indicible, entre moi et les dieux. Que tout le monde garde l'air nuageux, fils de l'Érébos, pour qu'aucun dieu ne le traverse à mon insu; que chacun ait l'œil au guet à l'entour. Comme s'il planait près d'ici un génie aérien, un bruit d'ailes se fait entendre.

PISTHÉTÆROS.

Holà! toi, où, où, où voles-tu? Reste tranquille, ne bouge pas, demeure ici : suspends ta course. Qui es-tu? D'où viens-tu? Dis tout de suite d'où part ton essor.

IRIS.

Je viens de chez les dieux de l'Olympos.

PISTHÉTÆROS.

Quel est ton nom? Navire ou Casquette?

IRIS.

Iris la rapide.

PISTHÉTÆROS.

Paralienne ou Salaminienne ?

IRIS.

Qu'est-ce cela ?

PISTHÉTÆROS.

Est-ce qu'il n'y a pas là, pour la saisir, une buse ailée ?

IRIS.

Me saisir ? Qu'est-ce donc que cette indignité ?

PISTHÉTÆROS.

Tu pousseras de grands soupirs.

IRIS.

C'est quelque chose d'inimaginable.

PISTHÉTÆROS.

Par quelles portes as-tu franchi la muraille, misérable ?

IRIS.

Mais je ne sais pas, de par Zeus ! par quelles portes.

PISTHÉTÆROS.

Tu l'entends, comme elle raille. T'es-tu présentée aux officiers des geais ? Tu ne dis rien ? Avais-tu un cachet scellé par les cigognes ?

IRIS.

Qu'est-ce que cette absurdité ?

PISTHÉTÆROS.

Tu n'en avais pas ?

IRIS.

Es-tu dans ton bon sens ?

PISTHÉTÆROS.

Aucun sauf-conduit ne t'a été donné par un chef des oiseaux ?

IRIS.

De par Zeus ! pas un seul ne m'en a donné, pauvre fou.

PISTHÉTÆROS.

Et c'est comme cela que tu prends ton vol en silence au travers d'une ville étrangère et de l'espace ?

IRIS.

Et par quelle autre route doivent voler les dieux ?

PISTHÉTÆROS.

De par Zeus ! je ne sais pas, moi ; mais par celle-là, non.

IRIS.

Tu me manques d'égards, maintenant.

PISTHÉTÆROS.

Sais-tu que jamais aucune Iris n'aurait été plus justement mise à mort, si l'on te traitait comme tu mérites !

IRIS.

Mais je suis immortelle.

PISTHÉTÆROS.

Tu n'en mourrais pas moins. Ce serait, à mon avis, user avec nous d'un procédé des plus étranges, si, quand le reste nous obéit, vous autres dieux vous faisiez les insolents, et ne compreniez pas qu'il vous faut céder, à votre tour, aux plus forts. Mais, dis-moi, où diriges-tu ta *navigation aérienne* ?

IRIS.

Moi ? Je vole vers les hommes, de la part de mon père, pour leur dire de sacrifier aux dieux de l'Olympos, d'immoler brebis et bœufs sur les autels, et de remplir les rues de fumée.

PISTHÉTÆROS.

Que dis-tu ? A quels dieux ?

IRIS.

A quels dieux ? A nous, les dieux du ciel.

PISTHÉTÆROS.

Vous êtes des dieux ?

IRIS.

Y a-t-il quelque autre dieu ?

PISTHÉTÆROS.

Les oiseaux sont aujourd'hui des dieux pour les hommes : c'est à eux qu'il faut sacrifier, et non à Zeus, de par Zeus !

IRIS.

Insensé, insensé, n'excite pas le courroux terrible des dieux, de peur que la Justice, armée de la cognée de Zeus, n'extermine toute race, et que la flamme ne brûle ton corps et les portiques de tes demeures des mêmes traits que Lykimnios.

PISTHÉTÆROS.

Écoute toi-même : cesse ces criailleries : sois tranquille. Voyons, me prends-tu pour un Lydien ou un Phrygien, et penses-tu m'épouvanter avec tes grands mots? Sais-tu que, si Zeus m'ennuie encore, je me jette sur ses palais et sur la demeure d'Amphiôn, avec les aigles porte-feu, et je réduis tout en cendres; puis je détacherai dans le ciel, contre lui, des porphyrions revêtus de peaux de léopard, au nombre de plus de six cents. Un seul porphyrion lui donna, jadis, tant de mal! Quant à toi, sa messagère, si tu me causes quelque ennui, je commence par t'étendre les jambes en l'air, tout Iris que tu es, puis je t'ouvre les cuisses et tu seras étonnée comment un homme si vieux renouvelle, trois fois de suite, son assaut.

IRIS.

Puisses-tu crever, imbécile, avec un pareil langage!

PISTHÉTÆROS.

Ne vas-tu pas te sauver? Décampe vite! Gare les coups!

IRIS.

Si mon père ne met pas fin à tes insultes...

PISTHÉTÆROS.

Ah, mais! Est-ce que tu ne t'envoles pas ailleurs en foudroyer de plus novices?

LE CHOEUR.

Nous défendons aux dieux, issus de Zeus, de traverser désormais notre ville, et aux mortels de leur envoyer par ici la fumée.

PISTHÉTÆROS.

Il est étrange que le héraut envoyé par nous aux mortels ne soit pas encore de retour.

LE HÉRAUT.

O Pisthétæros, ô le fortuné, ô le très sage, ô le très illustre, ô le très sage, ô le très charmant, ô le trois fois heureux, ô... souffle-moi donc.

PISTHÉTÆROS.

Que dis-tu ?

LE HÉRAUT.

D'une couronne d'or, pour ta sagesse, te couronnent et t'honorent tous les peuples.

PISTHÉTÆROS.

Je l'accepte. Et pourquoi les peuples me font-ils cet honneur ?

LE HÉRAUT.

O fondateur d'une très illustre ville aérienne, tu ne sais pas quelle vénération elle te procure parmi les hommes, et combien tu as de gens passionnés pour ce pays. En effet, avant que tu eusses fondé cette ville, tous les hommes avaient alors la lakonomanie, on laissait croître les cheveux, on jeûnait, on était sale, on sokratisait, on portait des bâtons ; aujourd'hui on a changé de mode, on a l'ornithomanie, on se plaît à faire tout à l'instar des oiseaux : et d'abord, dès la pointe du jour, tout le monde déniche, comme nous, pour aller à la pâture; puis on vole droit aux affiches, on y dévore les décrets. L'ornithomanie est si forte, qu'un grand nombre d'entre eux ont pris des noms d'oiseaux. Perdrix est le nom d'un marchand de vin boiteux; Ménippos s'appelle hirondelle; Opontios le borgne, corbeau; Philoklès, alouette; Théagénès, oie-renard; Lykourgos, ibis; Kæréphôn, chauve-souris; Syrakosios, pie; Midias, caille; et c'est bien son nom, car il ressemble à une caille frappée d'un rude coup sur la tête. Tous, dans leur passion pour les oiseaux, se mettent à gazouiller des chansons, où il est question d'hirondelle, de sarcelle, d'oie, de colombe, et puis des ailes ou, pour le moins, un peu de plumes : voilà ce qui se passe là-bas. Je ne te dis plus qu'une chose, c'est que plus de dix milliers d'hommes viennent de là-bas ici te demander des plumes et des serres recourbées; il faut donc que tu t'en procures pour tous ces émigrants.

PISTHÉTÆROS.

Nous n'avons donc, de par Zeus! qu'à nous mettre à l'œuvre. Toi, va au plus vite remplir d'ailes tous les paniers d'osier et toutes les corbeilles; que Manès m'apporte ici les ailes, et moi je recevrai les arrivants.

LE CHOEUR.

Avant peu on pourra saluer cette ville du nom de populeuse.

PISTHÉTÆROS.

Pourvu que la Fortune soit favorable.

LE CHOEUR.

Les cœurs sont épris de ma cité.

PISTHÉTÆROS, *à l'Esclave.*

Apporte donc vite.

LE CHOEUR.

Que manque-t-il à cette ville pour en rendre le séjour agréable à l'homme ? La Sagesse, l'Amour, les divines Kharites, le doux visage de l'aimable Paix.

PISTHÉTÆROS.

Quelle lenteur à servir ! Tu ne peux donc pas te presser davantage ?

LE CHOEUR.

Qu'on apporte vite un panier d'ailes ! Et toi, presse-le de nouveau, en le frappant, comme je fais : il est tout à fait lent comme un âne.

PISTHÉTÆROS.

Oui, Manès est un paresseux.

LE CHOEUR.

Toi d'abord, mets ces ailes en ordre : les musicales ensemble, puis les prophétiques, et enfin les marines. Ensuite, d'une façon intelligente, tu verras à donner à chaque homme les plumes qui lui conviennent.

PISTHÉTÆROS, *à Manès.*

Par les crécerelles ! je ne supporterai plus de te voir ainsi paresseux et lent !

UN PARRICIDE.

Que ne suis-je l'aigle qui plane dans les airs, pour voler au-dessus des flots d'azur de la plaine stérile!

PISTHÉTÆROS.

Le messager n'était point, à ce qu'il semble, un faux messager. Voici un homme qui s'avance en chantant des aigles.

LE PARRICIDE.

Ah! il n'est rien de plus doux que de voler. Moi, j'aime les lois des oiseaux : j'ai l'ornithomanie, et je vole, et je veux habiter parmi vous, et je suis passionné pour vos lois.

PISTHÉTÆROS.

Quelles lois? Car les oiseaux ont beaucoup de lois.

LE PARRICIDE.

Toutes; mais surtout celle qui trouve beau chez les oiseaux d'étrangler et de mordre son père.

PISTHÉTÆROS.

En effet, de par Zeus! nous regardons comme tout à fait brave de battre son père, quand on n'est encore que poussin.

LE PARRICIDE.

Voilà pourquoi je viens habiter ici, parce que je désire étrangler mon père et avoir tout son bien.

PISTHÉTÆROS.

Mais il y a aussi chez nous autres oiseaux une loi antique, inscrite sur les colonnes des cigognes : « Quand le père cigogne a nourri ses petits, et qu'il les a mis en état de voler, les petits, à leur tour, doivent nourrir leur père. »

LE PARRICIDE.

De par Zeus! j'ai fait une jolie affaire en venant ici, s'il me faut encore nourrir mon père!

PISTHÉTÆROS.

Pas du tout; puisque tu es venu ici, mon cher, avec tant d'empressement, je vais t'emplumer comme un oiseau orphelin. Et d'ailleurs, jeune homme, je ne te donnerai pas un mauvais conseil, mais un bon, que j'ai reçu jadis, étant enfant : « Ne frappe pas ton père. » Puis, d'une main prends cette aile, de l'autre ces ergots : figure-toi que tu as une crête de coq, monte la garde, fais la guerre, vis de ta solde, et laisse vivre ton père... Seulement, puisque tu as l'humeur belliqueuse, prends ton vol vers la Thrakè, et combats.

LE PARRICIDE.

Par Dionysos! je trouve que tu parles bien, et je t'obéirai.

PISTHÉTÆROS.

Tu agiras sensément, j'en prends Zeus à témoin.

KINÉSIAS.

Je prends l'essor vers l'Olympos sur mes ailes légères :

dans mon vol je parcours, l'une après l'autre, les routes de la mélodie.

PISTHÉTÆROS.

Voilà une occupation qui réclame une cargaison d'ailes.

KINÉSIAS.

D'un esprit et d'un corps intrépides, j'en cherche une nouvelle.

PISTHÉTÆROS.

Nous saluons Kinésias, l'homme-tilleul. Pourquoi venir ici, clopin-clopant, sur ton pied bot?

KINÉSIAS.

Je veux devenir oiseau, mélodieux rossignol.

PISTHÉTÆROS.

Assez de mélodies; dis-moi ce que tu demandes.

KINÉSIAS.

Par toi muni d'ailes, je veux m'élever au-dessus des airs, et tirer des nuées des préludes vaporeux et neigeux.

PISTHÉTÆROS.

Le moyen de tirer des préludes des nuées?

KINÉSIAS.

C'est d'elles que dépend notre art. Les dithyrambes sont aériens, ténébreux, sombrement azurés, emportés sur des ailes. Écoute, tu le sauras tout de suite.

PISTHÉTÆROS.

Non, pas moi.

KINÉSIAS.

Si, toi, par Hèraklès! Je parcours pour toi tous les espaces aériens, sous la forme des oiseaux ailés qui fendent l'éther avec leur long col.

PISTHÉTÆROS.

Hôop!

KINÉSIAS.

Puissé-je planer au-dessus des mers, emporté par le souffle des vents!

PISTHÉTÆROS.

Par Zeus! je vais mettre un terme à ce souffle.

KINÉSIAS.

Et tantôt suivant les sentiers de Notos, tantôt approchant mon corps de Boréas, fendre le sillon sans rivages de l'éther! — Tu as inventé, vieillard, des procédés gracieux et habiles.

PISTHÉTÆROS.

Quoi! Tu n'es pas content de fendre l'air?

KINÉSIAS.

C'est ainsi que tu traites un poète cyclique que s'arrachent constamment les tribus?

PISTHÉTÆROS.

Veux-tu, en restant chez nous, organiser pour la tribu Kékropide un chœur d'oiseaux légers comme Léotrophidès?

KINÉSIAS.

Tu te moques de moi, c'est évident. Toutefois, je ne cesserai point, sache-le, que je n'aie des ailes pour voler à travers les airs.

UN SYKOPHANTE.

Quels sont ces oiseaux indigents, au plumage bigarré? Dis-le-moi, hirondelle aux ailes étendues et tachetées.

PISTHÉTÆROS.

Le fléau qui surgit n'est pas mince : voici quelqu'un qui vient ici en fredonnant.

LE SYKOPHANTE.

Hirondelle aux ailes étendues et tachetées, je t'appelle une seconde fois.

PISTHÉTÆROS.

C'est à son manteau qu'il m'a l'air de chanter un skolie; il semble avoir besoin du retour des hirondelles.

LE SYKOPHANTE.

Où est celui qui donne des ailes aux arrivants?

PISTHÉTÆROS.

Le voici; mais il faut dire pour quel usage.

LE SYKOPHANTE.

Des ailes, il me faut des ailes : ne m'en demande pas davantage.

PISTHÉTÆROS.

Est-ce que tu as l'idée de voler droit à Pellènè ?

LE SYKOPHANTE.

Non, de par Zeus ! Je suis huissier près les îles, sykophante...

PISTHÉTÆROS.

Heureux métier !

LE SYKOPHANTE.

Et dénicheur de procès. J'ai donc besoin de prendre des ailes pour rôder autour des villes et faire des assignations.

PISTHÉTÆROS.

Avec des ailes, assigneras-tu plus adroitement ?

LE SYKOPHANTE.

Non, de par Zeus ! mais c'est afin que les voleurs ne me molestent pas : avec les grues je reviendrai de là-bas, lesté d'un grand nombre de procès.

PISTHÉTÆROS.

Quoi ! c'est donc là ton métier ? Dis-moi, jeune comme tu es, tu dénonces les étrangers ?

LE SYKOPHANTE.

Que ferais-je ? Je n'ai pas appris à bêcher.

PISTHÉTÆROS.

Mais il y a, de par Zeus ! d'autres occupations honnêtes, où un homme de ton âge pourrait gagner sa vie bien plus loyalement qu'à tramer des procès.

LE SYKOPHANTE.

Mon bon, ne me donne pas des conseils, mais des ailes.

PISTHÉTÆROS.

En te parlant ainsi, je te donne des ailes.

LE SYKOPHANTE.

Et comment, avec des paroles, donnes-tu des ailes à un homme ?

PISTHÉTÆROS.

Les paroles donnent des ailes à tout le monde.

LE SYKOPHANTE.

A tout le monde ?

PISTHÉTÆROS.

N'entends-tu pas, chaque jour, des pères, chez les barbiers, tenir à des jeunes gens ce langage : « C'est au plus haut point que les discours de Diitréphès ont donné à mon fils des ailes pour l'équitation » ? Un autre dit que son fils s'est envolé vers la tragédie sur les ailes de l'esprit.

LE SYKOPHANTE.

Ainsi les discours donnent des ailes ?

PISTHÉTÆROS.

C'est ce que je dis. Les discours font prendre l'essor à la pensée ; ils enlèvent l'homme : c'est ainsi que moi je veux te donner des ailes par de sages discours et te tourner vers un métier honorable.

LE SYKOPHANTE.

Mais je ne veux pas !

PISTHÉTÆROS.

Que feras-tu donc ?

LE SOKOPHANTE.

Je ne ferai pas rougir ma race : la vie de sykophante m'est échue de père en fils. Donne-moi donc des ailes rapides et légères, d'épervier ou de crécerelle, afin que, après avoir assigné les étrangers, je revienne ici soutenir l'accusation et revole vite là-bas.

PISTHÉTÆROS.

J'entends. Tu dis : afin que l'étranger soit condamné ici avant d'être arrivé ?

LE SYKOPHANTE.

Tu entends parfaitement.

PISTHÉTÆROS.

Et ensuite, pendant qu'il cingle vers nos côtes, toi, tu revoles là-bas pour faire main-basse sur son bien ?

LE SYKOPHANTE.

Tu as tout compris. C'est absolument comme une toupie.

PISTHÉTÆROS.

J'entends ! Comme une toupie. Eh bien, j'ai là, de par Zeus ! ces très bonnes ailes de Kerkyra.

LE SYKOPHANTE.

Malheur à moi ! Tu tiens un fouet.

PISTHÉRÆROS.

Non, ce sont des ailes, pour te faire aller aujourd'hui comme une toupie.

LE SYKOPHANTE.

Malheureux que je suis!

PISTHÉTÆROS.

Est-ce que tu ne vas pas t'envoler d'ici? Déguerpis, misérable, digne de mille morts : tu sentiras bientôt l'amertume de ta fourberie qui donne des entorses à la justice. Pour nous, ramassons nos ailes et partons.

LE CHOEUR.

Beaucoup d'objets nouveaux et merveilleux se sont produits devant notre vol, et nous avons vu des choses étonnantes. Il y a un arbre extraordinaire privé de cœur : il se nomme Kléonymos; il ne sert à rien : lâche, du reste, et de haute taille. Au printemps, il bourgeonne à point et fleurit en calomnies; l'hiver, pour feuilles, il sème des boucliers.

Il y a au loin, dans la région ténébreuse, un pays dépourvu de lampes, où les hommes dînent et vivent avec les héros, excepté le soir : car, alors, il ne ferait pas bon de les rencontrer. Si quelque mortel rencontrait de nuit le héros Orestès, il serait mis nu par lui, et roué de coups des pieds à la tête.

PROMÈTHEUS.

Infortuné que je suis! Prenons garde que Zeus ne me voie. Où est Pisthétæros?

PISTHÉTÆROS.

Oh ! oh ! Qu'est-ce que cela ? Un homme voilé ?

PROMÈTHEUS.

Vois-tu quelque dieu derrière moi ?

PISTHÉTÆROS.

Non, par Zeus ! je ne vois rien. Mais qui es-tu ?

PROMÈTHEUS.

Quelle heure du jour est-il ?

PISTHÉTÆROS.

Quelle heure ? Un peu plus de midi. Mais qui es-tu ?

PROMÈTHEUS.

Est-il l'heure de la rentrée des bœufs, ou plus tard ?

PISTHÉTÆROS.

Ah ! comme je t'ai en horreur !

PROMÈTHEUS.

Que fait donc Zeus ? Dissipe-t-il ou assemble-t-il les nuages ?

PISTHÉTÆROS.

Tu vas gémir en grand !

FROMÈTHEUS.

Alors je me découvre.

PISTHÉTÆROS.

Mon cher Promètheus.

PROMÈTHEUS.

Retiens-toi, retiens-toi; ne crie pas.

PISTHÉTÆROS.

Qu'y a-t-il ?

PROMÈTHEUS.

Silence, ne prononce pas mon nom : tu me perds, si Zeus me voit ici. Mais si tu veux que je te dise comment vont toutes les affaires là-haut, prends cette ombrelle et tiens-la au-dessus de ma tête, afin que les dieux ne me voient pas.

PISTHÉTÆROS.

Iou! iou! tu as là une idée excellente et digne de Promètheus. Mets-toi vite dessous et parle hardiment.

PROMÈTHEUS.

Écoute, alors.

PISTHÉTÆROS.

Je t'écoute, parle.

PROMÈTHEUS.

C'en est fait de Zeus.

PISTHÉTÆROS.

Depuis quand ?

PROMÈTHEUS.

Depuis que vous avez bâti dans l'air. Aucun homme ne sacrifie plus aux dieux, et l'odeur des cuisses n'est plus montée jusqu'à nous depuis ce temps-là. Mais nous jeûnons comme aux Thesmophoria, faute de sacrifices. Les dieux barbares affamés, et hurlant comme des Illyriens, menacent Zeus de faire une descente contre lui, s'il ne fait pas rouvrir les marchés, où l'on mette en vente des quartiers de victimes.

PISTHÉTÆROS.

Y a-t-il donc d'autres dieux que vous, des dieux barbares qui habitent au-dessus de vos têtes ?

PROMÈTHEUS.

Ne sont-ils donc point barbares, ceux parmi lesquels Exékestidès a trouvé un patron ?

PISTHÉTÆROS.

Et quel est le nom de ces dieux barbares ?

PROMÈTHEUS.

Leur nom ? Les Triballes.

PISTHÉTÆROS.

J'entends. De là vient l'expression : « Sois étripé ! »

PROMÈTHEUS.

Absolument. Mais je vais te dire une chose certaine. Il va venir ici, pour négocier, des envoyés de Zeus et des Triballes de là-haut. Vous ne consentez à rien si Zeus ne restitue pas le sceptre aux oiseaux et s'il ne te donne pour femme Basiléia.

PISTHÉTÆROS.

Qui est-ce, Basiléia ?

PROMÈTHEUS.

Une très jolie fille qui administre la foudre de Zeus et tout le reste, prudence, équité, sagesse, marine, calomnie, trésorier, triobole.

PISTHÉTÆROS.

Elle administre tout cela pour lui ?

PROMÈTHEUS.

Comme je te le dis ; et, si tu l'obtiens de lui, tu as tout. Voilà pourquoi je suis venu ici, c'était afin de te le dire ; car, de temps immémorial, je suis bienveillant pour les hommes.

PISTHÉTÆROS.

En effet, c'est grâce à toi seul, parmi les dieux, que nous faisons des grillades.

PROMÈTHEUS.

Je hais tous les dieux, comme tu le sais, toi.

PISTHÉTÆROS.

De par Zeus ! tu as toujours été leur ennemi.

PROMÈTHEUS.

Un vrai Timôn. Mais comme il faut que je m'en retourne vite, donne-moi l'ombrelle, afin que si Zeus m'aperçoit de là-haut, j'aie l'air d'accompagner une kanéphore.

PISTHÉTÆROS.

Prends aussi ce siège et emporte-le.

LE CHŒUR.

Chez les Skiapodes est un marais, où Sokratès, qui ne se lave jamais, évoque les âmes. Pisandros y vint aussi, demandant à voir son âme, qui l'avait planté là, de son vivant : pour victime, il amenait une chamelle au lieu d'un agneau : il l'égorgea, et s'éloigna comme Odysseus; à ce moment sortit des enfers, pour boire le sang de la chamelle, Khæréphôn, la Chauve-Souris.

POSÉIDÔN.

La ville de Néphélokokkygia s'offre à nos regards : nous y venons en députation... Holà! toi, que fais-tu? Tu places ton manteau sur la gauche? Tu ne le jettes pas à droite? Quoi donc, malheureux? Tu es du tempérament de Læspodias. O démocratie, à quoi nous as-tu réduits, puisque les dieux ont choisi un pareil représentant?

LE TRIBALLE.

Tiens-toi tranquille.

POSÉIDÔN.

Foin de toi! C'est toi que j'ai vu de beaucoup le plus barbare de tous les dieux. Voyons, que ferons-nous, Hèraklès?

HÈRAKLÈS.

Tu m'as entendu dire que je veux étrangler l'homme qui a ainsi bloqué les dieux.

POSÉIDÔN.

Mais, mon bon, nous avons été choisis comme députés pour négocier.

HÈRAKLÈS.

J'ai doublement envie de t'étrangler.

PISTHÉTÆROS.

Donne-moi la râpe au fromage; apporte du silphion; qu'on apporte du fromage; ranime les charbons.

HÈRAKLÈS.

Homme, nous sommes trois dieux, ici présents, qui t'adressons nos saluts.

PISTHÉTÆROS.

Je racle le silphion.

HÈRAKLÈS.

Quelles sont ces viandes?

PISTHÉTÆROS.

Celles de quelques oiseaux coupables de soulèvement illégal contre les oiseaux amis du peuple.

HÈRAKLÈS.

Et tu racles ton silphion avant de nous répondre?

PISTHÉTÆROS.

Ah! salut, Hèraklès. Qu'y a-t-il?

POSÉIDÔN.

Nous venons, envoyés par les dieux, pour négocier au sujet de la guerre.

UN ESCLAVE.

Il n'y a pas d'huile dans la lékythe.

PISTHÉTÆROS.

Il faut cependant que les oiseaux soient bien marinés.

HÈRAKLÈS.

Nous, nous ne retirons de la guerre aucun profit; vous, si vous devenez amis de nous autres dieux, vous aurez de l'eau du ciel dans les citernes et vous passerez constamment des jours faits pour les alcyons. C'est pour tout cela que nous venons, munis de pleins pouvoirs.

PISTHÉTÆROS.

Jamais, au grand jamais, nous n'avons commencé la guerre contre vous, et maintenant nous voulons, de bon cœur, si vous voulez aussi faire ce qui est juste, entrer en accommodement. Or voici ce qui est juste : que Zeus rende le sceptre à nous autres oiseaux. Alors les arrangements sont conclus; après quoi, j'invite les envoyés à dîner.

HÈRAKLÈS.

Pour moi, cela me suffit, et j'y consens.

POSÉIDÔN.

Comment, malheureux? Tu es un niais et un goinfre : tu dépouilles ton père de sa toute-puissance.

PISTHÉTÆROS.

Vraiment? Mais vous, les dieux, ne serez-vous pas plus forts si les oiseaux règnent ici-bas? Aujourd'hui, cachés sous les nuages, les mortels échappent à vos yeux et parjurent votre nom. Quand vous aurez les oiseaux pour alliés, si quelqu'un jure par le corbeau et par Zeus, le corbeau volera furtivement sur le parjure et lui crèvera l'œil à coups de bec.

POSÉIDÔN.

Par Poséidôn! voilà qui est bien dit.

HÈRAKLÈS.

C'est aussi mon avis.

PISTHÉTÆROS, *au Triballe.*

Et toi, que t'en semble?

LE TRIBALLE.

Nabaisatreu.

PISTHÉTÆROS.

Vois-tu? Il approuve aussi. Écoutez encore un autre bien que nous vous ferons. Si un homme, après avoir voué un sacrifice à quelque dieu, s'y soustrait en disant: « Les dieux peuvent attendre, » et s'y refuse par avarice, nous punirons également cette conduite.

POSÉIDÔN.

Voyons, de quelle manière?

PISTHÉTÆROS.

Lorsque cet homme sera à compter son argent, ou assis dans un bain, un milan fondra lui dérober en secret le prix de deux brebis, et le portera au dieu.

HÈRAKLÈS.

Je vote encore pour que le sceptre leur soit rendu.

POSÉIDÔN.

Demande maintenant au Triballe.

HÈRAKLÈS.

Triballe, es-tu d'avis de gémir?

LE TRIBALLE.

Saunaka Baktarikrousa.

HÈRAKLÈS.

Il dit que c'est très bien parler.

POSÉIDÔN.

Si c'est là votre avis à tous deux, c'est aussi le mien.

HÈRAKLÈS.

Eh bien! nous sommes d'accord pour ce qui est du sceptre.

PISTHÉTÆROS.

Et, de par Zeus! il y a une autre condition, dont je me souviens, moi; je laisse Hèra à Zeus, mais il faut qu'on me donne pour femme la jeune Basiléia.

POSÉIDÔN.

Tu n'as pas envie de faire la paix. Retournons chez nous.

PISTHÉTÆROS.

Je n'en ai cure. Cuisinier, il faut nous faire un bon coulis.

HÈRAKLÈS.

Être singulier, Poséidôn, où vas-vu? Ferons-nous la guerre pour une femme?

POSÉIDÔN.

Que devons-nous faire ?

HÈRAKLÈS.

Quoi ? Négocions.

POSÉIDÔN.

Hé, malheureux ! ne vois-tu pas qu'on te trompe depuis longtemps ? Tu te ruines toi-même. Car si Zeus meurt, après leur avoir donné l'empire, te voilà dans la pauvreté : c'est à toi que sont tous les biens que Zeus laisserait en mourant.

PISTHÉTÆROS.

O malheur ! Comme on t'en fait accroire ! Viens ici à l'écart, que je te parle. Ton oncle te trompe, pauvre garçon. Des biens paternels il ne te revient pas une obole : c'est la loi : tu es bâtard et non fils légitime.

HÈRAKLÈS.

Moi bâtard ? Que dis-tu ?

PISTHÉTÆROS.

Sans doute, de par Zeus ! puisque tu es né d'une femme étrangère. Et comment crois-tu qu'Athèna fût son héritière, elle sa fille, si elle avait des frères légitimes ?

HÈRAKLÈS.

Mais si mon père voulait me donner ses biens en mourant, à moi bâtard ?

PISTHÉTÆROS.

La loi ne le lui permet pas. Et ce Poséidôn même, qui

t'excite maintenant, serait le premier à te disputer l'héritage des biens paternels, en disant qu'il est frère légitime. Je vais te dire la loi de Solôn : « Le bâtard est exclu de la succession, s'il y a des enfants légitimes, et, s'il n'y a pas d'enfants légitimes, les biens passent aux plus proches parents. »

HÈRAKLÈS.

Et moi je n'ai rien de la fortune paternelle ?

PISTHÉTÆROS.

Rien, de par Zeus ! Mais, dis-moi, ton père t'a-t-il fait inscrire sur le registre de ta phratrie ?

HÈRAKLÈS.

Pas le moins du monde ; et, en vérité, il y a longtemps que je m'en étonnais.

PISTHÉTÆROS.

Mais pourquoi cette bouche en l'air et ce regard de travers ? Si tu te mets avec nous, je te ferai roi, et je te donnerai à boire le lait des oiseaux.

HÈRAKLÈS.

Ta seconde condition me paraît juste ; et la jeune fille, je te la donne, à toi.

PISTHÉTÆROS.

Que dis-tu ?

POSÉIDÔN.

Je m'y oppose.

PISTHÉTÆROS.

Toute l'affaire dépend du Triballe. *(Au Triballe.)* Qu'en dis-tu ?

LE TRIBALLE.

Beau jeune fille et grand Basilina à oiseau je donne.

HÈRAKLÈS.

Il dit qu'il l'accorde.

POSÉIDÔN.

De par Zeus! cet homme-là ne dit pas qu'il veut la donner, à moins qu'il ne dise qu'elle marche comme les hirondelles.

PISTHÉTÆROS.

Il dit donc qu'il faut la donner aux hirondelles.

POSÉIDÔN.

Traitez entre vous deux et arrangez-vous. Moi, puisque c'est votre avis, je me tairai.

HÈRAKLÈS.

Tout ce que tu demandes, je suis d'avis de te l'accorder. Mais viens au ciel avec nous pour recevoir Basiléia et tout le reste.

PISTHÉTÆROS.

Ces oiseaux-là ont été tués fort à propos pour les noces.

HÈRAKLÈS.

Voulez-vous que je reste ici pour faire cuire les viandes ?

POSÉIDÔN.

Faire cuire les viandes ? ce sont propos de vrai goinfre. Ne viens-tu pas avec nous ?

HÈRAKLÈS.

Je m'en serais bien donné !

PISTHÉTÆROS.

Qu'on m'apporte ici une khlamyde nuptiale !

LE CHOEUR.

A Phanæ, près de la klepsydre, est la race malfaisante des englottogastres, qui moissonnent, sèment et vendangent avec leurs langues, et cueillent aussi les figues. C'est une race barbare, des Gorgias, des Philippos. C'est à cause de ces Philippos englottogastres que partout, en Attique, la langue des victimes est coupée à part.

UN MESSAGER.

O vous, dont le bonheur extrême est au-dessus de toute parole, ô race trois fois heureuse des oiseaux légers, recevez votre roi dans vos demeures fortunées. Il s'avance sous nos yeux, plus lumineux qu'un astre, vers son palais brillant d'or, et le disque du soleil ne rayonne pas d'un plus vif éclat. Ainsi vient-il, ayant une femme d'une indicible beauté, brandissant la foudre, le trait ailé de Zeus : une senteur ineffable embaume les profondeurs célestes ; spectacle enchanteur. Et des effluves d'encens soulèvent des spirales de fumée. Mais le voici lui-même. Que la Muse divine ouvre sa bouche sainte à des chants propices.

LE CHOEUR.

Recule, écarte-toi, avance, reviens! Voltigez d'une aile heureuse autour de cet homme heureux. O! pheu! pheu! quelle fraîcheur! quelle beauté! O! quel heureux mariage tu contractes pour notre ville! De grands, de grands bonheurs sont l'œuvre de la race des oiseaux en faveur de cet homme. Accueillons-le par des chants de fiançailles et d'hyménée, lui et la Royauté. Jadis Hèra, dans l'Olympos, fut ainsi conduite par les Moires vers le trône souverain du grand maître des dieux : tel fut leur hyménée. Hymen, ô! hyménée, ô! Éros au teint fleuri, aux ailes d'or, tendait les rênes en arrière, guidant les noces de Zeus et de la bienheureuse Hèra. Hymen, ô! hymen, ô!

PISTHÉTÆROS.

Je suis charmé de vos hymnes, charmé de vos chants, ravi de vos paroles. Voyons, maintenant, chantez les mugissements souterrains du tonnerre, les éclairs brûlants de Zeus, sa foudre terrible et étincelante.

LE CHOEUR.

O immense lumière dorée de l'éclair, traits immortels de Zeus, qui portent la flamme, ô bruissements terrestres, ô tonnerres et pluies d'orage, par lesquels, en ce moment, il ébranle la terre. C'est à toi qu'il doit l'empire du monde et que Basiléia est l'épouse de Zeus! Hymen, ô! hyménée, ô!

PISTHÉTÆROS.

Suivez à présent le cortège des époux, nombreuses tribus de la gent ailée, rendez-vous au palais de Zeus, au lit nuptial... Tends-moi la main, heureuse épouse, saisis mes ailes et danse avec moi. Je t'enlève doucement dans les airs avec moi.

LE CHŒUR.

Halalalé! Io, Pæan! Tènella! Victoire! ô le plus grand des dieux!

FIN DES OISEAUX

LYSISTRATA

(L'AN 412 AVANT J.-C.)

Cette pièce est une protestation contre la guerre, poussée aux dernières limites des hardiesses de l'ancienne comédie. Lysistrata, épouse d'un magistrat athénien, forme une ligue avec Calonice, Myrrhina, Lampito et d'autres femmes, pour hâter la conclusion d'une trêve entre les Athéniens et les Spartiates. Elles s'engagent par un serment solennel à se séparer de leurs maris, jusqu'à ce que la paix soit faite. Elles s'emparent ensuite de la citadelle et résistent à toute proposition qui ne tend pas à une trêve immédiate. On conclut enfin un accommodement : le traité se négocie, les portes de la citadelle s'ouvrent, et la pièce se termine par des chants, des danses et des festins.

PERSONNAGES DU DRAME

LYSISTRATA.

KALONIKÈ.

MYRRHINA.

LAMPITO.

CHOEUR DE VIEILLARDS.

CHOEUR DE FEMMES.

STRATYLLIS.

UN PROBOULOS.

SKYTHES, personnages muets.

QUELQUES FEMMES.

KINÉSIAS.

UN ENFANT.

MANÈS, personnage muet.

UN HÉRAUT DE LAKÉDÆMÔN.

ENVOYÉS LAKÉDÆMONIENS.

UN ATHÉNIEN.

LA PAIX, personnage muet.

QUELQUES FLANEURS.

UN SERVITEUR.

La scène se passe à Athènes, sur une place publique.

LYSISTRATA

LYSISTRATA.

Ah! si on les avait convoquées au temple de Bakkhos, ou de Pan, ou de Kolias, ou de Génétyllis, il serait impossible de passer, à cause des tambourins. Aujourd'hui, il n'y a ici pas une femme, sauf ma voisine, qui sort de chez elle. Bonjour, Kalonikè.

KALONIKÈ.

Et à toi aussi, bonjour, Lysistrata. Qu'est-ce donc qui te tracasse ? N'aie pas cet air sombre, chère enfant : cela ne te va pas de darder les sourcils.

LYSISTRATA.

Moi, Kalonikè, le cœur me bout, et je souffre mille

maux, pour nous autres femmes, de voir nos maris nous regarder comme des êtres malfaisants.

KALONIKÈ.

Et nous le sommes, de par Zeus !

LYSISTRATA.

On leur avait dit de se trouver ici pour délibérer sur une affaire d'importance, elles dorment et ne viennent pas.

KALONIKÈ.

Mais, ma chère, elles viendront. Il n'est pas facile aux femmes de sortir. De nous, l'une est occupée auprès de son mari, l'autre éveille son esclave, celle-ci couche son enfant, celle-là le baigne, une autre lui donne à manger.

LYSISTRATA.

Mais il y a, pour elles, des affaires plus pressantes que celles-là.

KALONIKÈ.

Qu'est-ce donc, ma chère Lysistrata ? Dans quelle intention convoques-tu les femmes ? Pour quelle affaire ? Est-elle grande ?

LYSISTRATA.

Grande.

KALONIKÈ.

Est-elle grosse ?

LYSISTRATA.

De par Zeus ! elle est grosse.

KALONIKÈ.

Pourquoi alors ne venons-nous pas ?

LYSISTRATA.

Ce n'est pas ce que tu crois, car nous nous serions pressées de venir. Mais il s'agit d'une affaire que j'ai méditée et retournée durant de nombreuses insomnies.

KALONIKÈ.

Il faut que ce soit mince pour avoir été tant retourné.

LYSISTRATA.

Si mince que des femmes dépend le salut de la Hellas tout entière.

KALONIKÈ.

Des femmes : il dépend donc de peu de chose.

LYSISTRATA.

Les affaires de la cité sont en notre pouvoir. Avant peu il n'y aura plus de Péloponésiens.

KALONIKÈ.

Voilà qui est au mieux, de par Zeus !

LYSISTRATA.

Les Bœotiens sont tous exterminés.

KALONIKÈ.

Non, pas tous : fais grâce aux anguilles !

LYSISTATA.

Pour Athènes, je ne dirai rien de semblable. Imaginemoi autre chose. S'il y a union entre les femmes d'ici, celles de la Bœotia et celles du Péloponèsos, nous sauverons la Hellas.

KALONIKÈ.

Mais comment, nous autres les femmes, exécuterons-nous ce dessein sacré et glorieux, nous qui demeurons sédentaires, couronnées de fleurs, vêtues de robes jaunes, parées de kimbériques droites et de péribaris ?

LYSISTRATA.

C'est précisément là ce qui nous sauvera, je l'espère, les robes jaunes, les parfums, les péribaris, l'orcanette et les tuniques diaphanes.

KALONIKÈ.

Comment cela ?

LYSISTRATA.

Pas un homme maintenant ne s'armera de la lance contre les autres...

KALONIKÈ.

Alors, par les deux Dieux, je me fais teindre une robe en jaune.

LYSISTRATA.

Et ne prendra un bouclier...

KALONIKÈ.

J'endosserai une kimbérique.

LYSISTRATA.

Ni une épée.

KALONIKÈ.

J'achèterai des péribaris.

LYSISTRATA.

Eh bien, les femmes ne devraient-elles pas être arrivées ?

KALONIKÈ.

Sans doute, de par Zeus ! elles devraient s'être abattues ici depuis longtemps.

LYSISTRATA.

Hélas ! ma pauvre amie, tu vas voir que, en vraies Athéniennes, elles feront toujours tout plus tard qu'il ne faut. Je ne vois venir aucune femme de la Paralia ou de Salamis.

KALONIKÈ.

Je sais pourtant que, dès la pointe du jour, elles se sont embarquées sur des bateaux légers.

LYSISTRATA.

Et celles que je prévoyais et que je supposais devoir arriver ici les premières, les Akharniennes, elles ne viennent pas.

KALONIKÈ.

Cependant la femme de Théagénès, pour savoir si elle devait venir, a consulté l'oracle d'Hékatè. Mais en voici qui nous arrivent, et d'autres encore, et puis encore d'autres. Iou ! Iou ! D'où sont-elles ?

LYSISTRATA.

D'Anagyros.

KALONIKÈ.

De par Zeus! on dirait, ce me semble, un soulèvement d'Anagyros.

MYRRHINA.

Sommes-nous en retard, Lysistrata? Que dis-tu? Tu gardes le silence?

LYSISTRATA.

Je ne t'approuve pas, Myrrhina, d'arriver si tard pour une affaire d'importance.

MYRRHINA.

C'est que j'ai eu de la peine, dans l'obscurité, à trouver ma ceinture. Mais si la chose est pressante, parle à celles qui sont présentes.

LYSISTRATA.

Non, de par Zeus! attendons un peu que les Bœotiennes et les Péloponésiennes soient arrivées.

MYRRHINA.

Tu as tout à fait raison, et voici déjà Lampito qui s'avance. O chère Lakédæmonienne, salut, Lampito. Quelle beauté, ma très douce, brille en toi! Quel teint frais! Quelle sève dans toute ta personne! Tu étoufferais un taureau!

LAMPITO.

Je le crois bien, par les Gémeaux! Je fais de la gymnastique et je me donne des coups de talon dans le derrière.

LYSISTRATA.

Que tu as donc une belle gorge!

LAMPITO.

Vous me tâtez comme une victime.

LYSISTRATA.

Et d'où est cette autre jeune fille?

LAMPITO.

C'est, par les Gémeaux! une noble Bœotienne, qui vous arrive.

LYSISTRATA.

De par Zeus! la Bœotienne a un joli jardin.

KALONIKÈ.

Eh oui, de par Zeus! très soigné et gentiment épilé.

LYSISTRATA.

Et quelle est cette autre enfant?

LAMPITO.

Une fille de bonne maison, par les Gémeaux! une Korinthienne.

LYSISTRATA.

De bonne maison, de par Zeus! comme toutes celles qui nous viennent de là.

LAMPITO.

Mais enfin, qui est-ce qui a convoqué cette assemblée de femmes?

LYSISTRATA.

C'est moi.

LAMPITO.

Dis-moi donc ce que tu veux de nous.

MYRRHINA.

Oui, de par Zeus! ma chère amie.

KALONIKÈ.

Dis-nous l'affaire que tu regardes comme si importante.

LYSISTRATA.

Je vais vous la dire; mais, auparavant, laissez-moi vous faire une petite question.

MYRRHINA.

Comme tu voudras.

LYSISTRATA.

Ne regrettez-vous pas que les pères de vos enfants soient absents pour la guerre? Car je sais que nous avons toutes un mari là-bas.

MYRRHINA.

Mon mari, voyez le malheur, est depuis cinq mois en Thrakè à garder Eukratès.

KALONIKÈ.

Le mien, depuis plus de sept mois, est à Pylos.

LAMPITO.

Le mien revient à peine de l'armée, qu'il reprend son bouclier, sa route, son vol, et part.

LYSISTRATA.

Et il ne nous est pas resté le moindre tison de galant! Depuis que les Milèsiens nous ont trahis, je n'ai plus vu d'engin de huit doigts, dont le cuir nous vînt en aide. Voulez-vous donc, si je trouve un moyen, vous unir à moi pour mettre fin à la guerre?

MYRRHINA.

Oui, par les deux Déesses! dussé-je mettre cette robe en gage et en boire l'argent aujourd'hui même.

KALONIKÈ.

Moi, je serais prête à me partager en deux comme une sole, et à donner la moitié de moi-même.

LAMPITO.

Et moi, je gravirais jusqu'à la pointe du Taygéton, si je devais y voir la paix.

LYSISTRATA.

Je vais parler, je ne dois plus vous en faire mystère. Femmes, si nous voulons contraindre nos maris à faire la paix, il faut nous abstenir...

KALONIKÈ.

De quoi? Dis.

LYSISTRATA.

Le ferez-vous?

KALONIKÈ.

Nous le ferons, dussions-nous mourir.

LYSISTRATA.

Donc, il faut nous abstenir de la cohabitation... Pourquoi détournez-vous les yeux? Où allez-vous? Eh bien! Vous faites la moue, vous secouez la tête! Pourquoi changer de couleur? Pourquoi cette larme qui coule? Le ferez-vous ou ne le ferez-vous pas? Vous hésitez?

MYRRHINA.

Non, je ne le ferai pas! Que la guerre continue!

KALONIKÈ.

Ni moi non plus, de par Zeus! Que la guerre continue!

LYSISTRATA.

C'est toi qui dis cela, ma sole? Tout à l'heure tu disais que tu étais prête à donner la moitié de toi-même!

KALONIKÈ.

Oui, oui, tout ce que tu voudras. Mais, s'il le faut, je veux passer à travers le feu. Avant tout, la cohabitation! Pas possible, ma chère Lysistrata.

LYSISTRATA.

Et toi?

MYRRHINA.

Moi aussi, j'aime mieux passer à travers le feu.

LYSISTRATA.

O lubricité commune à tout mon sexe! Il n'est pas étonnant qu'on fasse sur nous des tragédies. Nous ne sommes que flots de Poséidôn et barques où l'on monte. Mais toi, ma chère Lakédæmonienne, si tu restes seule avec moi, nous pouvons encore sauver l'affaire; décidons ensemble.

LAMPITO.

C'est chose difficile, par les Gémeaux! de dormir seules, sans l'autre sexe. Il le faut pourtant : car la paix avant tout.

LYSISTRATA.

O la plus chérie et la seule vraiment femme!

KALONIKÈ.

Mais réellement, en nous abstenant de ce que tu dis, et fasse le Ciel que cela ne soit pas, est-ce que ce moyen assurerait mieux la paix?

LYSISTRATA.

Certainement, par les deux Déesses! Si nous nous tenions chez nous bien fardées, si nous nous présentions nues, sauf une tunique de fin lin, épilées tout ras, il y aurait tension chez nos maris et désir de nous embrasser; et si alors nous ne voulions pas, si nous pratiquions l'abstinence, ils se hâteraient d'entrer en arrangement, j'en suis certaine.

LAMPITO.

Oui, c'est ainsi que Ménélaos, voyant la gorge nue d'Hélénè, jeta, je crois, son épée.

KALONIKÈ.

Mais si nos maris nous laissent là, malheureuse?

LYSISTRATA.

Alors, selon le mot de Phérékratès, on écorchera une chienne écorchée.

KALONIKÈ.

Viande creuse que ces contrefaçons! Mais s'ils nous prennent et nous entraînent de force dans la chambre?

LYSISTRATA.

Cramponne-toi aux portes.

KALONIKÈ.

Et s'ils frappent, que faire?

LYSISTRATA.

Céder, mais de mauvaise grâce. Il n'y a pas de plaisir à cela, quand on y met de la violence. Il faut les tourmenter de toutes les manières. Sans doute ils seront vite à bout. Jamais l'homme n'éprouvera une vraie jouissance, si la femme n'y a point de part.

KALONIKÈ.

Si c'est là votre avis, c'est aussi le nôtre.

LAMPITO.

Nous déciderons nos maris à faire la paix tout à fait loyalement et sans détour. Mais la cohue athénienne, comment l'amènera-t-on à ne pas déraisonner?

LYSISTRATA.

N'aie crainte, nous nous chargeons des nôtres.

LAMPITO.

Non pas, tant que leurs trières auront des pieds, et qu'il y aura une masse inépuisable d'argent chez la Déesse.

LYSISTRATA.

De ce côté même tout est bien préparé. Nous nous emparerons aujourd'hui de l'Akropolis : il est enjoint aux plus âgées d'accomplir le fait; d'après nos prescriptions, elles feindront d'offrir un sacrifice, et elles se rendront maîtresses de l'Akropolis.

LAMPITO.

Tout ira pour le mieux, de la manière que tu dis.

LYSISTRATA.

Et pourquoi, tout de suite, Lampito, ne pas nous engager par un serment inviolable ?

LAMPITO.

Prononce le serment, et puis nous jurerons.

LYSISTRATA.

Bien dit. Où est la femme skythe ? Que regardes-tu ? Pose ici un bouclier renversé, et qu'on m'amène la victime.

KALONIKÈ.

Lysistrata, quel serment nous feras-tu jurer ?

LYSISTRATA.

Lequel ? Sur un bouclier, comme autrefois dans Æskhylos, après avoir immolé une brebis.

KALONIKÈ.

Garde-toi, Lysistrata, de jurer sur un bouclier, quand il s'agit de la paix.

LYSISTRATA.

Quel sera donc alors notre serment?

KALONIKÈ.

Si nous prenions un cheval blanc, pour le sacrifier?

LYSISTRATA.

Où trouver un cheval blanc?

KALONIKÈ.

Sur quoi jurerons-nous donc?

LYSISTRATA.

Eh bien! moi, de par Zeus! si tu le veux bien, je vais te le dire. Plaçons là une grande coupe noire creuse : immolons dedans une amphore de vin de Thasos, et jurons sur cette coupe de n'y point verser d'eau.

LAMPITO.

Par la Terre! quel ineffable serment! Comme je l'approuve!

LYSISTRATA.

Qu'on apporte de l'intérieur une coupe et une amphore.

KALONIKÈ.

O femmes chéries, le superbe vase! Quelle joie pour quiconque s'en empare sur-le-champ!

LYSISTRATA.

Prends-le et mets la main sur la victime : « Divine Persuasion, et toi, Coupe amie de la joie, fais un favorable accueil aux offrandes des femmes. »

KALONIKÈ.

Quel beau sang! Que la couleur en est vermeille!

LAMPITO.

Et il a un bouquet délicieux, j'en jure par Kastor!

MYRRHINA.

Femmes, laissez-moi jurer la première.

KALONIKÈ.

Non pas, par Aphroditè! puisque le sort ne t'a pas désignée.

LYSISTRATA.

Lampito, mettons toutes la main sur la coupe, et que l'une de vous répète, en votre nom, ce que moi je vais dire. Vous, faites le même serment et observez-le. « Aucun amant ni aucun époux...

KALONIKÈ.

« Aucun amant ni aucun époux...

LYSISTRATA.

« Qui vienne à moi, tête levée. » Dis.

KALONIKÈ.

« Qui vienne à moi, tête levée. » Hélas! mes genoux fléchissent, Lysistrata.

LYSISTRATA.

« Chez moi je mènerai une vie de recluse...

KALONIKÈ.

« Chez moi je mènerai une vie de recluse...

LYSISTRATA.

« Vêtue d'une robe jaune, et bien parée...

KALONIKÈ.

« Vêtue d'une robe jaune, et bien parée...

LYSISTRATA.

« Afin que mon mari s'éprenne vivement de moi.

KALONIKÈ.

« Afin que mon mari s'éprenne vivement de moi.

LYSISTRATA.

« Jamais, de bon gré, je ne céderai à mon mari...

KALONIKÈ.

« Jamais, de bon gré, je ne céderai à mon mari...

LYSISTRATA.

« Et si, malgré moi, il me prend de vive force...

KALONIKÈ.

« Et si, malgré moi, il me prend de vive force...

LYSISTRATA.

« Je m'y prêterai mal, et sans faire un mouvement...

KALONIKÈ.

« Je m'y prêterai mal, et sans faire un mouvement...

LYSISTRATA.

« Et je ne lèverai point au plafond mes jambes chaussées à la perse...

KALONIKÈ.

« Et je ne lèverai point au plafond mes jambes chaussées à la perse...

LYSISTRATA.

« Et je ne me tiendrai pas comme une lionne sur un couteau à fromage.

KALONIKÈ.

« Et je ne me tiendrai pas comme une lionne sur un couteau à fromage.

LYSISTRATA.

« Fidèle à ce serment, je pourrai boire de ce vin...

KALONIKÈ.

« Fidèle à ce serment, je pourrai boire de ce vin...

LYSISTRATA.

« Si je l'enfreins, que l'eau remplisse cette coupe!

KALONIKÈ.

« Si je l'enfreins, que l'eau remplisse cette coupe! »

LYSISTRATA.

Le jurez-vous toutes?

MYRRHINA.

Oui, de par Zeus!

LYSISTRATA.

Voyons, alors, je sacrifie la victime.

KALONIKÈ.

Laisse-m'en une part, ma chère, pour cimenter dès à présent notre mutuelle affection.

LAMPITO.

Quels sont ces cris?

LYSISTRATA.

C'est ce que je vous disais. Les femmes sont à l'Akropolis de la Déesse : elles s'en sont emparées. Pour toi, Lampito, va-t'en mettre ordre à toutes nos affaires, et laisse-nous celles-ci en otages. Nous, rendons-nous avec les autres à l'Akropolis, et formons-y une barricade de poutres.

KALONIKÈ.

Ne crois-tu pas que les hommes ne vont pas tarder à se mettre en campagne contre nous?

LYSISTRATA.

Je ne m'en soucie guère. Ni les menaces, ni la flamme, dont leur venue s'armera, ne leur feront ouvrir ces portes, s'ils ne se soumettent à nos conditions.

KALONIKÈ.

Par Aphroditè! non, jamais; ou l'on aurait tort de nous appeler femmes invincibles et de malicieuse humeur.

LE CHOEUR DES VIEILLARDS.

Avance, Drakès; conduis-nous d'un bon pas, quoique tu souffres de l'épaule à porter ce fardeau de bois d'olivier vert. Il arrive bien des choses imprévues dans une longue vie, pheu! On n'eût jamais pensé, ô Strymodoros, qu'on apprendrait que les femmes, nourries par nous, peste réelle du foyer, s'empareraient de la statue sainte, prendraient mon Akropolis, et, à l'aide de barricades et de leviers, fermeraient les Propylæa. Mais, le plus vite possible, courons vers la ville, ô Philourgos: enveloppons de ces souches toutes celles qui ont tramé ce complot et l'ont mis à exécution; formons-en un seul bûcher, brûlons-les de nos propres mains et d'une résolution unanime, et d'abord la femme de Lykôn.

Non, j'en jure par Dèmètèr! moi vivant, nous ne servirons pas à leurs éclats de rire. Kléoménès, qui s'empara le premier de l'Akropolis, ne s'en tira pas sain et sauf: malgré sa fierté lakonienne, il n'échappa qu'en me livrant ses armes; ayant une casaque tout à fait chétive, crasseuse, sordide, ni épilé, ni lavé, depuis six ans. Voilà l'homme que j'ai pris d'assaut, de vive force, avec mes dix-sept rangs de boucliers, et dormant devant les portes. Et ces femmes, ennemies d'Euripidès et de tous les dieux, je ne pourrais point, par ma présence, réprimer leur audace? Alors, qu'il n'y ait plus de trophée pour moi dans la Tétrapolis!

Mais voici devant moi le reste du chemin qui mène à la ville, la pente où j'ai hâte d'arriver: il faut aviser à traîner notre bois sans âne bâté; ces fagots me meurtrissent l'épaule. Cependant, marchons et soufflons le feu, de peur que, à mon insu, il ne s'éteigne au terme de la route. O Phu! ô Phu! Iou! Iou! quelle fumée!

Quel fléau, souverain Hèraklès, s'exhalant de ce réchaud, me mord les yeux comme un chien enragé! C'est le feu de Lemnos dans toute sa force; sans cela, il ne ferait pas une si cruelle morsure à ma chassie. Cours vite à la ville et secours la Déesse. Aujourd'hui plus que jamais, ô Lakhès, venons-lui en aide. Phu! Phu! Iou! Iou! quelle fumée!

Ce feu veille, et vit, grâce aux dieux. Si nous commencions par déposer nos fagots et que nous fissions tomber un sarment de vigne dans le réchaud, est-ce que nous ne l'agencerions pas de manière à le lancer comme un bélier contre les portes? Si, à notre ordre, les femmes n'enlèvent pas les barricades, il faut mettre le feu aux portes et les étouffer dans la fumée. Déposons donc notre fardeau. Pheu! quelle fumée! Babæax! Quel est celui des stratèges de Samos qui va nous aider à décharger notre bois? Enfin, voilà mon épine dorsale débarrassée de ce qui m'écrasait. C'est ton affaire, ô réchaud, d'enflammer vivement le charbon. Qu'on m'apporte au plus vite une lampe allumée! Souveraine Victoire, aide-nous, en réprimant l'impudence actuelle des femmes de la ville, à ériger un trophée!

LE CHOEUR DES FEMMES.

Il me semble, femmes, voir des flammes et de la fumée: on dirait un feu qui brûle; il faut se hâter au plus vite. Vole, vole, Nikodikè, avant que Kalykè et Kritylla périssent dans les flammes, victimes de lois funestes et de vieillards maudits. C'est ce que je crains. Arriverai-je trop tard à leur secours? Ce matin, dès l'aube, j'ai eu grand'peine à remplir ce vase à la fontaine, en raison de la foule, du tumulte et du fracas des cruches : bousculée par des servantes et par des esclaves marqués au fer chaud, j'ai enlevé prestement mon urne, et j'en apporte l'eau au secours de mes compagnes exposées au feu.

Car j'entends dire que de vieux radoteurs s'avancent vers la ville, porteurs de grosses branches, comme pour chauffer un bain : c'est un poids de trois talents ; et ils crient, avec d'horribles menaces, qu'il faut rôtir ces femmes abominables. O Déesse, fais que je ne les voie jamais brûlées, mais qu'elles délivrent de la guerre et de ses fureurs la Hellas et ses citoyens ! C'est pour cela, Déesse à l'aigrette d'or, protectrice de la Ville, qu'elles occupent ton sanctuaire. Je t'invoque pour alliée, ô Tritogénéia ! Si quelque homme essaie de les brûler, porte de l'eau avec nous.

STRATYLLIS, *appelant au secours.*

Lâchez-moi ! holà !

LE CHOEUR DES FEMMES.

Qu'est-ce donc, ô les plus méchants des hommes ? Jamais des gens de bien n'eussent agi de la sorte, ni des hommes pieux.

LE CHOEUR DES VIEILLARDS.

C'est qu'il nous arrive une chose tout à fait imprévue. Un essaim de femmes se présente au secours des portes.

LE CHOEUR DES FEMMES.

Vous avez peur de nous ? Est-ce que nous ne vous paraissons pas nombreuses? Et cependant vous ne voyez pas encore de nous la dix millième partie.

LE CHOEUR DES VIEILLARDS.

Phædria, allons-nous les laisser bavarder ainsi? Ne faudrait-il pas casser quelque bâton en frappant sur elles?

LE CHOEUR DES FEMMES.

Plaçons nos urnes à terre, afin que, si quelqu'un porte la main sur nous, nous ne soyons pas gênées.

LE CHOEUR DES VIEILLARDS.

Ah! de par Zeus! si on leur avait frotté deux ou trois fois les mâchoires comme à Boupalos, elles n'auraient pas une si belle voix.

LE CHOEUR DES FEMMES.

Eh bien, voyons, qu'on frappe; je suis là, je m'offre; mais jamais nulle chienne ne t'enlèvera les génitoires.

LE CHOEUR DES VIEILLARDS.

Si tu ne te tais pas, mes coups te sauveront de la vieillesse.

LE CHOEUR DES FEMMES.

Viens donc seulement toucher du doigt Stratyllis!

LE CHOEUR DES VIEILLARDS.

Et si je l'assomme de coups de poings, quel mal me feras-tu?

LE CHOEUR DES FEMMES.

Je te mords et je t'arrache les poumons et les entrailles.

LE CHOEUR DES VIEILLARDS.

Pas de poète plus sage qu'Euripidès, disant qu'il n'y a pas d'animal aussi impudent que les femmes.

LE CHŒUR DES FEMMES.

Prenons notre cruche d'eau, Rhodippè.

LE CHOUR DES VIEILLARDS.

Pourquoi, ennemie des dieux, es-tu venue ici avec cette eau ?

LE CHŒUR DES FEMMES.

Et toi, avec ce feu, vieille tombe ? Est-ce pour te brûler toi-même ?

LE CHŒUR DES VIEILLARDS.

Moi, je vais te construire un bûcher, pour y cuire tes amies.

LE CHŒUR DES FEMMES.

Moi, je vais éteindre ton bûcher.

LE CHOEUR DES VIEILLARDS.

Éteindre mon feu, toi !

LE CHŒUR DES FEMMES.

Le fait même va te le prouver.

LE CHŒUR DES VIEILLARDS.

Je ne sais qui m'empêche de te rôtir avec cette torche.

LE CHŒUR DES FEMMES.

Si tu as de la crasse, je te fournirai un bain.

LE CHOEUR DES VIEILLARDS.

Toi, un bain à moi, malpropre?

LE CHOEUR DES FEMMES.

Et même un bain nuptial.

LE CHOEUR DES VIEILLARDS.

Entendez-vous son impudence?

LE CHOEUR DES FEMMES.

Je suis libre!

LE CHOEUR DES VIEILLARDS.

Je t'empêcherai, moi, de crier comme tu le fais.

LE CHOEUR DES FEMMES.

Mais tu ne siégeras plus parmi les hèliastes.

LE CHOEUR DES VIEILLARDS.

Mets le feu à sa chevelure.

LE CHOEUR DES FEMMES.

A l'œuvre, Akhéloos.

LE CHOEUR DES VIEILLARDS.

A moi! Malheureux!

LE CHOEUR DES FEMMES.

Était-elle chaude?

LE CHOEUR DES VIEILLARDS.

Oh! chaude! N'as-tu pas fini? Que fais-tu?

LE CHOEUR DES FEMMES.

Je t'arrose, pour que tu reverdisses.

LE CHOEUR DES VIEILLARDS.

Mais je suis sec et tout grelottant.

LE CHOEUR DES FEMMES.

Eh bien, puisque tu as du feu, tu te réchaufferas.

UN PROBOULOS.

Quels bruyants éclats a produits cette orgie féminine, et ces tambourins, et cette troupe bachique, et ces lamentations sur la terrasse en l'honneur d'Adônis, que j'entendais, l'autre jour, du lieu même de l'assemblée! Dèmostratos, cet homme digne de malemort, disait qu'il fallait cingler vers la Sikélia, et sa femme criait en dansant : « Aie! Aie! Adônis! » Dèmostratos disait qu'il fallait lever des hoplites à Zakynthè, et sa femme, prise d'ivresse, sur la terrasse, criait : « Pleurez Adônis! » Et cet infâme Kholozygès, ennemi des dieux, s'épuisait en efforts. Voilà jusqu'où sont allés leurs déréglements.

LE CHOEUR DES VIEILLARDS.

Que serait-ce, si tu savais quelle a été leur insolence? Entre autres outrages, elles nous ont inondés de l'eau de leurs cruches, à ce point qu'il nous faut secouer nos vêtements comme si nous les avions mouillés d'urine.

LE PROBOULOS.

Par Poséidôn, souverain de la mer! c'est justice : car nous nous faisons les complices de la perversité des femmes, nous leur enseignons la débauche et nous développons en elles le germe de ces complots. Nous allons dans les boutiques dire des choses comme celle-ci : « Orfèvre, le collier que tu as monté pour ma femme, hier soir qu'elle dansait, le gland du fermoir est tombé. Moi, il faut que je vogue vers Salamis ; toi, si tu as le temps, use de ton art, afin d'aller ce soir lui rajuster ce gland. » Un autre, s'adressant à un cordonnier jeune et pourvu d'un engin sérieux : « Cordonnier, dit-il, la courroie blesse le petit doigt du pied de ma femme, qu'elle a très sensible : viens vers midi l'élargir de manière à ce qu'il prête plus largement. » Or, voici ce qui résulte de tout ceci : moi, Proboulos, quand j'ai levé des rameurs, et que, alors, j'ai besoin d'argent, les femmes me ferment la porte au nez. Mais que sert de rester planté là ? Qu'on m'apporte des leviers, afin que je châtie leur insolence. Qu'as-tu, malheureux, à rester bouche béante ? Et toi, de quel côté regardes-tu ? Tu laisses tout, pour avoir l'œil vers le cabaret ? Allons ! glissez des leviers sous les portes, et faites-les sauter ! Moi-même je vais soulever les leviers avec vous.

LYSISTRATA.

Ne faites rien sauter avec vos leviers. Me voici moi-même. Qu'est-il besoin de leviers ? Ce ne sont pas des leviers qu'il vous faut, mais du bon sens.

LE PROBOULOS.

Vraiment, scélérate ? Où est l'archer ? Saisis cette femme et attache-lui les mains au dos.

LYSISTRATA.

J'en prends Artémis à témoin, s'il me touche du bout du doigt, tout agent public qu'il est, il lui en cuira.

LE PROBOULOS.

Hé ! l'homme ! Tu as peur ? Saisis-la-moi à bras-le-corps. Toi, mets-toi avec lui, et achevez de la lier !

PREMIÈRE FEMME.

Par Pandrosos ! si tu la touches du bout du doigt, je te piétine, et je te fais rendre tripes.

LE PROBOULOS.

Ah ! rendre tripes ! Où est l'autre archer ? Lie d'abord celle-là, qui parle si bien !

LYSISTRATA.

Par Phosphoros ! si tu la touches du bout du doigt, tu demanderas bientôt une ventouse.

LE PROBOULOS.

Qu'est-ce à dire ? Où est l'archer ? Empoigne-la. Ah ! je couperai court, moi, à votre sortie.

PREMIÈRE FEMME.

Par Artémis Taurique ! si tu t'approches d'elle, je t'arrache les cheveux, malgré tes gémissements et tes cris.

LE PROBOULOS.

Malheureux que je suis ! L'archer m'abandonne. Non, jamais nous ne nous laisserons vaincre par des femmes ! Allons, Skythes, marchons contre elles ! Serrez les rangs !

LYSISTRATA.

Par les deux Déesses! vous saurez que nous avons ici de notre côté quatre cohortes de femmes vaillantes et bien équipées.

LE PROBOULOS.

Skythes, attachez-leur les mains au dos!

LYSISTRATA.

Femmes armées pour notre défense, accourez de là dedans, vendeuses de graines, d'œufs et de légumes, vendeuses d'ail, de ragoûts et de pain. Tirez, frappez, arrachez; couvrez-les d'injures et de honte! Mais non; cessez, revenez, ne les dépouillez pas!

LE PROBOULOS.

Hélas! quelle triste chance pour mes archers!

LYSISTRATA.

Mais quelle était donc ton idée? Croyais-tu n'avoir affaire qu'à des servantes, ou te figurais-tu que les femmes n'ont pas de cœur?

LE PROBOULOS.

Hé! Par Apollôn! elles n'en ont que trop, surtout si le cabaret est proche.

LE CHŒUR DES VIEILLARDS.

Voilà bien des paroles perdues, ô Proboulos de cette contrée! Pourquoi entres-tu en pourparlers avec ces animaux? Ignores-tù dans quel bain elles viennent de nous tremper, nous et nos vêtements, et cela sans lessive?

LE CHOEUR DES FEMMES.

Mais, mon cher, il ne faut pas se hasarder légèrement à porter la main sur autrui. Si tu le fais, tu ne manqueras pas d'avoir les yeux pochés. J'aime à rester paisiblement chez moi, comme une jeune fille, sans faire de mal à personne, sans déranger même un fétu, mais il ne faut pas, comme une guêpe, m'exciter et m'irriter.

LE CHŒUR DES VIEILLARDS.

De par Zeus! quel moyen de venir à bout de ces bêtes sauvages? C'est intolérable. Mais il te faut pourtant examiner avec moi leur cas pathologique et dans quelle intention elles se sont emparées de la citadelle de Kranaos, aux énormes rochers, de l'inaccessible Akropolis, du temple sacré. Questionne-les, sois peu crédule, use de tous les moyens. Ce serait une honte de ne pas donner de solution à une telle affaire, à cause de notre insouciance.

LE PROBOULOS.

Or, de par Zeus! je désire savoir, avant tout, pourquoi vous avez ainsi barricadé notre citadelle avec des poutres.

LYSISTRATA.

Afin de mettre l'argent en sûreté et de vous ôter tout sujet de guerre.

LE PROBOULOS.

C'est donc pour l'argent que nous faisons la guerre?

LYSISTRATA.

Et que tout le reste est désordre, que Pisandros a de

quoi voler et que ceux qui aspirent au pouvoir fomentent continuellement quelque trouble. Qu'ils fassent donc maintenant tout ce qu'il leur plaira; ils ne toucheront plus désormais à cet argent.

LE PROBOULOS.

Mais que feras-tu ?

LYSISTRATA.

Tu me le demandes? Nous l'administrerons nous-mêmes.

LE PROBOULOS.

Vous administrerez vous-mêmes l'argent?

LYSISTRATA.

Que trouves-tu là d'extraordinaire? N'est-ce pas nous qui administrons absolument nos affaires privées, en vue de votre intérêt?

LE PROBOULOS.

Ce n'est pas la même chose.

LYSISTRATA.

Comment pas la même chose?

LE PROBOULOS.

Les frais de la guerre se soldent de cet argent?

LYSISTRATA.

D'abord, pas de guerre.

LE PROBOULOS.

Le moyen de nous sauver autrement?

LYSISTRATA.

C'est nous qui vous sauverons.

LE PROBOULOS.

Vous ?

LYSISTRATA.

Oui, nous !

LE PROBOULOS.

Misère !

LYSISTRATA.

Nous te sauverons, même contre ton gré.

LE PROBOULOS.

C'est affreux, ce que tu dis là !

LYSISTRATA.

Tu te fâches ! Il faudra pourtant en passer par là.

LE PROBOULOS.

Par Dèmètèr ! c'est de l'injustice !

LYSISTRATA.

Force est de se défendre, mon cher.

LE PROBOULOS.

Et si je ne le veux pas ?

LYSISTRATA.

Pour cela même et raison de plus.

LE PROBOULOS.

Mais d'où vous est venue l'idée de vous mêler de la guerre et de la paix ?

LYSISTRATA.

Nous le dirons.

LE PROBOULOS.

Dis-le tout de suite, pour n'avoir point à en gémir.

LYSISTRATA.

Écoute, et tâche de contenir tes mains.

LE PROBOULOS.

Je ne puis : j'ai trop grand'peine à retenir ma colère.

PREMIÈRE FEMME.

Tu n'en gémiras que davantage.

LE PROBOULOS.

Dis donc, la vieille, garde pour toi ce croassement. *(A Lysistrata.)* Et toi, parle.

LYSISTRATA.

Je le fais. Précédemment, pendant la dernière guerre, nous avons supporté, de toute notre modération, ce que vous autres hommes vous avez fait. Vous ne nous permettiez pas le moindre grognement; et cependant vous n'aviez pas de quoi nous satisfaire, nous qui savions bien à quoi nous en tenir. Souvent, au logis, nous apprenions que vous aviez pris des résolutions sinistres sur quelque grande affaire. Alors, cachant notre douleur sous un sourire, nous vous demandions : « Qu'est-ce qu'on a décidé au sujet d'une trêve? Qu'allez-vous porter aujourd'hui sur la stèle à la connaissance du peuple? — Qu'est-ce que cela te fait? répondait mon mari. Tais-toi. » Et je me taisais.

PREMIÈRE FEMME.

C'est moi qui ne me serais jamais tue!

LE PROBOULOS.

Tu aurais eu à gémir, si tu n'avais pas gardé le silence.

LYSISTRATA.

Aussi, chez moi je me taisais. Une autre fois, informée que vous aviez pris une résolution des plus mauvaises : « Comment, lui dis-je, cher époux, pouvez-vous agir si follement? » Et lui tout aussitôt me regardant de travers : « Si tu ne te mets pas, dit-il, à tisser ta toile, ta tête s'en ressentira : la guerre est le partage des hommes. »

LE PROBOULOS.

De par Zeus! il avait raison de tenir ce langage.

LYSISTRATA.

Comment, raison? misérable! Si vous prenez des résolutions mauvaises, il ne sera pas permis de vous avertir? Et puis, lorsque, dans toutes les rues, nous vous entendions crier à haute voix : « Il n'y a plus un homme en ce pays! » et que, de par Zeus! un autre faisait écho, alors, et sans tarder, il nous a paru bon de faire cause commune pour sauver la Hellas, en réunissant toutes les femmes. Le moyen, en effet, d'attendre? Si donc vous voulez écouter nos sages conseils et vous taire, à votre tour, comme nous, nous rétablirons vos affaires.

LE PROBOULOS.

Vous, nos affaires ? Tu me dis quelque chose d'étrange et d'intolérable.

LYSISTRATA.

Tais-toi.

LE PROBOULOS.

Devant toi, maudite, me taire, moi, parce que tu portes un voile autour de la tête ? Plutôt à l'instant cesser de vivre !

LYSISTRATA.

Si c'est là ce qui te gêne, reçois de moi ce voile, prends-le, mets-le autour de ta tête et tais-toi. Prends aussi ce panier, file la laine, ceins-toi, et mange des fèves : la guerre sera l'affaire des femmes.

LE CHŒUR DES FEMMES.

Femmes, laissez là les urnes, afin que, à notre tour, nous venions en aide à nos amies. Pour moi, je ne me lasserai jamais de danser, et mes genoux ne seront pas fatigués d'un labeur pénible. Je veux tout affronter avec ces femmes remplies de valeur, de caractère, de grâce, d'audace, de sagesse, de patriotisme et de haute prudence. O toi, la plus courageuse des femmes, et vous, filles de mères âpres comme des ortie, venez avec ardeur, ne faiblissez pas ; car vous courez encore sous un vent favorable.

LYSISTRATA.

Oui, si Érôs au cœur doux et la déesse de Kypros Aphroditè soufflent le désir sur nos seins et sur nos cuisses, si les hommes surexcités se ruent vers le plaisir, la tête droite comme un bâton, je crois que les Hellènes nous donneront désormais le nom de Lysimakès.

LE PROBOULOS.

Et qu'aurez-vous fait ?

LYSISTRATA.

Vous empêcher tout d'abord de courir en armes à l'Agora, comme des forcenés.

UNE FEMME.

Très bien, par Aphroditè de Paphos !

LYSISTRATA.

Et de fait, aujourd'hui, ils se jettent en armes à travers le marché aux marmites et aux légumes, comme des korybantes.

LE PROBOULOS.

De par Zeus ! ainsi doivent agir les braves.

LYSISTRATA.

Certes, n'est-ce pas une chose ridicule, qu'un homme s'arme d'un bouclier et d'une gorgôn pour acheter des coracins ?

UNE FEMME.

De par Zeus ! moi j'ai vu un homme chevelu, un phylarkhonte à cheval, jeter dans son casque d'airain des jaunes d'œufs pris à une vieille. Un autre, un Thrakien, agitant sa pelte et son javelot, comme Tèreus, effrayait une marchande de figues, et avalait les plus mûres.

LE PROBOULOS.

Comment donc pourrez-vous mettre fin à toutes ces affaires troublées et ramener l'ordre dans le pays?

LYSISTRATA.

Tout simplement.

LE PROBOULOS.

Comment? Indiquez-le-moi.

LYSISTRATA.

De même que, quand notre fil est embrouillé, nous le prenons de cette façon sur nos fuseaux, et nous le tirons de-ci et de-là, ainsi nous mettrons fin à cette guerre, si on nous le permet, en envoyant de-ci et de-là des légations.

LE PROBOULOS.

Alors, c'est avec de la laine, du fil et des fuseaux, que vous croyez mettre fin aux tristes affaires, pauvres folles?

LYSISTRATA.

Oui, si vous aviez le moindre sens, c'est d'après notre laine que vous gouverneriez toute votre politique.

LE PROBOULOS.

Comment cela? Voyons, dis-le.

LYSISTRATA.

Et d'abord, il fallait, comme nous le faisons pour la laine, lavée dans un bassin, afin que le crottin s'en détache, chasser de la ville, à coups de verges, les hommes à tendances perverses, et trier les mauvaises herbes; puis, ceux qui s'agglomèrent en peloton pour s'emparer des charges, les mettre à part et leur tondre la tête; ensuite les jeter dans une corbeille, pour faire la conciliation, cardant ensemble métèques, étrangers, amis, débiteurs du Trésor, tout cela pêle-mêle. Et, de par Zeus! quant aux villes peuplées de colons de ce pays, les regarder comme autant de pelotons offerts à nos mains, chacun à part, et alors, de cet amas, prendre un peloton, en tirer le fil et n'en faire plus qu'un seul, afin d'en former une grosse pelote qui serve à tisser une læna pour Dèmos.

LE PROBOULOS.

N'est-il pas étrange qu'elles nettoient et pelotonnent tout cela, elles qui n'ont aucune part à la guerre?

LYSISTRATA.

Mais, cependant, maudit homme, ne portons-nous pas plus que le double du fardeau? Et, d'abord, nous enfantons des fils pour les envoyer dans les rangs des hoplites.

LE PROBOULOS.

Tais-toi : ne rappelle pas nos malheurs.

LYSISTRATA.

Ensuite, au lieu de nous livrer au plaisir et de jouir de notre jeunesse, nous couchons seules à cause du service militaire. Et encore laissons de côté ce qui nous regarde; mais il y a des jeunes filles qui vieillissent dans leur couche, et je m'en afflige.

LE PROBOULOS.

Est-ce que les hommes ne vieillissent pas aussi?

LYSISTRATA.

Mais, de par Zeus! ce n'est pas la même chose. Un

homme, à son retour, fût-il grisonnant, épouse tout de suite une jeune fille. Mais la saison d'une femme est courte; si elle n'en profite pas, personne ne veut l'épouser, et elle passe sa vie à consulter les destins.

LE PROBOULOS.

Mais quiconque est encore capable de montrer sa vigueur...

LYSISTRATA.

Et toi, qu'attends-tu pour mourir? La place est libre. Achète une bière; moi, je te pétrirai un gâteau de miel; prends-le, ainsi qu'une couronne.

PREMIÈRE FEMME.

Reçois de moi ces offrandes.

DEUXIÈME FEMME.

Prends aussi cette couronne de mes mains.

LYSISTRATA.

Que te manque-t-il? Que désires-tu? Descends dans la barque. Kharôn t'appelle : tu l'empêches de partir.

LE PROBOULOS.

N'est-il pas cruel pour moi d'être traité ainsi? De par Zeus! je vais aller me montrer à mes collègues dans l'état où je suis.

LYSISTRATA.

Nous reproches-tu de ne t'avoir pas encore exposé? Dans trois jours tu recevras de nous, dès le matin, l'offrande affectée à la troisième journée.

LE CHOEUR DES VIEILLARDS.

Ce n'est pas le moment de dormir pour quiconque est homme libre. Allons! citoyens, attaquons cette besogne ; il en émane comme une odeur d'affaires plus nombreuses et plus grandes : j'y flaire à plein nez la tyrannie de Hippias. Je crains surtout que certains Lakoniens, rassemblés ici chez Klisthénès, n'excitent perfidement ces femmes, ennemies des dieux, à s'emparer du trésor et du salaire dont je vivais. C'est chose terrible, en effet, qu'elles se mettent à faire la leçon aux citoyens, et que des femmes parlent de boucliers d'airain et de notre réconciliation avec les Lakoniens, auxquels on ne doit pas plus se fier qu'à la gueule du loup. Oui, citoyens, tout ce qu'elles ont tramé contre nous, tend à la tyrannie. Mais jamais elles ne me tyranniseront : je serai sur mes gardes; « je porterai toujours mon épée sous une branche de myrte » ; et je me tiendrai en armes auprès d'Aristogitôn, et je ne bougerai pas de ses côtés : car il me prend envie de casser la mâchoire de cette vieille, ennemie des dieux.

LE CHOEUR DES FEMMES.

Non, quand tu rentreras dans ton logis, ta mère ne te reconnaîtra pas. Mais, ô vieilles chéries, posons d'abord ceci à terre. Nous commençons, citoyens ici rassemblés, une suite de conseils utiles à la ville; et c'est justice, parce qu'elle m'a élevée dans le luxe et la splendeur. Dès l'âge de sept ans, j'étais arrhéphore; à dix ans, je moulais l'orge pour la Déesse; puis, vêtue de la krokote, je fus ourse dans les Brauronia; devenue belle fille, je fus kanéphore et portai un collier de figues. Ne dois-je donc pas donner d'utiles conseils à la patrie? Quoique je sois femme, ne m'enviez pas le droit de proposer le meilleur remède aux affaires présentes. Et, de fait, je paie ma part de l'impôt, puisque j'apporte des hommes, tandis que ces maudits vieillards ne paient rien. Oui, après avoir dépensé les fonds publics gagnés dans la guerre médique, vous n'apportez rien en retour, et nous risquons, en outre, d'être ruinées par vous. Est-ce qu'il y a, pour vous, lieu de grogner? Si tu m'agaces, j'emploie ce lourd kothurne à te casser la mâchoire.

LE CHŒUR DES VIEILLARDS.

N'est-ce pas là le comble de l'insolence ? Et il me semble que la chose ne fera que s'aggraver. Mais il faut y remédier : c'est le devoir de tout homme bien outillé. Et d'abord, dépouillons-nous de notre exomis, de manière que l'homme sente l'homme de près; il ne convient donc pas de se barder d'étoffe. Mais allons, braves aux pieds de loup, comme nous sommes allés au Lipsydrion, lors de notre jeunesse. Aujourd'hui, en ce moment même, il nous faut rajeunir, prendre des ailes, et secouer de tout notre corps cette vieillesse : car si quelqu'un de nous donne la moindre prise à ces femmes, elles ne manqueront pas de faire un vigoureux coup de main; elles construiront des navires; elles essaieront de combattre sur mer et de naviguer contre nous, comme Artémisia : si elles se tournent vers le maniement du cheval, j'efface des rôles les cavaliers ; car la femme est un être très chevalin, fort sur la monture, et qui tient bon à la course. Vois les Amazones que Mikôn a peintes combattant contre des hommes. Oui, il faut leur ajuster à toutes un carcan bien troué, et leur y serrer le cou.

LE CHOEUR DES FEMMES.

Par les deux Déesses! si tu m'échauffes, je lâche sur toi ma truie, et j'agirai aujourd'hui de manière que, bien frotté par moi, tu appelles tes concitoyens. Nous aussi, femmes, déshabillons-nous au plus vite, pour exhaler une odeur de femmes, irritées jusqu'à mordre. Qu'un de vous s'avance contre moi, et désormais il ne mangera plus ni ail, ni fèves noires. Tu n'as même qu'à dire un mot d'outrage, ma colère t'accouchera comme l'escarbot l'aigle pondeuse. Et, de fait, je ne me préoccuperai pas de vous tant que vivront près de moi Lampito et Ismènia, la jeune, chère et noble Thèbaine. Nul pouvoir ne prévaudra, fisses-tu sept décrets, misérable, haï de tout le monde et de tes voisins. Hier, célébrant une fête de Hékatè, je voulus faire venir du voisinage une amie de mes enfants, fille honnête et aimable, une anguille de Bœotia : on refusa de me l'envoyer à cause de tes décrets, et vous ne cesserez ces décrets que quand, vous prenant la jambe, on vous aura cassé le cou.

LE CHOEUR DES FEMMES, *à Lysistrata.*

O toi qui présides à notre glorieuse entreprise, pourquoi viens-tu vers moi avec cet air sombre?

LYSISTRATA.

C'est la conduite de ces méchantes femmes, c'est le caractère féminin qui me fait courir, découragée, de haut en bas.

LE CHOEUR DES FEMMES.

Que dis-tu ? Que dis-tu ?

LYSISTRATA.

La vérité ! La vérité !

LE CHOEUR DES FEMMES.

Q'y a-t-il de fâcheux ? Dis-le à tes amies.

LYSISTRATA.

Mais la chose est honteuse à dire et difficile à taire.

LE CHOEUR DES FEMMES.

Ne me cache pas ce qui nous est arrivé de mal.

LYSISTRATA.

Nous sommes en rut, pour tout trancher d'un mot.

LE CHOEUR DES FEMMES.

O Zeus !

LYSISTRATA.

A quoi bon invoques-tu Zeus ? La chose est comme elle est. Je ne peux plus les empêcher, moi, de vouloir des hommes : elles s'enfuient. La première que j'ai surprise nettoyait l'issue voisine de l'antre de Pan ; une autre se laissait glisser à l'aide d'une poulie ; celle-ci préparait son évasion ; celle-là, perchée sur un oiseau, songeait à s'abattre sur la maison d'Orsilokhos, lorsque je l'arrêtai hier par les cheveux. Elles forgent tous les prétextes, pour s'en aller d'ici chez elles. Tiens, en voici une qui sort ! Holà ! Où cours-tu ?

PREMIÈRE FEMME.

Je veux aller chez moi : j'ai à la maison de la laine de Milètos, qui se mange aux vers.

LYSISTRATA.

Quels vers ? Ne vas-tu pas rentrer ?

PREMIÈRE FEMME.

Je reviendrai tout de suite, j'en jure par les deux Déesses ; je n'ai qu'à étendre sur le lit, tout simplement.

LYSISTRATA.

N'étends rien, et ne t'en va pas du tout.

PREMIÈRE FEMME.

Faut-il donc laisser gâter ma laine ?

LYSISTRATA.

Oui, si c'est nécessaire.

DEUXIÈME FEMME.

Malheureuse que je suis ! Et mon lin ! Je l'ai laissé à la maison sans le teiller !

LYSISTRATA.

En voilà une autre qui sort pour aller teiller son lin ! Vite, rentre ici.

DEUXIÈME FEMME.

Mais, j'en jure par la Déesse de la lumière, dès que je l'aurai mis en état, je rentre.

LYSISTRATA.

Ne mets rien en état ; car, si tu commençais, une autre en voudrait faire autant.

TROISIÈME FEMME.

O divine Ilithyia, retarde l'enfantement, jusqu'à ce que je sois arrivée dans un lieu profane.

LYSISTRATA.

Que veulent dire ces sornettes?

DEUXIÈME FEMME.

Je vais accoucher tout de suite.

LYSISTRATA.

Mais tu n'étais pas enceinte hier.

DEUXIÈME FEMME.

Je le suis aujourd'hui. Laisse-moi aller trouver la sage-femme, Lysistrata, au plus vite!

LYSISTRATA.

Quel conte tu nous fais! Qu'as-tu là de dur?

DEUXIÈME FEMME.

Un enfant mâle.

LYSISTRATA.

Mais non, par Aphroditè! on dirait quelque chose de creux comme un chaudron. Je vais le savoir. Ah! drôle de femme, tu as le casque sacré de Pallas, et tu te disais enceinte.

DEUXIÈME FEMME.

Oui, je le suis, de par Zeus!

LYSISTRATA.

Alors pourquoi ce casque?

DEUXIÈME FEMME.

Pour que les douleurs ne me prennent pas dans l'Akropolis, je ferai mon nid dans ce casque, comme les colombes.

LYSISTRATA.

Que dis-tu ? C'est une défaite : la chose est claire. N'attendras-tu pas ici le cinquième jour des couches ?

DEUXIÈME FEMME.

Mais je ne puis plus dormir dans l'Akropolis depuis que j'ai vu le serpent, qui lui sert de gardien.

PREMIÈRE FEMME.

Et moi, malheureuse, je suis exténuée par les chouettes, dont les cris continuels m'empêchent de dormir.

LYSISTRATA.

Maudites femmes, finissez-en avec vos mensonges. Vous regrettez vos maris, c'est clair. Mais croyez-vous qu'ils ne vous regrettent pas ? Ils passent, je le sais, des nuits cruelles. Mais tenez bon, chères amies ; patientez encore un peu ; un oracle nous promet la victoire, si nous restons unies. Voici cet oracle.

PREMIÈRE FEMME.

Dis-nous ce qu'il dit.

LYSISTRATA.

Silence alors. « Quand les hirondelles, fuyant les huppes, se seront réunies dans un seul lieu, et se seront abstenues de commerce avec les mâles, alors finiront les maux, et Zeus tonnant mettra dessus ce qui était dessous. »

PREMIÈRE FEMME.

Nous aurons le dessus.

LYSISTRATA.

« Mais si les hirondelles se divisent, et s'envolent du temple sacré, nul autre oiseau ne leur sera comparable pour l'incontinence. »

PREMIÈRE FEMME.

Voilà, de par Zeus! un oracle clair. Grands dieux! ne nous laissons point abattre par le malheur. Rentrons. Il serait honteux, mes amies, de ne pas accomplir l'oracle.

LE CHOEUR DES VIEILLARDS.

Je veux vous dire une histoire, que j'ai entendu raconter lorsque j'étais encore enfant. Il y avait une fois un jeune homme, appelé Mélaniôn, qui, fuyant le mariage, s'enfonça dans le désert : il demeurait sur les montagnes, allait à la chasse aux lièvres, faisait des filets, avait un chien; et puis il ne revint plus chez lui, tant il avait de haine pour les femmes. Nous, nous ne sommes pas moins chastes que Mélaniôn.

UN VIEILLARD.

Ma vieille, je veux te baiser.

UNE FEMME.

Tu pourras te passer d'oignon.

LE VIEILLARD.

Et te donner des coups de pied.

LA FEMME.

Tu as une forêt de poils.

LE CHOEUR DES VIEILLARDS.

Myronidès aussi était rude, couvert partout de poils noirs, redouté de tous ses ennemis, comme Phormiôn.

LE CHOEUR DES FEMMES.

Je veux également, moi, vous conter une histoire semblable à celle de Mélaniôn. Timôn était un être intraitable, la figure comme retranchée derrière un buisson d'épines, un émule des Erinys. Ce Timôn, plein de haine pour la perversité des hommes, s'enfuit loin d'eux en les maudissant. C'est ainsi qu'il haïssait les hommes pervers, mais il était fort tendre pour les femmes.

UNE FEMME.

Veux-tu que je te casse la mâchoire?

UN VIEILLARD.

Je n'ai pas peur de toi.

LA FEMME.

Si je te lâchais un coup de pied?

LE VIEILLARD.

Tu vas montrer ton derrière.

LA FEMME.

Tu verrais que, toute vieille que je suis, il n'est pas chevelu, mais épilé à la lampe.

LYSISTRATA.

Iou! Iou! Femmes, venez vers moi, vite.

PREMIÈRE FEMME.

Qu'y a-t-il? Dis-moi pourquoi ce cri?

LYSISTRATA.

Un homme! Un homme! Je le vois accourir comme un forcené, tout enflammé des feux d'Aphroditè.

MYRRHINA.

O Déesse de Kypros, de Kythèra et de Paphos, suis, en droite ligne, la route que tu as commencée!

UNE FEMME.

Où est-il, cet inconnu?

LYSISTRATA.

Près du temple de la Déesse Verdoyante.

MYRRHINA.

Oui, de par Zeus!

PREMIÈRE FEMME.

Mais qui est-ce?

LYSISTRATA.

Regardez. Quelqu'une de vous le reconnaît-elle?

MYRRHINA.

Hé oui, de par Zeus! moi! C'est mon mari Kinésias.

LYSISTRATA.

Mets-toi donc à l'œuvre : fais-le griller, mets-le sens

dessus dessous, séduis-le, aime sans aimer, cède-lui tout, sauf ce que défend le serment sur la coupe.

MYRRHINA.

N'aie crainte, je m'en charge.

LYSISTRATA.

Et moi je reste, pour t'aider à le séduire et à prolonger son tourment. Vous autres, retirez-vous.

KINÉSIAS.

Malheureux que je suis! Quel spasme nerveux! quelle rigidité des membres, comme si on me tournait sur une roue!

LYSISTRATA.

Quel est celui-là, qui se tient en deçà des sentinelles?

KINÉSIAS.

Moi!

LYSISTRATA.

Un homme?

KINÉSIAS.

Oui, un homme.

LYSISTRATA.

Ne vas-tu pas décamper?

KINÉSIAS.

Qui es-tu, toi qui me chasses ainsi?

LYSISTRATA.

La sentinelle de jour.

KINÉSIAS.

Au nom des dieux, hâte-toi de m'appeler Myrrhina.

LYSISTRATA.

Bon! Que je t'appelle Myrrhina! Et qui es-tu, toi?

KINÉSIAS.

Son mari, Kinésias de Pæonia.

LYSISTRATA.

Ah! bonjour, mon très cher; ton non n'est ni obscur, ni inconnu parmi nous. Constamment, en effet, ta femme l'a à la bouche. Qu'elle prenne un œuf ou une pomme : « C'est, dit-elle, pour Kinésias. »

KINÉSIAS.

Ah! grands dieux!

LYSISTRATA.

Et, j'en atteste Aphroditè, si la conversation tombe sur les hommes, aussitôt ta femme de s'écrier : « Tout le reste n'est que bagatelle au prix de Kinésias. »

KINÉSIAS.

Va donc tout de suite; appelle-la-moi.

LYSISTRATA.

Comment cela? Que me donneras-tu, à moi?

KINÉSIAS.

Moi, de par Zeus! à toi tout ce que tu voudras! J'ai ceci, et ce que j'ai, je te le donne.

LYSISTRATA.

Eh bien, je descends tout de suite, et je te l'appelle.

KINÉSIAS.

Oui, tout de suite, va vite. La vie pour moi n'a plus aucun charme, depuis qu'elle est sortie de la maison. J'y rentre avec ennui; tout m'y semble désert. Nul des mets que je mange ne me fait plaisir; car je suis tout tendu.

MYRRHINA, *à Lysistrata qui est restée dehors.*

Je l'aime, oui, je l'aime; mais il ne veut pas être aimé de moi : ne m'appelle donc pas pour lui.

KINÉSIAS.

O ma douce petite Myrrhina, pourquoi agis-tu comme cela? Descends ici.

MYRRHINA.

Oh! non, de par Zeus! non.

KINÉSIAS.

Quand c'est moi qui t'appelle, tu ne descendras pas, Myrrhina?

MYRRHINA.

Tu n'as pas du tout besoin de m'appeler.

KINÉSIAS.

Pas besoin! Mais je n'en puis plus.

MYRRHINA.

Je m'en vais.

KINÉSIAS.

Non, je t'en prie : écoute au moins notre garçonnet. Petit, tu n'appelles pas maman ?

L'ENFANT.

Maman, maman, maman !

KINÉSIAS.

Eh bien, qu'éprouves-tu ? Tu n'as pas pitié de ce pauvre enfant, non lavé et non allaité depuis six jours ?

MYRRHINA.

Moi, certainement, j'en ai pitié ; mais c'est son père qui n'en a aucun soin.

KINÉSIAS.

Descends, ma chérie, auprès de ton garçon.

MYRRHINA.

Ce que c'est que d'être mère ! Il faut que je descende.

KINÉSIAS.

Qu'est-ce que j'éprouve ? Elle me semble plus jeune, et son regard beaucoup plus caressant. Ses rigueurs à mon égard et ses dédains ne servent qu'à irriter mes désirs.

MYRRHINA.

O doux petit enfant d'un méchant père, reçois le plus doux baiser de ta maman.

KINÉSIAS.

Ah ! méchante, que tu fais donc mal de te laisser entraîner par les autres femmes : tu me fais de la peine et tu t'affliges toi-même.

MYRRHINA.

Ne me touche pas ; à bas la main !

KINÉSIAS.

Les affaires de la maison, les miennes et les tiennes sont, par ta faute, dans le pire état.

MYRRHINA.

Je ne m'en soucie guère.

KINÉSIAS.

Et tu ne te soucies pas non plus de ta toile déchiquetée par les poules ?

MYRRHINA.

Nullement, de par Zeus !

KINÉSIAS.

Tes sacrifices à Aphroditè datent de bien longtemps ; ne reviens-tu pas ?

MYRRHINA.

Non, de par Zeus ! à moins que vous ne fassiez la paix et que vous ne mettiez fin à la guerre.

KINÉSIAS.

Hé bien, si tu le veux, nous ferons la paix.

MYRRHINA.

Alors, si tu le veux, je reviendrai ici ; maintenant, je suis liée par un serment.

KINÉSIAS.

Au moins, couche un instant avec moi.

MYRRHINA.

Pas du tout, et pourtant je ne saurais nier que je t'aime.

KINÉSIAS.

Tu m'aimes? Pourquoi donc alors ne veux-tu pas te coucher, ma Myrrhinette?

MYRRHINA.

O drôle d'homme! Devant cet enfant!

KINÉSIAS.

Hé, de par Zeus! Manès, remporte-le à la maison. Tu vois, l'enfant ne te gêne plus. Pourquoi ne te couches-tu pas?

MYRRHINA.

Mais, malheureux, où pourrait-on faire cela?

KINÉSIAS.

Dans la grotte de Pan, la place est bonne.

MYRRHINA.

Mais comment me purifier pour rentrer dans l'Akropolis?

KINÉSIAS.

Très facilement; tu te laveras à la klepsydre.

MYRRHINA.

Mais, puisque j'ai juré, je me parjurerai, malheureux!

KINÉSIAS.

Que tout retombe sur moi! Ne t'inquiète pas de ton serment.

MYRRHINA.

Attends, je vais apporter un petit lit pour nous deux.

KINÉSIAS.

Inutile; la terre nous suffit.

MYRRHINA.

Au nom d'Apollôn, je ne souffrirai pas, moi, que, si pressé que tu sois, tu couches par terre.

KINÉSIAS.

Combien ma femme m'aime, c'est aisé à voir.

MYRRHINA.

Allons, couche-toi, pour en finir : je me déshabille. Mais, cependant, malepeste! il faut apporter une natte.

KINÉSIAS.

Pourquoi, une natte? Pas pour moi.

MYRRHINA.

Au nom d'Artémis, il serait honteux de coucher sur des sangles.

KINÉSIAS.

Donne-moi un baiser.

MYRRHINA.

Voilà.

KINÉSIAS.

Ah! ah! Reviens vite.

MYRRHINA.

Voilà la natte. Couche-toi, je me déshabille. Mais, quel malheur! tu n'as pas d'oreiller.

KINÉSIAS.

Je n'en ai pas besoin, moi.

MYRRHINA.

A moi, de par Zeus! il en faut un.

KINÉSIAS.

L'engin que j'ai là est traité comme Hèraklès.

MYRRHINA.

Allons, lève-toi!

KINÉSIAS.

As-tu maintenant tout?

MYRRHINA.

Tout absolument.

KINÉSIAS.

Viens à présent, mon trésor.

MYRRHINA.

Je détache ma ceinture; mais souviens-toi. Ne me trompe pas au sujet de la paix.

KINÉSIAS.

Non, de par Zeus! ou je meure!

MYRRHINA.

Tu n'as pas de couverture.

KINÉSIAS.

Ah! de par Zeus! je n'en ai pas besoin; je veux t'avoir entre mes bras.

MYRRHINA.

Sois tranquille, tu vas le faire : je reviens à l'instant.

KINÉSIAS.

Cette femme-là me fera mourir avec ses couvertures.

MYRRHINA.

Redresse-toi.

KINÉSIAS.

Mais c'est tout dressé.

MYRRHINA.

Veux-tu que je te parfume?

KINÉSIAS.

Mais non, de par Apollôn!

MYRRHINA.

Par Aphroditè, il le faut, que tu le veuilles ou non.

KINÉSIAS.

Que la fiole soit bientôt vide, ô Zeus souverain!

MYRRHINA.

Tends la main, prends et frotte-toi.

KINÉSIAS.

Par Apollôn, ce parfum n'est pas agréable, à moins qu'il ne le devienne en frottant : il ne sent pas la couche nuptiale.

MYRRHINA.

Maladroite ! J'ai apporté du parfum de Rhodos.

KINÉSIAS.

C'est bon ; laissons cela, folle que tu es !

MYRRHINA.

Tu veux rire.

KINÉSIAS.

Qu'il aille à la malheure celui qui le premier a distillé ce parfum !

MYRRHINA.

Prends cette fiole.

KINÉSIAS.

Mais j'en tiens une autre. Allons, mauvaise, couche-toi et ne m'apporte plus rien.

MYRRHINA.

Je le ferai, j'en atteste Artémis. Je me déchausse. Mais, mon chéri, décide quelque chose en faveur de la paix.

KINÉSIAS.

J'y songerai. *(Myrrhina s'en va)*. Comment, elle m'a exténué, elle m'a tué, cette femme, et elle me laisse là écorché vif ! Hélas ! que je souffre ! Sur qui passer mon envie, trompé par la plus belle de toutes? Comment élèverai-je cet enfant? Où est Kynalopex? Gage-moi une nourrice!

LE CHOEUR DES VIEILLARDS.

Un mal affreux, infortuné, met au supplice ton âme déçue. Et moi, j'ai pitié de toi; hélas! hélas! Quels reins, en effet, pourraient y tenir? Quelle vigueur? Quel appareil prolifique? Quelles hanches? Quelle tension de nerfs? Et n'avoir personne à caresser le matin!

KINÉSIAS.

O Zeus! les horribles convulsions!

LE CHOEUR DES VIEILLARDS.

Voilà pourtant où t'a réduit en ce moment la plus détestable, la plus scélérate des femmes!

KINÉSIAS.

De par Zeus! dis la plus chérie, la plus douce.

LE CHOEUR DES VIEILLARDS.

Comment la plus douce? Une méchante, une coquine, j'en atteste Zeus. Oui, Zeus! puisses-tu, comme la paille, l'enlever dans un tourbillon et dans un orage, la rouler, puis la lâcher, de manière que, entraînée vers la terre, elle tombe soudain sur un engin viril qui l'embroche!

UN HÉRAUT.

Où est le Conseil des Anciens d'Athènes, où sont les Prytanes? Je viens leur annoncer du nouveau.

LE PROBOULOS.

Qui es-tu, toi? Un homme ou Konisalos?

LE HÉRAUT.

Je suis un héraut, ô grand enfant; et, j'en atteste les Gémeaux, je viens de Spartè pour la trêve.

LE PROBOULOS.

Et c'est pour cela que tu portes une lance sous l'aisselle?

LE HÉRAUT.

Moi, non, de par Zeus!

LE PROBOULOS.

Pourquoi te détournes-tu? Pourquoi tirer ainsi ta khlamyde? Est-ce que la marche t'a donné des tumeurs dans l'aine?

LE HÉRAUT.

Par Kastor! assurément cet homme est fou!

LE PROBOULOS.

Mais tu es dans un état scandaleux, homme sans pudeur!

LE HÉRAUT.

Moi, non, de par Zeus! Pas de plaisanteries.

LE PROBOULOS.

Qu'est-ce donc que cela?

LE HÉRAUT.

Une skytale lakonienne.

LE PROBOULOS.

Soit! C'est une skytale lakonienne. Mais comme à un homme qui la sait, dis-moi la vérité. Comment vont vos affaires à Lakédæmôn?

LE HÉRAUT.

Toute Lakédæmôn est en l'air, et tous les alliés sont en rut : il leur faut Pellènè.

LE PROBOULOS.

D'où vous est tombé ce fléau? Vient-il de Pan?

LE HÉRAUT.

Non; mais Lampito, je crois, a donné le signal, et alors les autres femmes de Spartè, comme enfermées par la même barrière, ont toutes exclu leurs maris de leur couche.

LE PROBOULOS.

Comment faites-vous?

LE HÉRAUT.

Nous nous morfondons. A travers la ville, nous marchons courbés, comme si nous portions des lanternes. Les femmes, en effet, ne veulent pas laisser manier leur jardinet avant que tous, d'un commun accord, nous ayons fait la paix avec la Hellas.

LE PROBOULOS.

C'est une conspiration organisée surtout entre les femmes; je comprends maintenant. Mais va dire au plus vite, relativement à la trêve, qu'on envoie ici des ministres plénipotentiaires. Je dirai au Conseil d'en envoyer d'autres ici, en leur montrant ce qui nous tourmente au milieu du corps.

LE HÉRAUT.

Je vole. Tu ne dis que des choses excellentes.

LE CHOEUR DES VIEILLARDS.

Il n'y a pas de fauve plus invincible que la femme : ni le feu, ni la panthère ne sont plus impudents.

LE CHOEUR DES FEMMES.

Tu sais cela, et pourtant tu me fais la guerre, quand tu pourrais, méchant, avoir en moi une constante amie.

LE CHOEUR DES VIEILLARDS.

Non, jamais je ne cesserai de haïr les femmes.

LE CHOEUR DES FEMMES.

Comme tu voudras. Pour le moment, je ne te laisserai pas dans cette nudité. Je vois combien tu es ridicule. Allons, je vais aller te mettre cette exomis.

LE CHOEUR DES VIEILLARDS.

C'est, de par Zeus ! une bonne chose que vous faites : je l'avais retirée dans un mauvais accès de colère.

LE CHOEUR DES FEMMES.

Tout de suite tu as l'air d'un homme, et puis tu n'es plus ridicule. Si tu ne m'avais pas fait de peine, je saisirais et j'enlèverais cette bête que tu as à présent dans l'œil.

LE CHOEUR DES VIEILLARDS.

C'est donc là ce qui me faisait mal : prends cet anneau; retire la bête et montre-la-moi, après l'avoir enlevée. De par Zeus! il y a longtemps qu'elle me pique l'œil.

LE CHOEUR DES FEMMES.

Je suis prête à le faire, quoique tu sois un homme désagréable. O Zeus! l'énorme moucheron que tu avais là! Ne vois-tu pas? C'est un moucheron de Trikorynthos.

LE CHOEUR DES VIEILLARDS.

De par Zeus! quel soulagement tu m'as apporté! Depuis longtemps il me crevait l'œil comme un puits. Maintenant qu'il est enlevé, mes larmes coulent en abondance.

LE CHOEUR DES FEMMES.

Je t'essuierai, tout méchant que tu es, et je te donnerai un baiser.

LE CHOEUR DES VIEILLARDS.

Pas de baiser.

LE CHOEUR DES FEMMES.

Que tu le veuilles ou non.

LE CHOEUR DES VIEILLARDS.

Allez à la malheure! Comme elles sont de nature câline, et qu'on a raison de dire ce mot, qui n'est pas mal formulé : « Pas moyen de vivre avec ces drôlesses, et pas moyen de vivre sans elles! »

LE CHOEUR DES FEMMES.

Allons, je te promets, pour le moment et pour l'avenir,

de ne te faire aucun tort, et tu t'engages à ne me rien faire de mal. Réunissons-nous donc et chantons en commun.

LE CHOEUR DES FEMMES.

Nous ne nous disposons pas, ô hommes, à dire le moindre mal d'aucun citoyen, mais plutôt à en dire tout le bien possible, et à agir dans le même sens. Il suffit des maux présents. Or, faites-nous savoir, homme ou femme, si quelqu'un a besoin de recevoir un peu d'argent, deux ou trois mines. Il y en a là beaucoup, et nous avons des bourses. Si jamais la paix arrive, quiconque nous fera un emprunt aujourd'hui, ne rendra point ce qu'il aura reçu. Nous devons traiter quelques hôtes de Karystos, hommes beaux et bons. J'ai de la purée et un petit porc, que j'ai immolé : vous aurez à manger une chair tendre et de bonne mine. Venez donc chez moi aujourd'hui ; il faut que ce soit de bonne heure, après le bain, vous et vos enfants. Vous entrerez sans rien dire à personne, mais allant tout droit, comme chez vous, hardiment ; et la porte sera... fermée.

LE CHOEUR DES VIEILLARDS.

Voici les députés de Spartè : ils viennent avec leurs barbes traînantes : on dirait qu'ils ont une cage à porcs entre les cuisses. Hommes Lakoniens, tout d'abord, salut ; puis, dites-nous comment vous allez.

UN LAKONIEN.

Il n'est pas besoin de vous dire beaucoup de paroles : vous pouvez voir dans quel état nous sommes.

LE CHOEUR DES VIEILLARDS.

Oh! oh! le mal acquiert une intensité effrayante; on dirait une inflammation de la pire espèce.

LE LAKONIEN.

C'est à n'y pas croire. Mais que dire? Envoyez-nous quelqu'un qui, à n'importe quelle condition, traite avec nous de la paix.

LE CHOEUR DES VIEILLARDS.

Mais je vois aussi de nos compatriotes qui, en vrais lutteurs, écartent les vêtements de leurs ventres, si bien qu'on dirait une maladie d'athlètes.

UN ATHÉNIEN.

Qui me dira où est Lysistrata? voilà où nous en sommes, nous autres hommes.

LE CHOEUR DES VIEILLARDS.

Autre chanson sur la même maladie. Êtes-vous pris de tensions de nerfs le matin?

L'ATHÉNIEN.

Oui, de par Zeus! et cet état-là nous tue. Si on ne conclut pas la paix au plus vite, il nous faudra nous rabattre sur Klisthénès.

LE CHOEUR DES VIEILLARDS.

Si vous êtes sages, remettez vos vêtements, afin de n'être pas vus par quelque mutilateur de Hermès.

L'ATHÉNIEN.

De par Zeus! tu parles d'or.

LE LAKONIEN.

Au nom des Gémeaux, c'est tout à fait cela. Voyons, remettons nos vêtements.

L'ATHÉNIEN.

Salut, Lakoniens; nous sommes dans un piteux état.

LE LAKONIEN.

Oui, mon très cher, c'eût été une triste chose, si des hommes m'avaient vu ainsi la lance en arrêt.

L'ATHÉNIEN.

Voyons, Lakonien, il faut dire carrément ce qui est. Pourquoi êtes-vous ici?

LE LAKONIEN.

On nous envoie traiter de la paix.

L'ATHÉNIEN.

Bien dit, et nous aussi. Que n'appelons-nous donc Lysistrata, qui seule peut nous mettre d'accord?

LE LAKONIEN.

Oui, au nom des Gémeaux, appelez même Lysistratos.

L'ATHÉNIEN.

Nous n'avons pas besoin, ce me semble, de l'appeler : elle nous a entendus, elle vient d'elle-même.

LE CHOEUR DES VIEILLARDS.

Salut à la plus courageuse de toutes. Voici l'instant de te montrer redoutable et bonne, humble et vénérable, sévère et indulgente, afin que les chefs des Hellènes, séduits par tes charmes, s'abandonnent à toi et te remettent, d'un commun accord, le jugement de leurs griefs.

LYSISTRATA.

La besogne n'est pas difficile, si on les prend au milieu de leurs désirs et n'essayant pas de se consoler les uns les autres. Je le saurai bientôt. Où est la Paix ? — Va prendre et amène-moi d'abord les Lakoniens, mais pas d'une main rude et arrogante : ne fais pas comme nos hommes les malappris, mais comme il convient aux femmes, en toute douceur. S'ils ne t'offrent pas la main, amène-les par où tu sais. Amène-moi aussi les Athéniens, et prends-les par où ils se donneront. — Lakoniens, tenez-vous près de moi. — Vous, de ce côté. — Écoutez ce que j'ai à dire. Je ne suis qu'une femme, mais j'ai du bon sens. De moi-même, je ne suis pas mal partagée en fait de raison ; et de la bouche de mon père et des vieillards j'ai recueilli beaucoup de discours, qui ne m'ont pas mal instruite. Je veux vous adresser à tous en commun des railleries que vous méritez, vous qui, arrosant les autels de la même eau lustrale, en vrais parents, à Olympia, aux Thermopyles, à Pytho (et combien d'autres localités je pourrais citer, si je voulais m'étendre !), perdez, sous les yeux de l'armée des Barbares, vos ennemis, et les Hellènes et leurs villes ! Voilà déjà une partie de ce que j'ai à vous dire.

UN ATHÉNIEN.

Moi, je meurs de désirs.

LYSISTRATA.

Pour vous, Lakoniens, car je m'adresse à vous, ne vous souvient-il plus comment le Lakonien Périklidas vint un jour à Athènes, en suppliant, et s'assit auprès des autels, pâle, vêtu de pourpre, demandant des secours ? Car alors Messènè vous inquiétait, et un dieu ébranlait votre terre. Parti avec mille hoplites, Kimôn sauva Lakédæmôn entière. Traités ainsi par les Athéniens, vous ravagez le pays qui vous a rendu ce bon service.

L'ATHÉNIEN.

Oui, de par Zeus ! ils ont tort, Lysistrata.

UN LAKONIEN.

Nous avons tort ; mais impossible de dire combien son derrière est beau.

LYSISTRATA.

Et vous, Athéniens, pensez-vous que je vais vous passer sous silence ? Ne vous souvenez-vous plus que les Lakoniens, au temps où vous portiez la peau de mouton, venant, à leur tour, la lance en main, mirent à mort un grand nombre de Thessaliens, un grand nombre d'amis ou d'alliés de Hippias ? Se faisant seuls vos champions dans cette journée, ils vous rendirent la liberté, qui permit au peuple de quitter la peau de mouton, pour revêtir la læna retrouvée.

LE LAKONIEN.

Je n'ai jamais vu plus digne femme.

L'ATHÉNIEN.

Ni jamais de plus beaux appas.

LYSISTRATA.

Pourquoi donc, après vous être rendu de si nombreux services, vous faites-vous la guerre et ne mettez-vous pas fin à votre méchanceté? Pourquoi ne pas conclure la paix? Qui vous empêche?

LE LAKONIEN.

Nous le voulons bien, si l'on veut nous rendre l'enkyklos.

LYSISTRATA.

Lequel, mon cher?

LE LAKONIEN.

Pylos, que, depuis longtemps, nous demandons et convoitons.

L'ATHÉNIEN.

Par Poséidôn! nous ne ferons jamais cela.

LYSISTRATA.

Laissez-la-leur, mes amis.

L'ATHÉNIEN.

Alors où mettrons-nous le désordre?

LYSISTRATA.

Demandez une autre place en échange.

L'ATHÉNIEN.

Eh bien! donnez-nous donc Ékhinousa, et le golfe Maliaque, qui est derrière, et les Jambes de Mégara.

LE LAKONIEN.

Par les Gémeaux! pas tout cela, espèce de fou!

LYSISTRATA.

Laissez donc cela : ne disputez pas à propos de jambes.

L'ATHÉNIEN.

Je voudrais déjà mettre habit bas et labourer la terre.

LE LAKONIEN.

Et moi tout d'abord la fumer, j'en prends les Gémeaux à témoin.

LYSISTRATA.

Commencez par faire la paix, et puis vous agirez. Si donc vous désirez la conclure, mettez l'affaire en délibération et communiquez-la à nos alliés.

L'ATHÉNIEN.

A quels alliés, ma chère? Nous n'en pouvons plus. Crois-tu que tous nos alliés ne soient d'avis de coucher avec leurs femmes?

LE LAKONIEN.

Et les nôtres aussi, j'en atteste les Gémeaux.

L'ATHÉNIEN.

Et les Karystiens également, de par Zeus!

LYSISTRATA.

Bien dit. Maintenant purifiez-vous, et nous, femmes, nous vous recevrons dans l'Akropolis, avec les paniers que nous avons. Là, engagez les uns aux autres vos serments et votre foi; puis chacun prendra sa femme et s'en ira avec elle.

L'ATHÉNIEN.

Allons-y au plus vite.

LE LAKONIEN.

J'irai où tu voudras.

L'ATHÉNIEN.

De par Zeus! au plus tôt, dépêchons.

LE CHŒUR DES FEMMES.

Stromates bigarrés, læenas, xystis, bijoux d'or à moi, je n'ai nul regret à les offrir à tous vos enfants, pour qu'ils les portent, si l'une de vos filles est kanéphore. Oui, je vous permets à tous de prendre chez moi ce qui s'y trouve: il n'y a rien de si bien scellé, dont on ne puisse rompre les cachets, et emporter ce qu'il y a dedans. Personne, en cherchant, n'y verra rien, quelqu'un de vous fût-il plus clairvoyant que moi. Si quelqu'un de vous n'a pas de provisions pour nourrir ses serviteurs et ses nombreux petits-enfants, il peut prendre chez moi du grain tout broyé, et y voir un pain d'un boisseau, d'une belle venue. Ainsi, que ceux des pauvres qui le veulent viennent chez moi avec des sacs et des besaces, ils recevront du blé. Manès, un esclave à moi, leur en fournira. Toutefois, je vous préviens de ne pas approcher de ma porte : autrement, gare au chien!

UN FLANEUR.

Ouvre la porte, toi.

UN SERVITEUR.

Veux-tu bien t'en aller? Pourquoi restez-vous là? Moi, je vais prendre une torche et vous brûler. Le poste est désagréable.

LE FLANEUR.

Je n'en ferai rien.

LE SERVITEUR.

S'il faut absolument le faire pour vous plaire, cela nous portera malheur.

LE FLANEUR.

Et nous serons malheureux avec toi.

LE SERVITEUR.

Vous ne partez pas? Vos cheveux en pâtiront. Partez donc pour que les Lakoniens s'en aillent tranquillement d'ici, après avoir fait bonne chère.

UN ATHÉNIEN.

Je ne vis jamais pareil festin. Les Lakoniens mêmes y étaient charmants. Nous étions, dans le vin, des convives très sages.

DEUXIÈME ATHÉNIEN.

C'est justice; à jeun nous n'avons pas le sens commun. Si les Athéniens veulent croire à mes paroles, nous nous enivrerons dans toutes nos députations. Maintenant, quand nous entrons à jeun à Lakédæmôn, nous regardons aussitôt par où jeter le désordre; si bien que ce qu'ils disent nous ne l'entendons pas, et ce qu'ils ne disent pas, nous l'interprétons mal. Aussi nos rapports sur ce qui est ne sont pas conformes à ce qui est. Mais aujourd'hui tout nous plaît. Qu'on chante la chanson de Télamôn, au lieu de chanter celle de Klitagoras, nous applaudirons tout de même, et nous n'hésiterons pas à nous parjurer.

PREMIER ATHÉNIEN.

Mais voilà ces gens qui pour la seconde fois reviennent ici. Ne décampez-vous pas, gibier d'étrivières?

DEUXIÈME ATHÉNIEN.

De par Zeus! les voilà qui sortent déjà.

UN LAKONIEN.

Mon tendre ami, prends tes flûtes, afin que je danse et que je chante quelque chose de beau en l'honneur des Athéniens et de nous-mêmes.

DEUXIÈME ATHÉNIEN.

Oui, prends tes flûtes, au nom des dieux. Rien ne me réjouit plus que de vous voir danser.

LE CHOEUR DES LAKONIENS.

Inspire ces jeunes gens, Mnémosynè, ainsi que la Muse, qui me connaît et qui connaît les Athéniens. Ceux-ci, près d'Artémision, s'élancèrent, semblables à des dieux, sur les vaisseaux des Mèdes et les vainquirent. Pour nous, Léonidas nous conduisit, pareils, ce semble, à des sangliers aiguisant leurs défenses : une sueur abondante florissait le long de nos joues et coulait abondamment de nos jambes. C'est que les Perses étaient aussi nombreux que les sables du rivage. Souveraine des bois, Artémis chasseresse, viens ici, vierge divine, présider à notre alliance, pour qu'elle dure longtemps. Qu'aujourd'hui une amitié éternelle résulte de nos traités; et mettons fin à nos ruses de renard. Viens ici, vierge chasseresse.

LYSISTRATA.

Voyons maintenant, puisque tout est pour le mieux, Lakoniens, emmenez vos femmes ; que le mari se tienne près de sa femme et la femme près de son mari; ensuite, pour cet heureux événement, formons des danses en l'honneur des dieux, et gardons-nous à l'avenir de retomber dans les mêmes fautes.

LE CHOEUR DES ATHÉNIENS.

Introduis le chœur, fais appel aux Kharites, invoque Artémis et son jumeau, l'aimable dieu des chœurs qu'on appelle à grands cris, puis le dieu de Nysa, suivi des Mænades, Bakkhos au regard étincelant, et Zeus qui fait briller la flamme, et son épouse auguste et bienheureuse, et les dæmones, que nous prenons pour témoins, toujours présents, de la noble paix conclue sous les auspices de la divine Kypris. Alala! Io! Pæan! Sautez! Iè! comme pour une victoire, Iè! Evoé! Evoé! Evoé! Evoé!

LYSISTRATA.

Lakonien, après ta nouvelle chanson, fais entendre une chanson nouvelle.

CHOEUR DES LAKONIENS.

Le Taygéton à l'aimable sommet, quitte-le, Muse lakonienne, et viens célébrer avec nous Apollôn, dieu souverain d'Amyklæ, Athèna Khalkiœque, et les vaillants Tyndarides, qui s'exercent sur les bords de l'Eurotas. Voyons, élance-toi, bondis d'un vol léger : chantons Spartè, qui aime les chœurs des dieux et le bruit des pas. Comme des coursiers, les jeunes filles, sur les bords de l'Eurotas, bondissent et frappent la terre d'un pied rapide, laissant aller leurs chevelures, ainsi que des bakkhantes qui agitent leurs thyrses, en se jouant. A la tête du chœur est la fille de Lèda, chaste et belle. Allons, rattache ta chevelure avec une bandelette, et bondis comme une biche. Que tes applaudissements animent la danse, et chante la plus puissante des divinités, Khalkiœque, déesse des combats.

FIN DE LYSISTRATA

LES
THESMOPHORIAZOUSES
OU
LES FEMMES AUX FÊTES DE DÈMÈTER

(L'AN 412 AVANT J.-C.)

S'emparant du bruit qui faisait d'Euripide un misogyne, Aristophane, dans les Thesmophoriazouses, s'amuse à le tourner en ridicule. Euripide, averti que les femmes méditent un complot contre lui et que, enfermées dans le temple des Thesmophores, elles délibèrent sur sa perte, envoie pour prendre sa défense son beau-père Mnésilochos, déguisé en femme. Celui-ci est vite reconnu et maltraité. Euripide, déguisé successivement en Ménélas, en Persée, en nymphe Écho et en vieille femme, finit par se dérober aux coups qui le menacent et aux étreintes d'un archer scythe, dont le bredouillement et la grossièreté, violemment épicées, provoquent des accès de grosse gaieté, comme les facéties drolatiques des deux Suisses dans *Monsieur de Pourceaugnac.*

PERSONNAGES DU DRAME

MNÈSILOKHOS, beau-père d'Euripidès.
EURIPIDÈS.
UN SERVITEUR D'AGATHÔN.
AGATHÔN.
CHOEUR D'AGATHÔN.
UN HÉRAUT.
CHOEUR DES THESMOPHORIAZOUSES.
SEPT FEMMES.
KLISTHÉNÈS.
UN PRYTANE.
UN ARCHER SKYTHE.
THRATTA.
ÉLAPHIÔN, courtisane et danseuse. } Personnages
TÉRÈDÔN, joueuse de flûte. } muets.

La scène se passe devant la maison d'Agathôn, et ensuite dans le Thesmophorion ou Temple de Dèmètèr.

LES

THESMOPHORIAZOUSES

OU

LES FEMMES AUX FÊTES DE DÈMÈTÈR

MNÈSILOKHOS.

O Zeus! l'hirondelle, quand paraîtra-t-elle? Cet homme me tuera en me mettant en mouvement dès le matin. Puis-je, avant que la rate me crève, savoir de toi où tu me conduis, Euripidès?

EURIPIDÈS.

Il est inutile que tu entendes tout ce que tu vas bientôt voir de tes yeux devant toi.

MNÈSILOKHOS.

Comment dis-tu? Répète? Il est inutile que j'entende?...

EURIPIDÈS.

Ce que tu dois voir.

MNÈSILOKHOS.

Et inutile que je voie ?...

EURIPIDÈS.

Ce que tu dois entendre.

MNÈSILOKHOS.

Que me contes-tu là ? Cependant tu parles à merveille. Tu prétends que je ne dois ni entendre, ni voir.

EURIPIDÈS.

Ce sont, en effet, deux fonctions naturelles distinctes.

MNÈSILOKHOS.

Ne pas entendre et ne pas voir?

EURIPIDÈS.

C'est bien cela.

MNÈSILOKHOS.

Comment distinctes ?

EURIPIDÈS.

Voici comment cette distinction s'est faite. Lorsque l'æther se mit à fonctionner à part et à engendrer des animaux doués du mouvement, afin de leur donner la vue, il imagina d'abord de faire l'œil rond comme le disque du soleil, et puis il creusa les oreilles en guise d'entonnoir.

MNÈSILOKHOS.

Et c'est grâce à cet entonnoir que je n'entends ni ne

vois. De par Zeus! je suis bien aise de savoir cela. La belle chose que les entretiens avec les sages!

EURIPIDÈS.

Tu pourrais en apprendre bien d'autres de ma bouche.

MNÈSILOKHOS.

Que ne peux-tu, outre ces bienfaits, trouver à m'enseigner le moyen de ne plus clocher de la jambe!

EURIPIDÈS.

Viens ici, et prête attention.

MNÈSILOKHOS.

Voici.

EURIPIDÈS.

Vois-tu cette petite porte?

MNÈSILOKHOS.

Oui, par Hèraklès! Je le crois du moins.

EURIPIDÈS.

Fais silence maintenant.

MNÈSILOKHOS.

Que je fasse silence sur la porte?

EURIPIDÈS.

Écoute.

MNÈSILOKHOS.

J'écoute et fais silence sur la porte.

EURIPIDÈS.

C'est là que se trouve habiter l'illustre Agathôn, le poète tragique.

MNÈSILOKHOS.

Qu'est-ce que cet Agathôn ?

EURIPIDÈS.

C'est un certain Agathôn.

MNÈSILOKHOS.

Le basané, le vigoureux ?

EURIPIDÈS.

Non pas, mais un autre. Ne l'as-tu jamais vu ?

MNÈSILOKHOS.

Il a une barbe épaisse.

EURIPIDÈS.

Ne l'as-tu jamais vu ?

MNÈSILOKHOS.

Non, de par Zeus ! que je sache.

EURIPIDÈS.

Tu t'es pourtant rencontré de près avec lui ; mais peut-être sans le connaître... Retirons-nous à l'écart. Voici un de ses serviteurs qui sort, portant du feu et des branches de myrte : c'est sans doute un sacrifice pour sa poésie.

LE SERVITEUR D'AGATHÔN.

Silence dans tout le peuple : bouche close. Car le thiase des Muses a élu domicile dans la demeure de mon maître et y module ses chants. Que le paisible æther retienne l'haleine des vents, et que le calme règne sur l'azur des flots.

MNÈSILOKHOS.

Bombax !

EURIPIDÈS.

Tais-toi. Que dis-tu ?

LE SERVITEUR.

Que la gent ailée s'endorme : que les pieds des bêtes sauvages errant dans les bois perdent leur agilité.

MNÈSILOKHOS.

Bombalobombax !

LE SERVITEUR.

Le poète harmonieux Agathôn, notre maître, se dispose...

MNÈSILOKHOS.

A se prostituer ?

LE SERVITEUR.

Qui donc a parlé ?

MNÈSILOKHOS.

Le paisible æther.

LE SERVITEUR.

A charpenter les assises d'un drame. Il équarrit de nouvelles tirades poétiques : il tourne tels vers et coud ensemble tels autres ; il forge des pensées, invente des antonomases, les coule en cire, les arrondit, les met au creuset.

MNÈSILOKHOS.

Et joue de l'arrière-train.

LE SERVITEUR.

Quel rustre approche de cette enceinte ?

MNÈSILOKHOS.

Un homme, tout prêt, avec toi et avec ton poète harmonieux, sous votre enceinte, d'arrondir, de tourner cet engin et de le mettre au creuset.

LE SERVITEUR.

Quand tu étais jeune, tu devais être un joli drôle, vieillard !

EURIPIDÈS.

Mon brave, laisse cet homme tranquille ; et toi, fais-moi venir ici Agathôn par tous les moyens.

LE SERVITEUR.

Inutile de m'en prier : il va lui-même sortir bientôt, car il s'est mis à versifier et, en hiver, il n'est pas facile d'arrondir des strophes sans venir devant la porte, au soleil.

EURIPIDÈS.

Alors, que dois-je faire ?

LE SERVITEUR.

Attends qu'il sorte.

EURIPIDÈS.

O Zeus! que songes-tu que j'aie à faire aujourd'hui?

MNÈSILOKHOS.

Par les dieux! je veux savoir ce que cela signifie. Pourquoi tes gémissements, tes lamentations? Tu ne dois me cacher rien, à moi ton beau-père.

EURIPIDÈS.

Un grand malheur se manigance contre moi.

MNÈSILOKHOS.

Lequel?

EURIPIDÈS.

Ce jour va décider si Euripidès doit vivre ou mourir.

MNÈSILOKHOS.

Et comment? Aujourd'hui les tribunaux ne doivent pas juger; le Conseil n'a pas de séance parce que c'est le troisième jour, le jour du milieu des Thesmophoria.

EURIPIDÈS.

C'est précisément là ce qui présage ma perte. Les femmes ont tramé un complot contre moi, et elles vont, aujourd'hui même, se réunir dans le Thesmophorion, pour délibérer sur ma ruine.

MNÈSILOKHOS.

Et pour quel motif?

EURIPIDÈS.

Parce que dans mes tragédies je dis du mal d'elles.

MNÈSILOKHOS.

Par Poséidôn! tu n'as que ce que tu mérites! Mais quel expédient as-tu pour te tirer de là?

EURIPIDÈS.

Engager le poète tragique Agathôn à se rendre aux Thesmophoria.

MNÈSILOKHOS.

Pourquoi faire? dis-moi.

EURIPIDÈS.

Il se mêlerait à l'assemblée des femmes et, s'il le fallait, il parlerait.

MNÈSILOKHOS.

Ouvertement ou par ruse?

EURIPIDÈS.

Par ruse, revêtu d'une robe de femme.

MNÈSILOKHOS.

Le procédé est joli, et tout à fait dans ta manière. En fait d'astuce, à nous le gâteau!

EURIPIDÈS.

Silence!

MNÈSILOKHOS.

Qu'y a-t-il ?

EURIPIDÈS.

Agathôn sort.

MNÈSILOKHOS.

Où est-il ?

EURIPIDÈS.

L'homme roulé dans la machine.

MNÈSILOKHOS.

Je suis donc aveugle. Je ne vois pas un homme ici, je vois Kyrènè.

EURIPIDÈS

Silence ! Il se prépare à mélodier.

MNÈSILOKHOS.

Des sentiers de fourmis ou des gazouillements plaintifs ?

AGATHÔN.

Prenez la torche consacrée aux Déesses souterraines, jeunes filles, et, au sein de votre patrie et de la liberté, mêlez les danses aux cris.

LE CHOEUR D'AGATHÔN.

De quelle divinité est-ce la fête ? Dis-le-moi. La foi me rend prêt à honorer les dieux.

AGATHÔN.

Voyons, Muse, célèbre maintenant le lanceur de flèches d'or, Phœbos, qui a fondé les remparts d'une cité sur la terre du Simoïs.

LE CHOEUR D'AGATHÔN.

Salut à Phœbos dans mes chants les plus beaux, à Phœbos vainqueur dans les combats poétiques.

AGATHÔN.

Chantez aussi celle qui se plaît aux chênaies montagneuses, Artémis la vierge chasseresse.

LE CHOEUR D'AGATHÔN.

A mon tour, je chante et je glorifie l'auguste fille de Lèto, Artémis, qui ne connaît point la couche nuptiale.

AGATHÔN.

Et Lèto, et les sons de la lyre asiatique imitant par le rhythme les mouvements rhythmés des Kharites Phrygiennes.

LE CHOEUR D'AGATHÔN.

J'honore la puissante Lèto, et la kithare, mère des hymnes, aux mâles et nobles accents, dont l'éclat fait étinceler les yeux de la Déesse, émue par la soudaineté de notre voix. En retour, chante le souverain Phœbos. Salut, heureux fils de Lèto.

MNÈSILOKHOS.

Combien est douce cette mélodie, ô vénérable Génétyllidès! Elle est féminine, voluptueuse comme un baiser à bouche demi-close, si bien qu'en l'écoutant, un chatouillement m'a saisi par-dessous mon siège. Et toi, jeune homme, qui que tu sois, je veux t'interroger à la manière d'Æskhylos, dans sa *Lykourgia*... D'où vient cet efféminé? Quelle est sa patrie? Son vêtement? Pourquoi cette vie désordonnée? Un luth et une robe couleur de safran? Une lyre et une résille? Une lékythe et une ceinture? N'est-ce pas un contraste? Qu'y a-t-il de commun entre un miroir et une épée? Toi-même, enfant, qui es-tu? Prétends-tu être un homme? Où est ce qui fait l'être viril? Où est ta læna? ta chaussure lakonienne? Serais-tu une femme? Alors où est ta gorge? Que réponds-tu? Pourquoi garder le silence? D'ailleurs, je te devine à ton chant, puisque toi-même tu ne veux rien dire.

AGATHÔN.

O vieillard, vieillard, c'est de la jalousie que provient le blâme que je viens d'entendre; mais je n'en éprouve aucune douleur. Je porte un costume en rapport avec ma pensée. Il faut qu'un poète s'ajustant aux drames qu'il doit composer, y adapte son caractère. Si on compose des drames à femmes, il faut que le corps prenne des manières féminines.

MNÈSILOKHOS.

Ainsi tu chevauches, quand tu composes *Phædra*?

AGATHÔN.

Si on fait des drames à hommes, il faut que le corps soit viril. Ce que nous n'avons pas, l'imitation doit en suivre la piste.

MNÈSILOKHOS.

Si tu mets en scène des satyres, appelle-moi, je collaborerai derrière toi dans la posture requise.

AGATHÔN.

D'ailleurs, il est de mauvais goût qu'un poète se montre grossier et velu. Vois Ibykos, Anakréôn de Téos, Alkæos, qui ont donné de la saveur à l'harmonie, ils portaient des mitres et dansaient l'Ionienne. Et Phrynikhos, que tu as entendu, il était beau et couvert de beaux vêtements; et voilà pourquoi beaux également étaient ses drames. La nécessité veut que les œuvres reproduisent la nature de l'ouvrier.

MNÈSILOKHOS.

Philoklès était laid : il a fait des pièces laides; Xénoklès était méchant : il a fait des pièces méchantes; Théognis était froid : froids ses vers.

AGATHÔN.

Absolue nécessité : et c'est parce que je le savais que j'ai soigné ma personne.

MNÈSILOKHOS.

Comment cela, au nom des dieux?

EURIPIDÈS.

Cesse d'aboyer : j'étais comme lui à son âge, quand je commençais à écrire.

MNÈSILOKHOS.

De par Zeus! je ne suis pas jaloux de ton éducation.

EURIPIDÈS.

Mais le motif pour lequel je suis venu, laisse-le-moi dire.

AGATHÔN.

Parle.

EURIPIDÈS.

Agathôn, sage est l'homme, qui a le talent de bien resserrer beaucoup de pensées en peu de mots. Or, frappé d'un étrange malheur, je suis venu en suppliant vers toi.

AGATHÔN.

De quoi as-tu besoin ?

EURIPIDÈS.

Les femmes doivent me tuer aujourd'hui pendant les Thesmophoria, parce que je dis du mal d'elles.

AGATHÔN.

En quoi pouvons-nous t'être utiles ?

EURIPIDÈS.

En tout. Si, t'asseyant en secret au milieu des femmes et ayant l'air d'en être une, tu prends ma défense, il est clair que tu me sauves. Seul tu es en état de parler convenablement en ma faveur.

AGATHÔN.

Mais pourquoi ne vas-tu pas toi-même te défendre en personne ?

EURIPIDÈS.

Je vais te le dire. D'abord je suis connu, ensuite je grisonne et j'ai de la barbe ; toi tu es joli garçon, le teint blanc, rasé de près, voix de femme, délicat, charmant à voir.

AGATHÔN.

Euripidès.

EURIPIDÈS.

Qu'est-ce à dire ?

AGATHÔN.

N'as-tu pas écrit quelque part : « Tu aimes à voir la lumière, crois-tu que ton père ne l'aime pas aussi ? »

EURIPIDÈS.

Oui.

AGATHÔN.

N'espère donc pas qu'aujourd'hui nous nous exposions à ton mal : nous serions fous. Mais ce qui t'est personnel, supporte-le toi-même. C'est justice de supporter les malheurs, non par la ruse, mais par la patience.

MNÈSILOKHOS.

En effet, toi, débauché, tu t'es élargi le derrière, non par des paroles, mais par la patience.

EURIPIDÈS.

Qu'est-ce qui te fait craindre de te rendre là-bas ?

AGATHÔN.

Il m'arriverait encore pire qu'à toi.

EURIPIDÈS.

Comment ?

AGATHÔN.

Comment ? J'aurais l'air de dérober les mystères nocturnes des femmes, et de leur ravir la Kypris féminine.

MNÈSILOKHOS.

Allons donc ! Dérober ! De par Zeus ! tu veux dire être cajolé. Mais, de par Zeus ! le prétexte est spécieux.

EURIPIDÈS.

Eh bien ! Le feras-tu ?

AGATHÔN.

Ne t'en flatte pas.

EURIPIDÈS.

O trois fois malheureux ! C'est fait de moi.

MNÈSILOKHOS.

Euripidès, mon bon ami, mon gendre, ne t'abandonne pas toi-même.

EURIPIDÈS.

Comment donc vais-je faire ?

MNÈSILOKHOS.

Envoie cet homme où l'on gémit longuement, et fais de moi ce que tu veux, je suis à toi.

EURIPIDÈS.

Voyons alors, puisque tu te livres à moi. Quitte ce vêtement.

MNÈSILOKHOS.

Il est par terre. Et que veux-tu faire de moi ?

EURIPIDÈS.

Raser ce poil et brûler celui d'en bas.

MNÈSILOKHOS.

Fais-le, si bon te semble, puisque j'ai tant fait que de me dévouer.

EURIPIDÈS.

Agathôn, tu portes toujours sur toi quelque rasoir, prête-nous-en un maintenant.

AGATHÔN.

Prends-en un toi-même dans l'étui.

EURIPIDÈS.

Tu es un brave homme. *(A Mnèsilokhos.)* Assieds-toi : enfle la joue droite.

MNÈSILOKHOS.

Holà là !

EURIPIDÈS.

Pourquoi cries-tu ? Je t'enfonce une broche dans le gosier, si tu ne te tais pas.

MNÈSILOKHOS.

Attatata, iattatata !

EURIPIDÈS.

Où cours-tu ?

MNÈSILOKHOS.

Au temple des Déesses Vénérables. Par Dèmètèr ! je ne reste pas ici pour être mutilé.

EURIPIDÈS.

Mais tu vas être un comble de ridicule, avec la moitié de ta figure rasée !

MNÈSILOKHOS.

Je n'en ai cure.

EURIPIDÈS.

Au nom des dieux, ne m'abandonne pas. Viens ici.

MNÈSILOKHOS.

Suis-je assez malheureux !

EURIPIDÈS.

Ne bouge pas : lève la tête. Par où te tournes-tu ?

MNÈSILOKHOS.

Mu, mu !

EURIPIDÈS.

Pourquoi ces mu, mu ? Tout va pour le mieux.

MNÈSILOKHOS.

Hélas ! Quel malheur ! Je suis engagé dans les troupes légères.

EURIPIDÈS.

Ne t'inquiète pas : tu es charmant tout à fait. Veux-tu te regarder ?

MNÈSILOKHOS.

Oui, apporte un miroir.

EURIPIDÈS.

Te vois-tu ?

MNÈSILOKHOS.

De par Zeus ! ce n'est pas moi ; c'est Klisthénès.

EURIPIDÈS.

Lève-toi, que je te brûle les poils : penche-toi.

MNÈSILOKHOS.

Malheur des malheurs ! je vais être pourceau.

EURIPIDÈS.

Qu'on m'apporte de l'intérieur une torche ou une lampe ! Penche-toi. Prends garde à l'extrémité de la queue.

MNÈSILOKHOS.

Oui, de par Zeus ! Mais tu me brûles. Malheur à moi ! De l'eau ! de l'eau ! voisins, ou mon derrière va prendre feu.

EURIPIDÈS.

Courage !

MNÈSILOKHOS.

Courage, quand on m'incendie ?

EURIPIDÈS.

Allons donc ! ce n'est pas une affaire pour toi : le plus pénible est fait.

MNÈSILOKHOS.

Hélas ! Quelle suie ! Je suis tout noir dans la région des fesses.

EURIPIDÈS.

Sois sans crainte : on va te laver cela à l'éponge.

MNÈSILOKHOS.

Il gémira, celui qui me lavera le derrière !

EURIPIDÈS.

Agathôn, puisque tu refuses de te dévouer toi-même, prête-nous du moins cette robe et cette ceinture : car tu ne peux pas dire que tu n'en as pas.

AGATHÔN.

Prenez et usez-en ; je ne refuse pas.

MNÈSILOKHOS.

Que dois-je prendre ?

EURIPIDÈS.

Que prendre ? Prends d'abord et mets cette robe jaune. Par Aphroditè ! elle a une bonne odeur de mâle.

MNÈSILOKHOS.

Passe-la-moi vite. Donne maintenant la ceinture.

EURIPIDÈS.

Voici.

MNÈSILOKHOS.

Allons, maintenant, mets-moi des anneaux aux jambes.

EURIPIDÈS.

Il te faut encore une résille et une mitre.

AGATHÔN.

Voici le couvre-tête que je porte la nuit.

EURIPIDÈS.

De par Zeus! c'est tout à fait ce qu'il faut.

MNÈSILOKHOS.

M'ira-t-il bien?

EURIPIDÈS.

Oui, de par Zeus! c'est à merveille. Voyons, où y a-t-il un mantelet?

AGATHÔN.

Prends celui qui est sur le lit.

EURIPIDÈS.

Il faut des chaussures.

AGATHÔN.

Prends les miennes.

MNÈSILOKHOS.

M'iront-elles?

EURIPIDÈS.

Tu aimes, il est vrai, à te chausser large.

AGATHÔN.

Essaie-les. Et maintenant que tu as tout ce qu'il te faut, qu'on me roule au plus vite à l'intérieur.

EURIPIDÈS.

Cet homme nous a vraiment l'air d'une femme. Si tu parles, prends bel et bien le son de voix féminin.

MNÈSILOKHOS.

J'essaierai.

EURIPIDÈS.

Va donc.

MNÈSILOKHOS.

Non, par Apollôn! à moins que tu ne me jures...

EURIPIDÈS.

Quoi?

MNÈSILOKHOS.

De me sauver par tous les moyens, s'il fond sur moi quelque chose de fâcheux.

EURIPIDÈS.

Je le jure par l'Æther, séjour de Zeus.

MNÈSILOKHOS.

Pourquoi pas plutôt par la famille de Hippokratès?

EURIPIDÈS.

Eh bien! je jure par tous les dieux sans exception.

MNÈSILOKHOS.

Souviens-toi donc que « c'est le cœur qui a juré et que la langue n'a point juré ». Moi, je ne me suis pas lié par un serment.

EURIPIDÈS.

Hâte-toi : pars vite. Le signal de l'assemblée paraît sur le Thesmophorion. Moi, je m'en vais.

MNÈSILOKHOS.

Viens donc, Thratta, suis-moi. Thratta, regarde ces torches embrasées : quelle épaisse fumée elles répandent! Ah! belles Thesmophores, accordez-moi une heureuse fortune ici et puis dans ma maison. Thratta, dépose la corbeille, tires-en le gâteau, afin que je le prenne pour sacrifier aux deux Déesses. Souveraine vénérée, Dèmètèr chérie, et toi, Perséphonè, fais que, maintes fois, je t'offre maints sacrifices, et surtout qu'aujourd'hui je me dérobe aux regards. Puisse ma fille nubile épouser un homme riche, d'ailleurs sot et niais, et qu'elle tourne son esprit et son cœur du côté de la gaudriole. Mais où donc, où m'assoirai-je en bonne place, afin d'entendre les oratrices? Toi, va-t'en, Thratta; détale. Il n'est pas permis aux esclaves d'écouter les discours.

UNE FEMME HÉRAUT.

Observez, observez un religieux silence. Implorez les deux Thesmophores Dèmètèr et Kora, Ploutos, Kalligénéia, Kourotrophos, Hermès, les Kharites, pour que l'assemblée et la réunion actuelle produisent les plus beaux et les meilleurs effets, très utiles à la cité des Athéniens et heureuses pour nous! Que celle qui fera ou qui dira le mieux en faveur du peuple des Athéniens et des femmes remporte la victoire! Faites ces souhaits pour votre propre bonheur. Iè Pæan! Iè Pæan! Réjouissons-nous!

LE CHŒUR.

Nous approuvons ces vœux, et nous prions la race divine de se montrer favorable à ces prières. Zeus au grand nom, et toi, Dieu à la lyre d'or, qui possèdes la sainte Dèlos, et toi, vierge puissante, à l'œil gris et à la lance d'or, qui habites la cité invincible, viens ici; et toi aussi, qui portes divers noms, vierge chasseresse, rejeton de Lèto au visage d'or. Et toi, vénérable Poséidôn, souverain des mers, roi des ondes salées, quitte le gouffre poissonneux, qu'agitent les tempêtes; et vous, filles marines de Nèreus, et vous, Nymphes errantes des montagnes. Que la lyre d'or se mêle à nos prières. Nobles Athéniennes, qu'un ordre parfait règne dans notre assemblée!

LA FEMME HÉRAUT.

Invoquez les dieux Olympiens et les déesses Olympiennes, les dieux Pythiens et les déesses Pythiennes, les dieux Dèliens et les déesses Dèliennes, et les autres dieux. Si quelqu'un conspire une perfidie contre le peuple femme, ou offre la paix à Euripidès et aux Mèdes, afin de causer quelque dommage aux femmes, si on aspire à la tyrannie ou au rappel du tyran; si on dénonce une femme qui a supposé un enfant; si une servante, confidente des galanteries de sa maîtresse, les dit à l'oreille du mari; ou si une autre, chargée d'un message, fait un rapport mensonger; si un séducteur trompe à l'aide de mensonges, et ne donne pas ce qu'il a promis; si une vieille femme fait des présents à son amant; si une hétaïre, trahissant celui qui l'aime, reçoit de la main d'un autre; si un cabaretier ou une cabaretière fraude sur la mesure du kongion ou des kotyles, demandez aux dieux leur perte et celle de leur famille, et, pour vous, suppliez-les de vous accorder à tous de nombreux biens.

LE CHŒUR.

D'un commun accord nous demandons que ces vœux soient accomplis pour la cité, accomplis pour le peuple, et que le succès aille à celles qui auront donné les meilleurs avis. Quant à celles qui trompent, qui violent les serments solennels pour leur intérêt et aux dépens des autres, ou qui cherchent à changer les décrets et la loi; celles enfin qui révèlent nos secrets à nos amis, et qui introduisent les Mèdes dans notre pays, pour le ruiner, ce sont des impies, des fléaux de la cité. Pour toi, Zeus tout-puissant, exauce nos prières, si bien que les dieux nous soient propices, quoique nous soyons des femmes!

LA FEMME HÉRAUT.

Écoutez toutes. Voici la décision du Conseil des femmes, Timokléia, présidente; Lysilla, secrétaire; Sostrata, rapporteuse :

« Une assemblée sera tenue dès le matin du jour médial des Thesmophoria, temps où nous avons le plus de loisir, à l'effet de délibérer avant tout sur Euripidès et sur le châtiment qu'il mérite, car il est prévenu de nous avoir outragées toutes. »

Qui veut prendre la parole?

PREMIÈRE FEMME.

Moi!

LA FEMME HÉRAUT.

Commence d'abord par ceindre cette couronne, avant de parler.

LE CHOEUR.

Silence, tais-toi; écoutez. La voilà qui crache comme font les orateurs : elle paraît en avoir long à dire.

PREMIÈRE FEMME.

Femmes, ce n'est aucune idée d'ambition, j'en atteste les deux Déesses, qui me fait lever pour prendre la parole; mais l'indignation que j'éprouve, malheureuse, à nous voir, depuis si longtemps, en butte aux insultes d'Euripidès, ce fils d'une marchande d'herbes, et à ses invectives incessantes et de toute nature. Car quels outrages ne répand-il pas sur nous? Il nous calomnie partout où se réunissent des spectateurs, des tragédiens et des chœurs, nous appelant adultères, débauchées, biberonnes, traîtresses, bavardes, malsaines, grand fléau des hommes. Aussi nos maris, au sortir des planches du théâtre, nous regardent en dessous, et examinent tout de suite s'il n'y a pas là quelque amant caché. Il ne nous est plus permis de rien faire comme autrefois, tant il a donné de mauvaises idées à nos maris. Ainsi, une femme tresse-t-elle une couronne, on la croit amoureuse. Renverse-t-elle un vase en allant et venant dans la maison, le mari demande aussitôt pour qui elle a brisé la poterie : il est probable que c'est pour l'étranger de Korinthos. Une fille est-elle malade? son père ne manque pas de dire : « Ce teint-là ne me convient pas pour une fille. » Ce n'est pas tout; une femme qui n'a pas d'enfants veut en supposer un : elle ne peut pas s'isoler un instant; les hommes restent là, tout près. Les vieillards, qui naguère épousaient de jeunes femmes, il les a si bien calomniés, que pas un vieillard aujourd'hui ne veut se marier, sur la foi de ce vers :

Vieillard qui se marie a pour femme un tyran.

C'est encore à cause de lui que sur les gynécées on applique des cachets et du bois pour nous garder, et que l'on nourrit des chiens molosses, épouvantail des amants. Or, cela même est excusable; mais nous n'avons plus, comme autrefois, la liberté de disposer à notre gré, dans le ménage, de l'orge, de l'huile, du vin : cela nous est interdit. Les hommes portent toujours sur eux des petites clefs secrètes, tout ce qu'il y a de plus perfide, venant de Lakonie, munies de trois crans. Avant cela, pour ouvrir une porte, nous usions d'un cachet semblable au leur, du prix d'un triobole; mais maintenant cette peste d'Euripidès les a stylés à faire usage de cachets de bois vermoulu. Je suis donc d'avis maintenant de nous défaire de notre ennemi d'une manière quelconque; soit par le poison, soit par tout autre moyen, pourvu qu'il meure. Voilà ce que je dis hautement : pour le reste, je le consignerai sur le registre de la secrétaire.

LE CHŒUR.

Jamais je n'ai entendu femme pérorer avec plus de sagacité, ni s'exprimer avec plus d'éloquence. Tout ce qu'elle dit est juste : elle a scruté toutes les idées, elle a tout pesé dans la balance du bon sens, elle a trouvé divers arguments serrés avec justesse et heureusement rencontrés, si bien que si Xénoklès, fils de Karkinos, parlait à côté d'elle, vous jugeriez toutes, je crois, qu'il ne dit rien qui vaille.

DEUXIÈME FEMME.

Je ne viens, moi-même, que pour dire quelques mots. En effet, l'oratrice a bien formulé nos griefs. Cependant ce que j'ai souffert, je veux vous le dire. Mon mari est mort à Kypros, me laissant cinq petits enfants, que j'ai beaucoup de peine à élever en tressant des couronnes sur le marché aux myrtes. Jusqu'ici, toutefois, je gagnais ma vie tant bien que mal. Mais voici que cet homme, dans les tragédies qu'il compose, a persuadé aux gens qu'il n'y a point de dieux, de telle sorte que ma vente a diminué de moitié. Je vous le dis donc à vous toutes, et je le répète, il faut châtier cet homme et pour beaucoup de raisons. Les grossièretés sauvages qu'il entasse contre nous, femmes, viennent de ce qu'il a été élevé au milieu de légumes grossiers. Mais je me rends à l'Agora : j'ai à tresser pour les hommes vingt couronnes par moi promises.

LE CHŒUR.

Cette liberté de langage offre quelque chose de plus piquant que le premier discours. Que de traits lancés à propos! Qu'elle a du bon sens! Quel raffinement de pensées! Rien d'inintelligible : tout est convaincant. Oui, il faut tirer des outrages de cet homme une vengeance éclatante.

MNÈSILOKHOS.

Femmes, votre ressentiment violent contre Euripidès, qui a dit tant de vilaines choses de vous, n'a rien qui me surprenne : il devait échauffer votre bile. Moi-même, j'en jure par mes enfants, je déteste cet homme. Autrement je serais folle. Cependant entre nous il faut parler raison. Nous sommes seules : pas un mot ne sortira d'ici. Pourquoi l'accusons-nous, et supportons-nous avec peine qu'il ait révélé deux ou trois de nos forfaits, quand notre conduite en a dix mille? Moi tout d'abord, pour n'en pas citer d'autre, j'ai beaucoup de vilaines choses sur la conscience, entre autres celle-ci, qui est fort laide. J'étais mariée depuis trois jours, mon mari dormait près de moi. J'avais un amant qui m'avait séduite à l'âge de sept ans. Celui-ci, pris d'un vif désir de m'avoir, vient gratter à la porte. Je comprends aussitôt, et je me glisse hors du lit, en cachette. Mon mari me demande : « Où vas-tu? — Où? j'ai la colique, mon ami, j'ai mal au ventre; je vais aux lieux d'aisances. — Va, » me dit-il. Puis il se met à broyer des fruits de cèdre, de l'aneth, de la sauge. Moi, je verse de l'eau sur les gonds et je m'échappe auprès de mon amant. Je me livre à lui, à demi couchée sur l'autel du Dieu des Rues, et me tenant attachée au laurier. Et voyez, Euripidès n'a jamais soufflé un mot de cela, pas plus que de nos complaisances pour des esclaves et des muletiers, à défaut d'autres. Il n'en dit rien, ni du soin que nous prenons, après nos libertinages nocturnes, de manger de l'ail le matin, pour que le mari, trompé par l'odeur en revenant du rempart, ne soupçonne aucun méfait. Euripidès, tu le vois, n'en a jamais parlé. S'il injurie Phædra, qu'est-ce que cela nous fait? Il n'a jamais dit qu'une femme, déployant au grand jour, devant son mari, la largeur de son manteau, fait échapper son amant caché dessous : il ne l'a jamais dit. J'en sais une autre qui prétendit durant dix jours qu'elle était en travail d'accouchement, jusqu'à ce qu'elle eût acheté un enfant. Le mari court partout afin d'acheter des remèdes qui hâtent la délivrance : une vieille apporte dans une marmite l'enfant, qui a la bouche remplie de miel pour l'empêcher de crier. Sur un signe de la vieille, la femme se met à crier : « Va-t'en, va-t'en, mon mari, il me semble que je vais accoucher. » L'enfant gigote dans la marmite, le mari s'éloigne tout joyeux. On ôte le miel de la bouche de l'enfant, qui se met à crier. Alors la maudite vieille, qui a apporté l'enfant, accourt souriante vers le mari et lui dit : « Un lion, un lion t'est né, c'est tout ton portrait, c'est toi des pieds à la tête, y compris les insignes de ta virilité, une vraie pomme de pin. » Ne sont-ce pas là nos méfaits? Oui, certes, par Artémis. Et nous nous emportons contre Euripidès, qui ne nous en fait pas plus que nous n'en avons fait?

LE CHŒUR.

Voilà qui est étrange! Où a-t-elle trouvé cela? Quel pays a produit une pareille effrontée? Une femme d'une langue aussi perverse, si ouvertement éhontée, je ne pensais pas qu'il y en eût parmi nous, ni capable d'une telle audace. Mais tout peut arriver, et j'approuve le vieux proverbe : « Il faut regarder sous chaque pierre, de peur qu'il n'en sorte un orateur prêt à mordre. » Mais il n'y a rien au monde de pire que les femmes naturellement sans pudeur, si ce n'est les femmes elles-mêmes.

TROISIÈME FEMME.

J'en jure par Aglauros, femmes, vous avez perdu le sens ou vous êtes sous l'influence d'un philtre, ou victimes d'un malheur étrange, pour permettre que cette peste vous insulte toutes. S'il y en avait une parmi vous... Eh bien! allons-y nous-mêmes avec nos servantes, prendre quelque part de la cendre, lui épiler le bas-ventre, afin qu'elle apprenne, étant femme, à ne pas parler mal des femmes dorénavant.

MNÈSILOKHOS.

Pas d'épilation, femmes! Si en toute franchise il est ici permis à chaque citoyenne de dire son avis, et si j'ai exposé ce qui me semblait juste à l'égard d'Euripidès, dois-je, pour cela, être épilée et punie par vous?

TROISIÈME FEMME.

Quoi! ne pas être punie, toi qui seule as eu le front de prendre la défense d'un homme qui nous a couvertes d'opprobres, et qui choisit pour sujets tout ce qu'il y a de femmes coupables, des Mélanippas, des Phædras, mais de Pènélopè jamais, parce qu'elle passait pour une femme vertueuse?

MNÈSILOKHOS.

J'en sais la raison : c'est qu'on ne pourrait nommer une seule Pènélopè parmi les femmes d'aujourd'hui, mais que toutes sont des Phædras.

TROISIÈME FEMME.

Vous entendez, femmes, ce que dit cette drôlesse : nous toutes sans exception!

MNÈSILOKHOS.

Mais, de par Zeus! je n'ai pas dit tout ce que je sais. Voulez-vous que j'en dise davantage?

TROISIÈME FEMME.

Tu ne le pourrais. Tu as exhalé tout ce que tu savais.

MNÈSILOKHOS.

Mais non, de par Zeus! ce n'est pas encore la dix millième partie de ce que nous faisons. Ainsi je n'ai pas dit, tu vas voir, que nous nous servons de nos lames d'or pour pomper le vin.

PREMIÈRE FEMME.

La peste te crève!

MNÈSILOKHOS.

Et qu'à la fête des Apatouria nous donnons des viandes à nos amants, et qu'ensuite nous accusons le chat!...

TROISIÈME FEMME.

Ah! malheur! tu extravagues.

MNÈSILOKHOS.

Que celle-ci a tué son mari d'un coup de hache, je ne l'ai pas dit; ni qu'une autre a rendu le sien fou au moyen de philtres, ou qu'un jour, fouillant sous la baignoire...

TROISIÈME FEMME.

Va-t'en à la malemort!

MNÈSILOKHOS.

Une Akharnienne a enterré son père.

TROISIÈME FEMME.

Peut-on entendre patiemment de pareilles choses?

MNÈSILOKHOS.

Comment, ta servante étant accouchée d'un garçon, tu le lui as soustrait à ton usage et tu lui as substitué ta petite fille.

TROISIÈME FEMME.

Par les deux Déesses! tu me paieras ce propos-là : je t'arracherai la toison.

MNÈSILOKHOS.

De par Zeus ! tu ne me toucheras pas.

TROISIÈME FEMME.

Tiens ! vois !

MNÈSILOKHOS.

Vois aussi !

TROISIÈME FEMME.

Prends mon manteau, Philista.

MNÈSILOKHOS.

Approche seulement, et, par Artémis ! je te...

TROISIÈME FEMME.

Que feras-tu ?

MNÈSILOKHOS.

Le gâteau de sésame que tu as mangé, je te le ferai rendre par en bas.

LE CHOEUR.

Trêve aux injures : voici une femme qui se hâte d'accourir vers nous. Avant qu'elle arrive, faites silence, afin que nous écoutions posément ce qu'elle a à nous dire.

KLISTHÉNÈS.

Chères amies, avec qui je suis en conformité de goûts, ma sympathie pour vous se voit à mon menton imberbe. J'ai la passion des femmes, et je prends votre défense toujours. A l'instant même j'ai entendu parler d'une grosse affaire qui vous concerne, et dont on s'entretenait tout à l'heure sur l'Agora. Je viens donc en messager vous en faire part, afin que vous veilliez attentivement et que vous vous teniez sur vos gardes contre un danger grave et redoutable, s'il fondait sur vous à l'improviste.

LE CHŒUR.

Qu'y a-t-il, mon enfant? Car il convient de t'appeler un enfant, tant que tu as ainsi les joues glabres.

KLISTHÉNÈS.

On dit qu'Euripidès a envoyé ici aujourd'hui son beau-père, un vieillard.

LE CHŒUR.

Et pour quoi faire? Dans quelle intention?

KLISTHÉNÈS.

Afin que tout ce que vous projetteriez ou seriez près de faire, il le sût en épiant vos paroles.

LE CHŒUR.

Et comment s'est-il caché parmi les femmes, lui, un homme?

KLISTHÉNÈS.

Euripidès l'a flambé, épilé, et, des pieds à la tête, accoutré comme une femme.

MNÈSILOKHOS.

Et vous croyez cela? Quel homme serait assez bête pour se laisser épiler ainsi? Je ne le crois pas, moi, j'en atteste les deux vénérables Déesses.

KLISTHÉNÈS.

Tu radotes : car, moi, je ne serais pas venu l'annoncer, si je ne l'avais appris de gens bien informés.

LE CHOEUR.

On nous annonce là une terrible chose. Mais, ô femmes, il n'y a pas à hésiter; il faut découvrir cet homme, et chercher partout comment il a pu rester caché à nos regards. Et toi, cherche avec nous; nous t'aurons ainsi double reconnaissance, mon ami.

KLISTHÉNÈS, *à une quatrième femme.*

Voyons d'abord, qui es-tu, toi ?

MNÈSILOKHOS, *à part.*

Où me fourrer ?

KLISTHÉNÈS.

Il faut que toutes passent à l'inspection.

MNÈSILOKHOS, *à part.*

Malheur à moi !

QUATRIÈME FEMME.

Tu me demandes qui je suis ? La femme de Kléonymos.

KLISTHÉNÈS.

Vous savez quelle est cette femme ?

LE CHOEUR.

Oui, nous le savons. Mais regarde bien les autres.

KLISTHÉNÈS.

Quelle est celle-ci, qui porte un enfant ?

QUATRIÈME FEMME.

De par Zeus! c'est ma nourrice!

MNÈSILOKHOS, *à part.*

Je suis perdu! *(Il fait un mouvement pour s'enfuir.)*

KLISTHÉNÈS.

Holà! toi! Où vas-tu? Reste ici! Quel mal arrive-t-il?

MNÈSILOKHOS.

Laisse-moi aller pisser.

KLISTHÉNÈS.

Tu es une effrontée! Fais vite ton affaire: je t'attends ici.

LE CHŒUR.

Attends, et examine-la attentivement: c'est la seule ici, mon cher, que nous ne connaissions pas.

KLISTHÉNÈS.

Tu mets bien du temps pour pisser, toi!

MNÈSILOKHOS.

De par Zeus! mon pauvre ami, j'ai une rétention d'urine: hier, j'ai mangé du cresson.

KLISTHÉNÈS.

Qu'est-ce que tu chantes avec ton cresson? Allons, viens ici, devant moi.

MNÈSILOKHOS.

Pourquoi me tires-tu comme cela? Je suis malade.

KLISTHÉNÈS.

Dis-moi, quel est ton mari?

MNÈSILOKHOS.

Tu me demandes quel est mon mari. Connais-tu un tel... du dême de Kothôkidæ?

KLISTHÉNÈS.

Un tel? Qui?

MNÈSILOKHOS.

Oui, un tel qui une fois... un tel, fils d'un tel...

KLISTHÉNÈS.

Tu es folle, tu en as l'air! Es-tu déjà venue ici?

MNÈSILOKHOS.

De par Zeus! tous les ans.

KLISTHÉNÈS.

Quelle est ta camarade de chambre?

MNÈSILOKHOS.

C'est celle qui!... *(A part.)* C'est fait de moi!

KLISTHÉNÈS.

Tu ne réponds pas.

CINQUIÈME FEMME.

Ne va pas plus loin : je vais la questionner à fond sur les cérémonies de l'an dernier. Éloigne-toi, car tu ne dois pas entendre, en ta qualité d'homme. — Allons, dis-moi, toi, quelle fut la première cérémonie accomplie par nous.

MNÈSILOKHOS.

Voyons donc! Quelle a été la première cérémonie? Nous avons bu.

CINQUIÈME FEMME.

Et la seconde?

MNÈSILOKHOS.

Nous avons bu à nos santés.

CINQUIÈME FEMME.

Tu sais cela de quelqu'un. Et la troisième?

MNÈSILOKHOS.

Xénylla a demandé une tasse, parce qu'il n'y avait pas de pot de chambre.

CINQUIÈME FEMME.

Tu es fou. Ici, viens ici, Klisthénès. Voilà l'homme que tu dis.

KLISTHÉNÈS.

Qu'ai-je à faire?

CINQUIÈME FEMME.

Déshabille-le : il déraisonne.

MNÈSILOKHOS.

Quoi! vous allez mettre nue une mère de neuf enfants?

KLISTHÉNÈS.

Allons, vite, ôte ta ceinture, effrontée!

CINQUIÈME FEMME.

Elle me fait l'effet d'être une vigoureuse gaillarde; mais, de par Zeus! elle n'a pas de gorge comme nous!

MNÈSILOKHOS.

C'est que je suis bréhaigne, et je n'ai jamais eu d'enfant.

CINQUIÈME FEMME.

Ah! maintenant! Et tout à l'heure tu en avais neuf.

KLISTHÉNÈS.

Tiens-toi droit. De quel côté baisses-tu cet engin?

CINQUIÈME FEMME.

Il a relevé la tête, et il a une bonne couleur, le misérable!

KLISTHÉNÈS.

Où est-il?

CINQUIÈME FEMME.

Il se remet à saillir en avant.

KLISTHÉNÈS.

Mais non.

CINQUIÈME FEMME.

Ah! il recule de nouveau!

KLISTHÉNÈS.

Hé! l'homme, tu as là un isthme : tu tires l'objet en haut et en bas plus souvent que les Korinthiens!

CINQUIÈME FEMME.

Le scélérat! Voilà pourquoi, en défendant Euripidès, il nous insultait.

MNÈSILOKHOS.

Malheureux, dans quelles affaires je me suis empêtré!

CINQUIÈME FEMME.

Que ferons-nous?

KLISTHÉNÈS.

Gardez-le bien, de peur qu'il ne se dérobe par la fuite. Moi, je vais faire mon rapport aux Prytanes.

LE CHOEUR.

Nous donc, après cela, tenons les lampes allumées, mettons-nous à l'œuvre, ferme et virilement, quittons nos manteaux, et cherchons si quelque autre homme a pénétré parmi nous, parcourons toute la Pnyx, fouillons les tentes et les issues.

Et d'abord il faut partir d'un pied léger et examiner tout en silence. L'essentiel est de ne pas tarder, n'ayant pas le temps de différer davantage; il faut donc nous presser de faire tout de suite et promptement notre ronde. Mets-toi sur la piste, explore vite tous les coins, où un autre traître serait caché. Promène l'œil de tous côtés, et regarde bien tout à droite et à gauche : car si nous saisissons l'auteur d'un acte impie, il en subira la peine, et de plus ce sera pour tous les autres une leçon de ce qui attend l'effronterie, le crime et le sacrilège : il proclamera qu'il y a des dieux; et par cela même il enseignera aux hommes à vénérer les divinités, à respecter la justice, à se soumettre aux lois sacrées, et à pratiquer ce qui est bien. Que s'ils ne le font pas, il arrivera ceci. Qu'un d'eux soit pris à commettre un acte impie, enflammé de fureur, égaré par le délire, en agissant de la sorte, il fera voir clairement à tous les mortels, hommes et femmes, qu'un dieu punit la violation des lois et l'impiété, et que le châtiment frappe sans délai.

Mais il nous semble avoir bien fouillé partout, et nous ne voyons pas un autre homme caché ici.

SIXIÈME FEMME.

Où fuis-tu? Holà! holà! l'homme! T'arrêteras-tu? Malheureuse que je suis! malheureuse! Il vient de m'arracher mon enfant du sein, et il a disparu.

MNÈSILOKHOS.

Crie! Mais tu ne lui donneras plus jamais à téter, si vous ne me lâchez pas. Ici même, je la frappe aux cuisses avec ce couteau, et le sang de ses veines rougira l'autel.

SIXIÈME FEMME.

Malheureuse que je suis! Femmes, ne viendrez-vous pas à mon secours? Me refuserez-vous vos cris et votre aide? Ne souffrez pas qu'on me ravisse mon unique enfant.

LE CHŒUR.

Oh! Oh! vénérables Moires, quel nouvel attentat frappe mes regards? Quel amas d'œuvres d'audace et d'effronterie! Quel nouvel acte il vient de commettre! Mes amies, quel acte que celui-ci!

MNÈSILOKHOS.

Ah! comme je confondrai votre excès d'insolence!

LE CHOEUR.

N'y a-t-il pas là toutes sortes d'indignités et qui passent la mesure ?

SIXIÈME FEMME.

Oui, c'est une indignité qu'il m'ait ravi mon enfant.

LE CHOEUR.

Que dire à cela, quand on voit qu'il ne rougit même pas ?

MNÈSILOKHOS.

Je ne suis pas près de cesser.

SIXIÈME FEMME.

D'où que tu viennes, tu auras de la peine à t'échapper, pour aller dire qu'après un tel forfait, tu n'as eu aucun mal.

MNÈSILOKHOS.

Puisse cela ne jamais arriver ! C'est ce que je souhaite.

LE CHOEUR.

Quel dieu, oui, quel dieu, parmi les Immortels, viendrait en aide à l'auteur de ces actes injustes ?

MNÈSILOKHOS.

Vous criez en vain. Je ne lâcherai pas l'enfant.

LE CHOEUR.

Par les deux Déesses, tu vas cesser de rire de tes outrages et tu ne tiendras plus ces propos impies. Tes actes sacrilèges auront de nous la rétribution qu'ils méritent. Avant peu, victime d'un retour vers le malheur, tu seras à la discrétion de la fortune. *(S'adressant à une des femmes.)* Mais prends ces femmes avec toi, et apporte du bois pour brûler ce scélérat et le griller au plus vite.

SIXIÈME FEMME.

Allons chercher des sarments, Mania! *(A Mnèsilokhos.)* Je veux aujourd'hui te réduire en charbon.

MNÈSILOKHOS.

Grille, brûle! Toi, petite, quitte tout de suite ta robe krètique, et de ces femmes n'accuse de ta mort que ta mère. Mais qu'est-ce à dire? Cette fillette est devenue une outre pleine de vin, avec une chaussure persique. O femmes débauchées et biberonnes, comme de tout vous faites des inventions pour boire : grand bien pour le cabaretier, mais grand mal pour nous, fléau des meubles et des étoffes!

SIXIÈME FEMME.

Apporte un tas de fagots, Mania.

MNÈSILOKHOS.

Oui, apporte; mais toi, réponds-moi à ceci. Tu dis que tu as mis au monde cette enfant?

SIXIÈME FEMME.

Oui, je l'ai portée dix mois.

MNÈSILOKHOS.

Tu l'as portée?

SIXIÈME FEMME.

J'en jure par Artémis!

MNÈSILOKHOS.

Un trikotyle, n'est-ce pas ? Dis-moi.

SIXIÈME FEMME.

Qu'as-tu fait, impudent ? Tu as dépouillé mon enfant, un si petit être !

MNÈSILOKHOS.

Si petit ?

SIXIÈME FEMME.

Tout petit, de par Zeus !

MNÈSILOKHOS.

Quel âge a-t-il ? Trois ou quatre ans de bouteille ?

SIXIÈME FEMME.

Il est né à peu près aux dernières Dionysia. Mais rends-le-moi.

MNÈSILOKHOS.

Non, par Apollôn !

SIXIÈME FEMME.

Alors, nous te brûlons.

MNÈSILOKHOS.

C'est cela ! Brûlez-moi, mais cette petite est égorgée à l'instant.

SIXIÈME FEMME.

Non, non ! je t'en conjure. Fais-moi tout ce que tu voudras plutôt qu'à elle.

MNÈSILOKHOS.

Tu es de ta nature une tendre mère. Mais je ne l'en égorgerai pas moins.

SIXIÈME FEMME.

Hélas! Ma fille! Donne-moi la coupe, Mania, afin que je recueille le sang de mon enfant.

MNÈSILOKHOS.

Tiens-la dessous : c'est la seule grâce que je t'accorderai.

SIXIÈME FEMME.

Va-t'en à la malemort! Tu es un être détestable et cruel.

MNÈSILOKHOS.

Cette peau est pour la prêtresse.

SIXIÈME FEMME.

Qu'est-ce qui est pour la prêtresse?

MNÈSILOKHOS.

Ceci, prends.

SEPTIÈME FEMME

Infortunée Mika, qui t'a privée de ta fille? Qui t'a ravi ton enfant chérie?

SIXIÈME FEMME.

Ce monstre-là. Mais, puisque te voici, garde-le bien pendant qu'avec Klisthénès, je vais dénoncer aux Prytanes ce qu'il a fait.

MNÈSILOKHOS.

Voyons, quel sera mon moyen de salut ? Quelle tentative ? Quelle invention ? La cause de tout ceci, celui qui m'a jeté dans ces affaires ne paraît pas encore. Allons, quel messager pourrais-je lui envoyer ? Il y a, à ma connaissance, un expédient renouvelé de Palamèdès. Ainsi que lui, j'écrirai sur le plat d'une rame que j'abandonnerai aux flots. Mais je n'ai pas de rames sous la main. Où ? Où, malheureux, trouverai-je donc des rames ? Où ? Eh ! Pourquoi ne pas jeter à bas ces statues ? J'écrirai dessus en guise de rame. Cela vaut beaucoup mieux. Bois pour bois des deux parts. O mes mains, mettez-vous à la besogne qui va me tirer d'affaire. Allons, feuillets de mes tablettes polies, recevez les empreintes du stylet, messagères de mes infortunes. Oh ! oh ! Voilà un P (Rho) défectueux ! Il sort de la ligne ! Quel sillon ! Partez, élancez-vous sur toutes les routes, par-ci, par-là ; hâtez-vous, il le faut.

PARABASE *ou* CHOEUR.

Pour nous, maintenant, disons du bien de nous-mêmes dans notre parabase. Il est d'usage qu'un chacun dise beaucoup de mal de la gent féminine, comme quoi nous sommes un fléau pour les hommes ; que de nous viennent tous les maux, querelles, discordes, sédition funeste, douleur, guerre. Mais voyons, si nous sommes un fléau, pourquoi nous épousez-vous ? Oui, si nous sommes réellement un fléau, pourquoi nous défendez-vous de sortir et d'être prises à regarder dehors ? Pourquoi vous donner tant de peine à vouloir garder votre fléau ? Si votre femme est sortie un instant et que vous la rencontriez devant la porte, vous devenez fous furieux, vous qui devriez rendre grâce au ciel et vous réjouir de ce que vous trouvez le fléau absent et que vous ne l'avez plus chez vous. Si nous nous endormons dans la maison des autres, lasses du jeu, chacun cherche son fléau et rôde autour des lits. Si nous regardons par la fenêtre, vous cherchez à voir le fléau. Si nous nous retirons par pudeur, chacun désire beaucoup plus voir le fléau se pencher de nouveau dehors. Il est donc évident que nous sommes bien meilleures que vous. La preuve est aisée à voir. Voyons, comme preuve, lequel des deux sexes est le pire : nous disons que c'est vous, et vous nous. Examinons, et mettons-les en présence l'un de l'autre : opposons-les, femme à homme, nominalement. Kharminos est au-dessous de Nausimakha : le fait est certain; Kléophôn est, de tout point, pire que Salabakkho. Depuis longtemps pas un de vous n'ose se mesurer avec Aristomakhè, l'héroïne de Marathôn, ni avec Stratonikè. Quant à Euboulè, parmi les Conseillers de l'an dernier, qui abandonnèrent à d'autres leurs fonctions, quel est celui qui valait mieux qu'elle? Nul de vous ne le dira. Ainsi nous pouvons nous vanter d'être bien meilleures que les hommes. Il n'y a pas de femme qui, après avoir volé cinquante talents à l'État, parcoure la ville sur un char. Leur plus grand larcin est un panier de blé, volé au mari, et rendu le jour même.

Mais nous en montrerions bon nombre parmi les hommes qui en font autant. En outre, ils sont bien plus que nous gourmands, voleurs d'habits, bouffons et vendeurs d'esclaves. Et certes, en ce qui touche à l'avoir paternel, ils sont au-dessous de nous pour le conserver. Ainsi nous possédons encore aujourd'hui l'ensouple, la traverse, la corbeille, le parasol, tandis que beaucoup de vous autres hommes ont perdu, en sortant de leur maison, la hampe et la lance, et bon nombre d'autres, dans les combats, ont rejeté loin de leurs épaules ce qui les ombrageait. En réelle justice, nous aurions, nous femmes, de nombreux reproches à faire aux hommes. En voici un qui les dépasse tous. Il convient que, si l'une de nous a mis au monde un citoyen utile à la ville, taxiarkhe ou stratège, elle reçût quelque honneur, qu'on lui donnât la première place dans les Sténia ou dans les Skira, et dans les autres fêtes que nous célébrons. La femme qui aurait mis au monde un citoyen lâche et méchant, mauvais triérarkhe ou pilote inhabile, s'assoirait la dernière, le haut de la tête rasé, après la mère d'un brave. Est-il juste, en effet, citoyens, que la mère de Hyperbolos soit assise, vêtue de blanc, la chevelure flottante, près de la mère de Lamakhos, et qu'elle prête à intérêt, elle à qui ses débiteurs, si elle avait prêté à quelqu'un et qu'elle exigeât l'intérêt, devraient refuser l'intérêt, empocher de force son argent et lui dire : « Tu mérites bien un produit, toi qui as produit une si jolie production! »

MNÈSILOKHOS.

Je suis devenu louche, à force d'écarquiller les yeux. Personne. D'où peut venir l'obstacle? Il est impossible qu'il n'ait pas honte de la froideur du *Palamèdès*. Par quel drame pourrais-je bien l'attirer? Ah! je sais. Je vais contrefaire sa nouvelle Hélénè. Justement j'ai un habillement de femme.

SEPTIÈME FEMME.

Quel tour brasses-tu encore ? Qu'est-ce que tu as à inventer ? Tu trouveras Hélénè amère, si tu ne te tiens pas convenablement jusqu'à ce qu'un des Prytanes soit venu.

MNÈSILOKHOS, *en Hélénè.*

« Voici le Nilos aux rives animées par des vierges charmantes ; ses eaux sont une rosée divine qui mouille la terre blanche d'Ægyptos, et son peuple qui aime le syrmæa noir. »

SEPTIÈME FEMME.

Tu es un fin matois, j'en atteste la lumineuse Hécatè.

MNÈSILOKHOS.

« Ma patrie, à moi, n'est pas sans gloire ; c'est Spartè, et mon père Tyndaros. »

SEPTIÈME FEMME.

Lui ton père, à toi, misérable ! Dis plutôt Phrynondas.

MNÈSILOKHOS.

« Hélénè est mon nom. »

SEPTIÈME FEMME.

Tu te déguises encore en femme, avant d'avoir été puni de ton premier travestissement féminin.

MNÈSILOKHOS.

« Une foule de guerriers sont morts pour moi sur les rives du Skamandros. »

SEPTIÈME FEMME.

Que n'as-tu fait comme eux !

MNÈSILOKHOS.

« Et moi, je suis ici, tandis que mon époux infortuné, Ménélaos, n'arrive pas! Pourquoi donc suis-je encore en vie? »

SEPTIÈME FEMME.

C'est la faute des corbeaux.

MNÈSILOKHOS.

« Mais je sens comme chatouiller mon cœur. Ne fais pas mentir, ô Zeus! la venue de l'espérance. »

EURIPIDÈS, *en Ménélaos.*

« A quel maître appartient ce superbe palais? Donnera-t-il l'hospitalité à des étrangers sortis de l'onde salée, battus par l'orage et naufragés? »

MNÈSILOKHOS.

« Ce palais est celui de Proteus. »

EURIPIDÈS.

« De quel Proteus? »

SEPTIÈME FEMME.

O trois fois misérable! Il ment, j'en atteste les deux Déesses! Proteus est mort depuis dix ans.

EURIPIDÈS.

« Quelle terre a touché notre esquif? »

MNÈSILOKHOS.

« L'Ægyptos. »

EURIPIDÈS.

« Infortuné ! Où la tempête nous a-t-elle jetés ! »

SEPTIÈME FEMME.

Est-ce que tu crois à cet homme, digne de mille morts, débitant des sornettes ? C'est ici le Thesmophorion.

EURIPIDÈS.

« Proteus est-il à l'intérieur, ou sorti ? »

SEPTIÈME FEMME.

Il est impossible que tu n'aies pas encore le mal de mer, étranger ; tu viens d'entendre dire que Proteus est mort, et tu demandes s'il est à l'intérieur ou sorti !

EURIPIDÈS.

« Hélas ! Il est mort ! Où est la tombe où il repose ! »

MNÈSILOKHOS.

« C'est le monument même où nous sommes assises. »

SEPTIÈME FEMME.

Puisses-tu périr misérablement, et périr encore, toi qui as l'audace d'appeler monument funèbre un autel !

EURIPIDÈS.

« Pourquoi es-tu assise sur ce monument sépulcral, ô étrangère, enveloppée d'un vêtement lugubre ? »

MNÈSILOKHOS.

« Je suis contrainte de partager la couche nuptiale du fils de Proteus. »

SEPTIÈME FEMME.

Pourquoi, misérable, tromper encore cet étranger ?

Etranger, ce fourbe est venu ici, parmi nous autres femmes, pour voler de l'or.

MNÈSILOKHOS.

« Aboie, en lançant sur mon corps tes invectives. »

EURIPIDÈS.

« Étrangère, quelle est cette vieille qui t'insulte ? »

MNÈSILOKHOS.

« C'est Théonoè, la fille de Proteus. »

SEPTIÈME FEMME.

Non, par les deux Déesses, je suis Kritylla, fille d'Antithéos, du dême de Gargettos. Toi, tu es un scélérat.

MNÈSILOKHOS.

« Tout ce que tu voudras, dis-le. Car je n'épouserai jamais ton frère. Je ne trahirai jamais Ménélaos mon époux, qui combat devant Troia. »

EURIPIDÈS.

« Femme, qu'as-tu dit ? Tourne vers moi tes brillantes prunelles ! »

MNÈSILOKHOS.

« Je ne l'ose, ayant eu le visage outragé ! »

EURIPIDÈS.

« Qu'est-ce ceci ? Je me sens privé de la parole. O dieux ! Quel visage aperçois-je ? Qui es-tu, femme ? »

MNÈSILOKHOS.

« Toi-même, qui es-tu ? Car nous avons, toi et moi, la même préoccupation. »

EURIPIDÈS.

« Es-tu Hellène, ou une femme étrangère ? »

MNÈSILOKHOS.

« Hellène. Dis-moi aussi quelle est ta patrie. »

EURIPIDÈS.

« Je trouve, femme, que tu ressembles tout à fait à Hélénè. »

MNÈSILOKHOS.

« Et moi que tu ressembles à Ménélaos, au moins d'après ces lavandes. »

EURIPIDÈS.

« Tu vois en personne ce mortel si infortuné ! »

MNÈSILOKHOS.

« Oh ! que tu as tardé à te rendre dans les bras de ton épouse ! Prends-moi, prends-moi, cher époux. Entoure-moi de tes bras. Laisse-moi te donner un baiser. Emmène-moi, emmène-moi, emmène-moi, emmène-moi, saisis-moi vite, vite. »

SEPTIÈME FEMME.

Il gémira, j'en atteste les deux Déesses, celui qui t'emmènera ; je le frappe de cette torche.

EURIPIDÈS.

« Ma femme, la fille de Tyndaros, tu veux m'empêcher de la conduire à Spartè ? »

SEPTIÈME FEMME.

Tu m'as l'air d'être aussi un profond scélérat, et tu

sembles d'intelligence avec lui : ce n'est pas pour rien que, depuis longtemps, vous jasez de l'Ægyptos. Mais celui-ci au moins subira sa peine. Le Prytane s'avance, ainsi que l'archer.

EURIPIDÈS.

Cela va mal. Il faut s'esquiver en tapinois.

MNÈSILOKHOS.

Et moi, malheureux! que vais-je faire?

EURIPIDÈS.

Sois tranquille, je ne te trahirai jamais, tant que j'aurai le souffle et que mes dix mille ruses ne me feront pas défaut.

SEPTIÈME FEMME.

L'hameçon n'a rien pris.

LE PRYTANE.

Est-ce là le scélérat dont nous a parlé Klisthénès? Hé! l'homme! Pourquoi te caches-tu? Archer, emmène-le, attache-le au carcan; puis reste là de planton, et veille à ce que personne ne puisse s'en approcher. Le fouet en main, frappe quiconque s'avancerait.

SEPTIÈME FEMME.

De par Zeus! tout à l'heure un faiseur de voiles a failli me l'enlever.

MNÈSILOKHOS.

Prytane, au nom de cette main droite, que tu aimes à

tendre creuse lorsqu'on te donne de l'argent, accorde-moi une légère faveur, quoique je sois près de mourir.

LE PRYTANE.

Quelle faveur ?

MNÈSILOKHOS.

Quand on m'aura mis tout nu, ordonne à l'archer de me lier au carcan, pour que, vieux comme je suis, en robe jaune et en mitre, je ne prête pas à rire aux corbeaux qui vont me manger.

LE PRYTANE.

Le Conseil a décidé qu'on te lierait, ayant tout cela, afin que les passants voient à plein que tu es un gredin.

MNÈSILOKHOS.

Iappapæax ! Ah ! robe jaune, que de maux tu m'as faits, et il n'est plus un seul espoir de salut !

LE CHŒUR.

Allons, maintenant, livrons-nous à nos jeux, comme c'est ici la coutume des femmes, quand nous célébrons les saintes orgies des deux Déesses, aux jours sacrés, que Pausôn observe aussi en jeûnant et en suppliant souvent les Déesses que les fêtes renaissent des fêtes ; car tel est son souci.

Élance-toi, pars d'un pied léger, en rond ; mets la main dans la main ; que chacune marque le rhythme de la danse et s'avance d'un pied rapide. Que le cercle des danseuses ait l'œil de tous les côtés.

Chantez aussi la race des dieux Olympiens et célébrez-les d'une voix unanime, dans vos mouvements passionnés.

Si on se figure que dans ce temple je vais, moi femme, dire du mal des hommes, on n'est pas dans le droit sens. Mais il faut, comme il convient, essayer un nouveau pas et dessiner une danse gracieuse.

Avance-toi, chantant le Dieu à la lyre sonore, et la Déesse armée d'un carquois, Artémis, la chaste souveraine. Salut, ô toi qui lances les traits au loin; donne-nous la victoire.

Chantons comme il le faut Hèra, qui préside aux mariages, prend part à toutes les danses et garde les clefs de l'hymen.

Je prie Hermès, Dieu des pasteurs, Pan et les Nymphes chéries, de sourire de bon cœur à nos danses qui leur agréent. Mets-toi de tout cœur à la danse en battant des mains.

Femmes, livrons-nous à nos jeux, comme c'est la coutume, et jeûnons rigoureusement. Retourne-toi d'un autre côté, marque du pied la cadence et fais retentir tous les chants.

Guide-nous toi-même, Bakkhos, couronné de lierre; dans nos orgies dansantes, je te chanterai, Evios, ô Dionysos, Bromios, fils de Sémélè, qui te plais à danser avec les Nymphes sur les montagnes, redisant l'hymne aimable : « Evios, Evios, Evoé. »

Autour de toi se fait entendre Ekho, nymphe du Kithærôn; les montagnes ombragées par de noirs feuillages et les vallons rocheux frémissent; et les spirales du lierre l'entourent de leurs pétales fleurissants.

L'ARCHER, *attachant Mnèsilokhos au pilori.*

Tu vas geindre ici en plein air.

MNÈSILOKHOS.

Archer, je t'en supplie.

L'ARCHER.

Ne me supplie point, toi.

MNÈSILOKHOS.

Lâche la cheville.

L'ARCHER.

Oui, je vais le faire.

MNÈSILOKHOS.

Ah! malheur! malheur! Tu me serres davantage.

L'ARCHER.

Encore plus, veux-tu?

MNÈSILOKHOS.

Attatæ! Iattatatæ! Va-t'en à la malemort!

L'ARCHER.

Tais-toi, misérable vieux! Moi, j'apporte une natte, pour garder toi.

MNÈSILOKHOS.

Voilà les belles jouissances que me procure Euripidès! Mais, ô dieux! ô Zeus Sauveur! il y a encore de l'espoir. Il ne paraît pas vouloir m'abandonner. Perseus, en se sauvant, m'a fait signe de me métamorphoser en Andromédè.

Et de fait me voilà attaché. Il est clair qu'il viendra me délivrer. Autrement, il ne se serait pas envolé dans les airs.

EURIPIDÈS, *en Perseus.*

Vierges chéries, aimées, comment approcherai-je et me déroberai-je au Skythe? *(A Ekho.)* M'entends-tu, toi qui habites au fond des grottes. Au nom de la Pudeur, je t'en supplie, laisse-moi m'approcher d'une épouse.

MNÈSILOKHOS, *en Andromédè.*

Il est sans pitié, celui qui m'a enchaîné ainsi, moi le plus infortuné des mortels. Échappé avec peine à une vieille dégoûtante, je n'en suis pas moins perdu. Ce Skythe continue à rester de planton, et il me tient là misérable, sans amis, suspendu, en proie aux corbeaux. Vois-tu? Je ne suis point ici parmi les chœurs des jeunes filles de mon âge, avec la corbeille aux suffrages, mais enlacée dans des liens serrés, je suis exposée en pâture à un monstrueux Glaukétès. Pour moi pas de pæan nuptial, mais un chant d'esclavage : redites, femmes, d'une voix gémissante, les maux que j'ai soufferts, malheureuse! Infortunée que je suis, infortunée par la volonté de mes parents! Souffrances injustes, où j'implore, en arrachant à Hadès des soupirs et des larmes, hélas! hélas! l'homme qui m'a rasé d'abord, qui m'a fait ensuite endosser cette robe jaune, et qui a fini par m'envoyer dans ce temple, au milieu des femmes, hélas! Inflexible dæmôn de la Fatalité! Je suis maudit! Qui verrait ma souffrance sans être touché de l'excès de mes maux? Que l'astre embrasé de l'æther détruise le barbare! Je n'ai plus la douceur de voir la lumière immortelle, depuis que je suis attaché, affolé par la douleur qui m'étrangle et qui m'entraîne vers le rapide chemin des morts.

EURIPIDÈS, *en Ekho.*

Salut, fille chérie! Que Képheus, ton père, qui t'a exposée, soit anéanti par les dieux!

MNÈSILOKHOS, *en Andromédè.*

Qui es-tu, toi qui prends en pitié ma souffrance?

EURIPIDÈS.

Ekho, fidèle interprète des sons, moi qui, l'an dernier, dans ce même lieu, vins en aide à Euripidès. Mais, mon enfant, il te faut faire en sorte de gémir lamentablement.

MNÈSILOKHOS.

Et toi, de répéter mes lamentations.

EURIPIDÈS.

Je n'y manquerai pas. Commence.

MNÈSILOKHOS.

O Nuit sainte, que ton attelage est lent à faire rouler ton char sur le dos de l'æther sacré, au travers de l'auguste Olympos!

EURIPIDÈS.

Olympos!

MNÈSILOKHOS.

Pourquoi, moi Andromédè, de préférence aux autres, ai-je des maux en partage?

EURIPIDÈS.

En partage?

MNÈSILOKHOS.

Triste mort!

EURIPIDÈS.

Triste mort!

MNÈSILOKHOS.

Tu m'assommes, vieille, de ton babil.

EURIPIDÈS.

De ton babil.

MNÈSILOKHOS.

Par Zeus! tu te montres ici insupportable à l'excès!

EURIPIDÈS.

A l'excès!

MNÈSILOKHOS.

Mon bon, laisse-moi monodier seul; fais-moi plaisir: finis.

EURIPIDÈS.

Finis.

MNÈSILOKHOS.

Va aux corbeaux!

EURIPIDÈS.

Va aux corbeaux!

MNÈSILOKHOS.

La peste!

EURIPIDÈS.

La peste!

MNÈSILOKHOS.

Chansons!

EURIPIDÈS.

Chansons!

MNÈSILOKHOS.

Tu plaisantes!

EURIPIDÈS.

Tu plaisantes!

MNÈSILOKHOS.

Gémis.

EURIPIDÈS.

Gémis.

MNÈSILOKHOS.

Pleure.

EURIPIDÈS.

Pleure.

L'ARCHER SKYTHE.

Hé! l'homme! Tu bavardes.

EURIPIDÈS.

Hé! l'homme! Tu bavardes.

L'ARCHER SKYTHE.

J'appellerai les Prytanes.

EURIPIDÈS.

J'appellerai les Prytanes.

L'ARCHER SKYTHE.

Chose étrange!

EURIPIDÈS.

Chose étrange!

L'ARCHER SKYTHE.

D'où cette voix?

EURIPIDÈS.

D'où cette voix?

L'ARCHER SKYTHE.

Toi parler?

EURIPIDÈS.

Toi parler?

L'ARCHER SKYTHE.

Il t'en cuira!

EURIPIDÈS.

Il t'en cuira!

L'ARCHER SKYTHE.

Tu te moques de moi?

EURIPIDÈS.

Tu te moques de moi?

MNÈSILOKHOS.

De par Zeus! c'est la femme qui est près de toi.

EURIPIDÈS.

Près de toi.

L'ARCHER SKYTHE.

Où est la gredine? Elle s'enfuit. Où donc, où t'enfuis-tu?

EURIPIDÈS.

Où donc, où t'enfuis-tu?

L'ARCHER SKYTHE.

Tu ne m'échapperas pas!

EURIPIDÈS.

Tu ne m'échapperas pas!

L'ARCHER SKYTHE.

Tu ronronnes encore!

EURIPIDÈS.

Tu ronronnes encore!

L'ARCHER SKYTHE.

Empoigne la coquine!

EURIPIDÈS.

Empoigne la coquine!

L'ARCHER SKYTHE.

Bavarde et maudite femme!

EURIPIDÈS, *en Perseus.*

Grands dieux! En quelle terre de barbares sommes-nous venus d'un vol rapide? A travers l'æther fendant ma route, j'y place mes pieds ailés, moi Perseus, me dirigeant vers Argos, où je porte la tête de la Gorgôn.

L'ARCHER SKYTHE.

Que dit-il? Tu parles de la tête de Gorgo, un scribe?

EURIPIDÈS.

Je dis, moi, la tête de la Gorgôn.

L'ARCHER SKYTHE.

Et moi aussi je dis Gorgo.

EURIPIDÈS.

Soit! Quel est ce rocher que j'aperçois, et cette jeune fille semblable aux déesses, enchaînée comme un navire au mouillage?

MNÉSILOKHOS.

Étranger, aie pitié d'une femme au comble de l'infortune! Délivre-moi de ces liens!

L'ARCHER SKYTHE.

Ne parle pas, toi, maudite femme! Tu vas mourir, et tu oses parler!

EURIPIDÈS.

O vierge! j'ai pitié de te voir enchaînée!

L'ARCHER SKYTHE.

Elle pas vierge, mais vieillard fautive, voleuse, coquine.

EURIPIDÈS.

Tu bredouilles, Skythe. Cette vierge est Andromédè, fille de Képheus.

L'ARCHER SKYTHE.

Regarde le bas du ventre. Est-ce que cela te paraît mince?

EURIPIDÈS.

Donne-moi la main, que j'approche de cette jeune fille;

donne, Skythe. Tous les hommes ont leur faible; moi, je suis pris d'amour pour elle.

L'ARCHER SKYTHE.

Je ne suis pas jaloux de toi. Si son derrière est tourné de ce côté, je ne t'envie pas d'en travailler les fesses.

EURIPIDÈS.

Pourquoi ne me laisses-tu pas la délier, Skythe, pour me jeter dans les embrassements et dans la couche d'une épouse?

L'ARCHER SKYTHE.

Si tu es si convoiteur de ces vieilles fesses, tu n'as qu'à percer la planche pour faire brèche par derrière.

EURIPIDÈS.

De par Zeus! je vais rompre ses liens.

L'ARCHER SKYTHE.

Gare le fouet!

EURIPIDÈS.

N'importe, je vais le faire.

L'ARCHER SKYTHE.

Ta tête, avec ce coutelas, je te la coupe.

EURIPIDÈS.

Aïe! aïe! Que faire? A quelles raisons recourir? Elles ne seraient pas comprises de cette nature barbare. Offre aux sots des pensées neuves, tu perdras ta peine. Cherchons donc un autre artifice bon pour lui.

L'ARCHER SKYTHE.

Le malin renard, il machine quelque chose contre moi!

MNÈSILOKHOS.

Souviens-toi, Perseus, comme tu me laisses malheureuse.

L'ARCHER SKYTHE.

Tu veux encore recevoir des coups de fouet.

LE CHŒUR.

Pallas, amie des danses, doit être invoquée par moi dans nos chœurs : vierge, jeune fille intacte, protectrice de notre cité, qui fait seule sa force respectée, et qui mérite d'être appelée porte-clefs. Parais, ennemie naturelle des tyrans : le peuple des femmes t'invoque; viens vers moi avec la Paix, amie des fêtes.

Venez enfin bienveillantes, propices, Déesses vénérables, vers votre bois sacré. Il n'est point permis aux hommes de voir les orgies sacrées des deux Déesses, où vous montrez à la lueur des lampes votre visage immortel. Venez, approchez, nous vous en conjurons, ô Thesmophores vénérées. Si jamais vous êtes venues, touchées par nos prières, venez aujourd'hui, nous vous en supplions, venez vers nous.

EURIPIDÈS.

Femmes, si vous voulez dorénavant faire la paix avec

moi, vous le pouvez tout de suite. Désormais, vous n'entendrez plus de moi aucune mauvaise parole; voilà mes propositions.

LE CHOEUR.

Quel besoin te contraint de nous tenir ce langage ?

EURIPIDÈS.

L'homme attaché à ce poteau est mon beau-père. Si je le remmène, jamais vous ne m'entendrez dire du mal de vous; mais si vous ne me l'accordez pas, les tours que vous jouez maintenant, je les révélerai à vos maris, revenus de l'armée.

LE CHOEUR.

Pour ce qui est de nous, sache que nous nous laissons persuader. Mais ce barbare, le persuader, c'est affaire à toi.

EURIPIDÈS, *en vieille femme.*

Oui, c'est mon affaire. Pour toi, Élaphion, ce que je t'ai recommandé en route, n'oublie pas de le faire. Et d'abord, passe devant et retrousse ta robe. Et toi, Térédôn, joue-nous une persique.

L'ARCHER SKYTHE.

Quelle est cette musique? quelle bombance me met en train ?

EURIPIDÈS.

Archer, cette jeune fille va préluder à ses exercices : elle est venue pour danser devant quelques conviés.

L'ARCHER SKYTHE.

Qu'elle danse, qu'elle s'exerce, je ne l'en empêche pas. Légère comme une biche, une puce sur une toison!

EURIPIDÈS.

Défais cette robe du haut, mon enfant; assieds-toi sur les genoux du Skythe, et allonge les pieds pour que je les déchausse.

L'ARCHER SKYTHE.

Ah! oui, oui, assieds-toi, assieds-toi. Ah! oui, oui, petite fille. Oh! que cette gorge est ferme : c'est une rave.

EURIPIDÈS, *à Térédôn.*

Toi, vite un air de flûte. *(A Élaphion.)* As-tu encore peur du Skythe?

L'ARCHER SKYTHE.

Les belles fesses! Il t'en cuira, si tu ne restes pas ici. Hein! quelle belle attitude a l'instrument!

EURIPIDÈS.

Cela va bien. Remets ta robe : c'est le moment de nous enfuir.

L'ARCHER SKYTHE.

Ne va-t-elle pas d'abord me donner un baiser?

EURIPIDÈS.

Certainement, baise-le.

L'ARCHER SKYTHE.

Oh! oh! oh! Papapapæ! quelle langue douce! C'est du miel attique. Pourquoi ne couche-t-elle pas avec moi?

EURIPIDÈS.

Adieu, archer, c'est impossible.

L'ARCHER SKYTHE.

Si, si, bonne vieille, fais-moi ce plaisir.

EURIPIDÈS.

Tu donneras donc une drakhme.

L'ARCHER SKYTHE.

Oui, oui, je donnerai à toi.

EURIPIDÈS.

L'argent, alors. Donne!

L'ARCHER SKYTHE.

Mais je n'en ai pas. Tiens, prends ce carquois.

EURIPIDÈS.

Et puis tu la ramènes?

L'ARCHER SKYTHE.

Suis-moi, mon enfant! Et toi, bonne vieille, garde le vieux. Ton nom, quel est-il?

EURIPIDÈS.

Artémisia, rappelle-toi ce nom.

L'ARCHER SKYTHE.

Artamouxia. *(Il sort avec Élaphion.)*

EURIPIDÈS.

Hermès, Dieu de la ruse, tu conduis tout à merveille.

Skythe naïf, cours avec celle que tu emmènes. Moi, je délivre le prisonnier. *(A Mnèsilokhos.)* Toi, en véritable homme, une fois délivré, fuis au plus vite, et rends-toi auprès de ta femme et de tes enfants, chez toi.

MNÈSILOKHOS.

Je n'y manquerai pas, dès que je serai délivré.

EURIPIDÈS.

Te voilà délivré. A l'œuvre, fuis avant que l'archer te surprenne.

MNÈSILOKHOS.

C'est ce que je fais.

L'ARCHER SKYTHE.

O bonne vieille, que tu as une jolie petite fille, pas grognon, mais douce. — Eh bien, où est donc la vieille? Je suis un homme perdu! Où est allé le vieux? Ah! petite vieille, vieille! Je ne suis pas content, vieille femme! Artamouxia! La vieille s'est jouée de moi! Et toi, loin d'ici au plus vite! On a raison de t'appeler carquois : tu as servi à me mettre dedans. Ah! que faire! Où est la vieille? Artamouxia!

LE CHOEUR.

Tu appelles une vieille qui portait un instrument de musique?

L'ARCHER SKYTHE.

Oui, oui! Tu l'as vue?

LE CHŒUR.

Elle est partie par là, et un vieux la suivait.

L'ARCHER SKYTHE.

Le vieux avait une robe jaune.

LE CHŒUR.

Oui ; tu pourrais les atteindre en les poursuivant par là.

L'ARCHER SKYTHE.

Maudite vieille, par quelle route s'est-elle enfuie ? Artamouxia !

LE CHŒUR.

Tout droit, en montant. Où cours-tu ? Reviens donc par ici, tu cours du côté opposé.

L'ARCHER SKYTHE.

Malheureux ! Elle court toujours. Artamouxia !

LE CHŒUR.

Cours, cours ! Va-t'en chez les corbeaux ! Pour moi, c'est assez jouer. Il est temps que chacune rentre chez elle. Que la faveur des deux Thesmophores soit notre bonne récompense !

FIN DES THESMOPHORIAZOUSES

LES GRENOUILLES

(L'AN 406 AVANT J.-C.)

Cette pièce, dirigée comme la précédente contre Euripide, le prend surtout par le côté littéraire. La mort d'Eschyle et de Sophocle ayant laissé un grand vide sur la scène, Aristophane suppose que Dionysos, le dieu du théâtre, descend aux Enfers pour en ramener un tragique. Euripide y dispute le prix de la tragédie à Eschyle. Chacun des deux rivaux vante ses qualités et attaque les défauts de son adversaire. Enfin on apporte une balance où Dionysos pèse les vers des deux poètes. Eschyle l'emporte. C'est lui que Dionysos ramènera sur la terre, et pendant son absence le sceptre tragique restera aux mains de Sophocle. Le titre de la pièce vient des grenouilles qui peuplent les marais des Enfers.

PERSONNAGES DU DRAME

XANTHIAS.
DIONYSOS.
HÈRAKLÈS.
UN MORT.
KHARÔN.
CHOEUR ACCESSOIRE DE GRENOUILLES.
CHOEUR DE MYSTES.
ÆAKOS.
SERVANTE DE PERSÉPHONÈ.
UNE CABARETIÈRE.
PLATHANÈ.
EURIPIDÈS.
ÆSKHYLOS.
PLOUTÔN.
DITYLAS.
SKEBLYAS. } Personnages muets.
PARDOKAS.

Le lieu de la scène est d'abord sur le chemin des Enfers, et ensuite dans les Enfers mêmes.

LES GRENOUILLES

Dionysos est vêtu d'une peau de lion, armé d'une massue comme Hèraklès, et chaussé de kothurnes. Xanthias, monté sur un âne, porte sur son dos le bagage de son maître.

XANTHIAS.

Dirai-je, mon maître, quelqu'un de ces bons mots qui ont le privilège de faire toujours rire les spectateurs ?

DIONYSOS.

De par Zeus ! tout ce que tu voudras, sauf le mot : « Je suis éreinté. » Garde-toi de le dire ; il m'échauffe la bile.

XANTHIAS.

Pas non plus quelque autre facétie ?

DIONYSOS.

Si, excepté : « Je suis exténué. »

XANTHIAS.

Pourquoi ? Ne puis-je dire quelque chose de bien risible ?

DIONYSOS.

De par Zeus! dis-le sans crainte. J'en excepte seulement une chose.

XANTHIAS.

Laquelle ?

DIONYSOS.

De dire, en changeant ton paquet d'épaule, que tu as envie de chier.

XANTHIAS.

Et que, portant moi-même un si lourd fardeau, si personne ne me soulage, je vais péter.

DIONYSOS.

Rien de tout cela, je t'en supplie, sinon quand je devrai vomir.

XANTHIAS.

A quoi bon alors porter tout ce bagage, si je ne fais rien de ce qu'a l'habitude de faire Phrynikhos ? Lykis également et Amipsias introduisent toujours des porteurs de fardeaux dans leur comédie.

DIONYSOS.

N'en fais rien. Quand je vois au théâtre ces sortes d'inventions, j'en sors plus vieux d'un an.

XANTHIAS.

O trois fois malheureuse cette épaule! Elle est rompue, et ne dit pas un mot pour rire.

DIONYSOS.

N'est-ce pas une honte et le comble de la mollesse, que moi Dionysos, fils de Stamnios, j'aille à pied et me fatigue, tandis que je donne à celui-ci une monture, pour qu'il ne souffre pas et qu'il n'ait pas de fardeau à porter?

XANTHIAS.

Moi, je ne porte rien?

DIONYSOS.

Comment porterais-tu, puisqu'on te porte?

XANTHIAS.

Oui, mais j'ai ceci à porter.

DIONYSOS.

Comment?

XANTHIAS.

Et c'est très lourd.

DIONYSOS.

Mais ce fardeau que tu portes, n'est-ce pas l'âne qui le porte?

XANTHIAS.

Non pas certes ce que j'ai et que je porte, de par Zeus! non.

DIONYSOS.

Comment portes-tu, toi qui es porté par un autre?

XANTHIAS.

Je ne sais, mais cette épaule est brisée.

DIONYSOS.

Si tu prétends que l'âne ne te sert de rien, à ton tour, prends l'âne et porte-le.

XANTHIAS.

Malheureux que je suis! Pourquoi n'étais-je pas au dernier combat naval? Je te ferais longuement gémir.

DIONYSOS.

Descends, maraud; je vais m'approcher de cette porte, où je dois aller d'abord. Enfant, enfant, holà! enfant!

HÈRAKLÈS.

Qui a frappé à la porte? Qui que ce soit, il frappe en vrai centaure. Dis-moi, qu'y a-t-il?

DIONYSOS.

Xanthias!

XANTHIAS.

Qu'est-ce?

DIONYSOS.

As-tu remarqué?

XANTHIAS.

Quoi?

DIONYSOS.

Comme il a eu peur de moi.

XANTHIAS.

De par Zeus! tu deviens fou.

HÈRAKLÈS.

Par Dèmètèr! je ne puis m'empêcher de rire. J'ai beau me mordre les lèvres, il faut que je rie.

DIONYSOS.

Mon garçon, avance : j'ai besoin de toi.

HÈRAKLÈS.

Oh! je ne suis pas capable d'étouffer mon rire, quand je vois cette peau de lion par-dessus une robe jaune. Quelle idée! Un kothurne, une massue! Quel amalgame! En quel pays as-tu voyagé?

DIONYSOS.

J'ai monté Klisthénès.

HÈRAKLÈS.

Et tu as combattu sur mer?

DIONYSOS.

Et nous avons coulé bas douze ou treize vaisseaux ennemis.

HÈRAKLÈS.

Vous?

DIONYSOS.

Oui, par Apollôn!

XANTHIAS.

Et ensuite je m'éveillai.

DIONYSOS.

J'étais sur le vaisseau à lire l'*Andromédè*, quand un désir soudain vient frapper mon cœur, tout ce qu'il a de plus violent.

HÈRAKLÈS.

Un désir ? De quelle espèce ?

DIONYSOS.

Petit comme Molôn.

HÈRAKLÈS.

D'une femme ?

DIONYSOS.

Non.

HÈRAKLÈS.

D'un garçon ?

DIONYSOS.

Nullement.

HÈRAKLÈS.

D'un homme ?

DIONYSOS.

Taratata !

HÈRAKLÈS.

Tu étais avec Klisthénès !

DIONYSOS.

Ne me raille pas, frère. Je ne suis pas du tout à mon aise et ce violent désir me met au supplice.

HÈRAKLÈS.

Mais lequel, frère chéri ?

DIONYSOS.

Je ne puis le dire. Toutefois je te l'expliquerai par allusion. As-tu quelquefois eu une envie soudaine de purée ?

HÈRAKLÈS.

De la purée ? Babæax ! Dix mille fois dans ma vie.

DIONYSOS.

Mon explication est-elle claire ou en faut-il une autre ?

HÈRAKLÈS.

Inutile pour la purée : je comprends parfaitement.

DIONYSOS.

Hé bien, c'est le désir qui me consume pour Euripidès.

HÈRAKLÈS.

Quoi ! pour un homme mort ?

DIONYSOS.

Et pas un mortel ne me détournerait d'aller le trouver.

HÈRAKLÈS.

Chez Hadès, en bas ?

DIONYSOS.

Oui, de par Zeus ! et plus bas encore.

HÈRAKLÈS.

Que veux-tu ?

DIONYSOS.

J'ai besoin d'un bon poète. Il n'y en a plus : ceux qui vivent sont mauvais.

HÈRAKLÈS.

Quoi donc ? Iophôn ne vit-il plus ?

DIONYSOS.

Il ne reste que lui de bon, si toutefois il l'est; car je ne sais pas au juste ce qu'il en est réellement.

HÈRAKLÈS.

Et Sophoklès, supérieur à Euripidès, ne peux-tu pas le faire remonter, s'il faut que tu retires quelqu'un d'ici ?

DIONYSOS.

Non, pas avant d'avoir pris Iophôn à part et de m'être assuré de ce qu'il fait sans Sophoklès. D'ailleurs, Euripidès, en fin matois, fera tous ses efforts pour s'échapper et revenir avec moi, tandis que l'autre, bonhomme ici, est bonhomme là-bas.

HÈRAKLÈS.

Agathôn, où est-il ?

DIONYSOS.

Il m'a quitté; il est parti : bon poète et regretté de ses amis.

HÈRAKLÈS.

Où est-il, l'infortuné ?

DIONYSOS.

Au banquet des Bienheureux.

HÈRAKLÈS.

Et Xénoklès ?

DIONYSOS.

Qu'il crève, de par Zeus !

HÈRAKLÈS.

Et Pythangélos !

XANTHIAS.

Et de moi pas un mot ; et mon épaule est brisée épouvantablement !

HÈRAKLÈS.

N'y a-t-il donc pas ici d'autres jouvenceaux, faiseurs de tragédies, plus que par dix mille, et plus bavards qu'Euripidès de plus de la longueur d'un stade ?

DIONYSOS.

Ce sont de frêles rejetons, babillards, orchestres d'hirondelles, gâte-métier, promptement épuisés, dès qu'ils ont obtenu un chœur et pissé contre la Muse tragique. Mais un poète de génie, tu n'en trouveras pas un, en cherchant bien, qui produise de généreux accents.

HÈRAKLÈS.

Que veut dire ce génie ?

DIONYSOS.

Le poète de génie est celui qui fait entendre des expressions hardies, telles que « l'Æther, palais de Zeus », « le pied du Temps », « un cœur qui ne veut pas jurer par un serment sacré », « une langue qui jure sans la participation du cœur ».

HÈRAKLÈS.

Cela te plaît?

DIONYSOS.

Peu s'en faut que je n'en raffole.

HÈRAKLÈS.

Ce sont de pures sottises, tu le sens toi-même.

DIONYSOS.

« N'habite pas mon esprit, tu as une maison. »

HÈRAKLÈS.

En vérité je trouve cela tout à fait détestable.

DIONYSOS.

Enseigne-moi l'art des bons repas.

XANTHIAS.

Et de moi pas un mot!

DIONYSOS.

Quant au motif pour lequel, sous cet accoutrement imité du tien, j'ai entrepris ce voyage, c'est pour apprendre de toi, au besoin, les hôtes dont tu as fait usage, quand tu es descendu chez Kerbéros; dis-moi les ports, les boulangeries, les maisons de débauche, les stations, les auberges, les fontaines, les routes, les villes, les restaurants, les cabarets où il y a le moins de punaises.

XANTHIAS.

Et de moi pas un mot!

HÈRAKLÈS.

Malheureux! tu oseras faire ce voyage?

DIONYSOS.

Ne me dis rien là contre, mais indique la route la plus prompte pour descendre chez Hadès, en bas. Qu'elle ne soit ni trop chaude, ni trop froide.

HÈRAKLÈS.

Voyons, laquelle t'indiquerai-je d'abord? Laquelle? Il y en a une : qui serait de prendre une corde et un escabeau, et de te pendre.

DIONYSOS.

Assez! c'est une route étouffante, que tu me proposes...

HÈRAKLÈS.

Il y a encore un chemin raccourci et bien battu : celui du mortier.

DIONYSOS.

Tu veux dire la ciguë?

HÈRAKLÈS.

Oui.

DIONYSOS.

Il est froid, glacial, et il engourdit tout de suite les deux jambes.

HÈRAKLÈS.

Veux-tu que je t'en indique un en pente et rapide?

DIONYSOS.

Oui, de par Zeus! d'autant que je ne suis pas marcheur.

HÈRAKLÈS.

Rends-toi de ce pas au Kéramique.

DIONYSOS.

Et puis?

HÈRAKLÈS.

Monte au haut de la tour.

DIONYSOS.

Qu'y faire?

HÈRAKLÈS.

Aie de là les yeux sur la torche allumée, et puis, lorsque les spectateurs crieront : « Lancez!... » lance-toi toi-même.

DIONYSOS.

Où?

HÈRAKLÈS.

En bas!

DIONYSOS.

Mais je me briserais les deux membranes du cerveau : je ne veux pas prendre cette route.

HÈRAKLÈS.

Laquelle, alors?

DIONYSOS.

Celle que tu as jadis suivie.

HÈRAKLÈS.

Mais le trajet est long. Tu arriveras d'abord à un marais immense et très profond.

DIONYSOS.

Comment le traverserai-je?

HÈRAKLÈS.

Un vieux nocher te passera dans une toute petite barque moyennant un péage de deux oboles.

DIONYSOS.

Oh! quel pouvoir ont partout les deux oboles! Comment sont-elles descendues là?

HÈRAKLÈS.

C'est Thèseus qui les a portées. Après cela tu verras des milliers de serpents et des monstres effroyables.

DIONYSOS.

N'essaie pas de me frapper de terreur : tu ne me feras pas changer de résolution.

HÈRAKLÈS.

Puis un bourbier épais et des excréments éternels, où plonge quiconque a jadis fait injustice à son hôte, privé de son salaire l'enfant dont il abusa, outragé sa mère, brisé la mâchoire à son père, fait un faux serment, ou transcrit des vers de Morsimos.

DIONYSOS.

Au nom des dieux, on devrait y ajouter quiconque a appris la pyrrhique de Kinésias.

HÈRAKLÈS.

Plus loin, tu seras enveloppé par le son des flûtes; tu verras une brillante lumière, comme ici; des buissons, des myrtes, d'heureux thiases d'hommes et de femmes, avec de bruyants applaudissements.

DIONYSOS.

Et qui sont ceux-là?

HÈRAKLÈS.

Les initiés.

XANTHIAS.

Et moi, de par Zeus! je suis l'âne qui porte les mystères. Non, je ne supporterai pas cela pendant plus longtemps.

HÈRAKLÈS.

Ils te diront tout au long ce qu'il te faudra, car ils demeurent tout auprès de la route voisine des portes de Ploutôn. Mille prospérités, frère.

DIONYSOS.

Et à toi, de par Zeus! bonne santé. Toi, esclave, reprends ton bagage.

XANTHIAS.

Avant de l'avoir déposé?

DIONYSOS.

Et au plus vite!

XANTHIAS.

Non, vraiment, je t'en conjure, loue plutôt un des morts qu'on transporte, et qui se rend ici.

DIONYSOS.

Et si je n'en trouve pas ?

XANTHIAS.

Alors emmène-moi.

DIONYSOS.

Bien dit. Or, voilà justement un mort qu'on emporte. Hé! le mort! c'est à toi que je parle, à toi, le mort! Dis, l'homme, veux-tu porter un petit paquet chez Hadès ?

LE MORT.

Comment est-il ?

DIONYSOS.

Le voici.

LE MORT.

Tu paieras deux drakhmes de commission.

DIONYSOS.

De par Zeus! pas tant que cela.

LE MORT.

Continuez votre route, vous autres.

DIONYSOS.

Attends un peu, l'ami, que je m'arrange avec toi.

LE MORT.

Si tu n'allonges pas deux drakhmes, pas un mot.

DIONYSOS.

Voici neuf oboles.

LE MORT.

J'aimerais mieux revivre là-haut.

XANTHIAS.

Fait-il le fier, ce coquin-là! Ne lui en cuira-t-il pas? J'irai moi-même.

DIONYSOS.

Tu es un bon et brave garçon. Courons à la barque!

KHARÔN.

Oh! op! aborde!

XANTHIAS.

Qu'est-ce que cela?

DIONYSOS.

Cela? De par Zeus! c'est le marais qu'on nous a dit, et je vois la barque.

XANTHIAS.

Par Poséidôn! et celui-ci, c'est Kharôn lui-même.

DIONYSOS.

Salut, Kharôn! Salut, Kharôn! Salut, Kharôn!

KHARÔN.

Qui vient ici, du séjour des maux et des tribulations,

dans l'asile du Lèthè, ou vers la toison de l'âme, ou chez les Kerbériens, ou chez les corbeaux, ou vers le Ténaros?

DIONYSOS.

Moi.

KHARÔN.

Embarque vite!

DIONYSOS.

Où te proposes-tu d'aborder? Est-ce réellement chez les corbeaux?

KHARÔN.

Oui, de par Zeus! pour t'obliger. Embarque.

DIONYSOS.

Esclave, ici!

KHARÔN.

Je ne passe pas d'esclave, à moins qu'il n'ait combattu sur mer pour sa peau.

XANTHIAS.

De par Zeus! impossible : j'avais mal aux yeux.

KHARÔN.

Eh bien, tu feras, en courant, le tour du marais.

XANTHIAS.

Où m'arrêterai-je?

KHARÔN.

Auprès de la pierre d'Avænos, près des hôtelleries.

DIONYSOS.

Comprends-tu ?

XANTHIAS.

Je comprends bien. Malheureux que je suis! Quelle rencontre ai-je faite en sortant?

KHARÔN.

Assieds-toi à la rame. — S'il y en a encore à embarquer, qu'on se hâte! — Eh bien, que fais-tu là ?

DIONYSOS.

Ce que je fais? Pas autre chose que d'être assis à la rame, comme tu m'en as donné l'ordre, toi.

KHARÔN.

Assieds-toi donc ici, gros ventru.

DIONYSOS.

Voici.

KHARÔN.

Avance les bras, étends-les.

DIONYSOS.

Voici.

KHARÔN.

Pas de plaisanterie! Rame ferme et du cœur à l'ouvrage!

DIONYSOS.

Mais comment pourrai-je, n'étant ni exercé, ni marin, ni Salaminien, me mettre à ramer?

KHARÔN.

Très simplement : tu entendras, en effet, de très beaux chants, une fois que tu t'y seras mis !

DIONYSOS.

Lesquels ?

KHARÔN.

Des grenouilles à la voix de cygne : c'est ravissant.

DIONYSOS.

Commande, alors ?

KHARÔN.

Oh ! op, op ! Oh ! op, op !

LES GRENOUILLES.

Brekekekex coax coax, brekekekex coax coax ! Filles marécageuses des eaux, unissons les accents de nos hymnes aux sons de la flûte, le chant harmonieux coax coax, que nous entonnons dans le marais, en l'honneur de Dionysos Nysèïen, fils de Zeus, lorsque la foule enivrée, le jour de la fête des Marmites, se porte vers notre temple. Brekekekex coax coax !

DIONYSOS.

Moi, je commence à avoir mal aux fesses. Oh ! coax coax ! Mais vous n'en avez sans doute nul souci.

LES GRENOUILLES.

Brekekekex coax coax !

DIONYSOS.

Foin de vous avec votre coax ! Vous n'avez pas autre chose que coax ?

LES GRENOUILLES.

Et c'est tout naturel, faiseur d'embarras! car je suis aimée des Muses à la lyre mélodieuse, de Pan aux pieds de corne, qui se plaît aux sons du chalumeau. Je suis chérie du Dieu de la kithare, Apollôn, à cause des roseaux que je nourris dans les marais, pour être les chevalets de la lyre. Brekekekex coax coax!

DIONYSOS.

Et moi, j'ai des ampoules, et depuis longtemps le derrière en sueur, et bientôt, à force de remuer, il va dire : « Brekekekex coax coax! » Aussi, race musicienne, cessez.

LES GRENOUILLES.

Nous allons donc crier plus fort. Si jamais, par des journées ensoleillées, nous avons sauté parmi le souchet et le phléos, joyeuses des airs nombreux qu'on chante en nageant; ou si, fuyant la pluie de Zeus, retirées au fond des eaux, nous avons mêlé nos chœurs variés au bruissement des bulles, répétons : Brekekekex coax coax!

DIONYSOS.

Je vous l'interdis.

LES GRENOUILLES.

Nous en souffrirons cruellement.

DIONYSOS.

Et moi, plus cruellement encore, de crever en ramant.

LES GRENOUILLES.

Brekekekex coax coax!

DIONYSOS.

La peste soit de vous!

LES GRENOUILLES.

Peu m'importe! Tant que notre gosier y suffira, tout le long du jour nous crierons : Brekekekex coax coax!

DIONYSOS.

Vous ne l'emporterez pas sur moi.

LES GRENOUILLES.

Ni toi sur nous.

DIONYSOS.

Ni vous sur moi, jamais. Car je chanterai toute la journée : « Brekekekex coax coax, » jusqu'à ce que je domine votre coax.

LES GRENOUILLES *et* DIONYSOS.

Brekekekex coax coax!

DIONYSOS.

Je devais finir par faire cesser votre coax.

KHARÔN.

Assez, assez! Un dernier coup de rame. Débarque, et paie ton passage.

DIONYSOS.

Prends ces deux oboles. — Xanthias! Où est Xanthias? Hé! Xanthias!

XANTHIAS.

Iau!

DIONYSOS.

Viens ici.

XANTHIAS.

Salut, maître.

DIONYSOS.

Qu'y a-t-il par là-bas?

XANTHIAS.

Ténèbres et fange.

DIONYSOS.

As-tu vu quelque part les parricides et les parjures, dont il nous parlait?

XANTHIAS.

Et toi?

DIONYSOS.

Par Poséidôn! j'en vois à présent. Allons, que ferons-nous?

XANTHIAS.

Le meilleur est d'aller plus loin; car c'est ici le lieu, disait-il, où sont les monstres horribles.

DIONYSOS.

Comme il gémira! Il faisait le fendant, pour m'effrayer, me sachant brave. Pure jalousie. Je ne connais rien de plus hâbleur que Hèraklès. Oui, je souhaiterais quelque rencontre, quelque lutte qui signalât mon voyage.

XANTHIAS.

De par Zeus! j'entends je ne sais quel bruit.

DIONYSOS.

Par où, par où est-ce?

XANTHIAS.

Par derrière.

DIONYSOS.

Marche derrière.

XANTHIAS.

Non, c'est par devant.

DIONYSOS.

Marche devant.

XANTHIAS.

Hé! de par Zeus! je vois un monstre énorme.

DIONYSOS.

Comment est-il?

XANTHIAS.

Effrayant. Il prend toutes les formes, tantôt bœuf, tantôt mulet, puis femme charmante.

DIONYSOS.

Où est-elle? Que j'aille de son côté.

XANTHIAS.

Mais ce n'est plus une femme; c'est un chien.

DIONYSOS.

C'est donc Empousa!

XANTHIAS.

Tout son visage alors est en feu.

DIONYSOS.

A-t-elle une jambe d'airain?

XANTHIAS.

Oui, de par Zeus! et l'autre est une jambe d'âne, sois-en certain.

DIONYSOS.

Où me sauverai-je?

XANTHIAS.

Et moi?

DIONYSOS.

Prêtre, sauve-moi, pour boire avec toi.

XANTHIAS.

C'est fait de nous, souverain Hèraklès.

DIONYSOS.

Hé! l'homme! Ne me nomme pas, je t'en conjure, ne prononce pas mon nom.

XANTHIAS.

Dionysos, alors.

DIONYSOS.

Encore moins ce nom que l'autre.

XANTHIAS.

Va droit devant toi. — Ici, ici, maître!

DIONYSOS.

Qu'y a-t-il ?

XANTHIAS.

Rassure-toi : nous avons réussi : il nous est permis de dire comme Hégélokhos : « Au sortir des flots je vois le chat. » Empousa a disparu.

DIONYSOS.

Jure-le!

XANTHIAS.

Oui, de par Zeus!

DIONYSOS.

Jure encore!

XANTHIAS.

De par Zeus!

DIONYSOS.

Jure!

XANTHIAS.

De par Zeus!

DIONYSOS.

Malheureux! Comme j'ai pâli en la voyant!

XANTHIAS.

Mais celui-ci a eu encore plus peur que toi.

DIONYSOS.

Hélas! D'où tant de maux ont-ils fondu sur moi? Quels dieux dois-je accuser de vouloir ma perte? « L'Æther palais de Zeus » ou « le pied du Temps »?

XANTHIAS.

Hé! hé!

DIONYSOS.

Qu'y a-t-il?

XANTHIAS.

Tu n'as pas entendu?

DIONYSOS.

Quoi?

XANTHIAS.

Le son des flûtes.

DIONYSOS.

Je l'ai entendu; et l'odeur mystique des torches envoie ses exhalaisons jusqu'à nous. Retirons-nous à l'écart, pour écouter.

LE CHOEUR DES MYSTES.

Iakkhos, ô Iakkhos! Iakkhos, ô Iakkhos!

XANTHIAS.

C'est cela même, mon maître. Ce sont les jeux habituels des Mystes, dont il nous a parlé. Ils chantent Iakkhos, comme Diagoras.

DIONYSOS.

C'est ce qui me semble aussi. Le meilleur est donc de demeurer tranquilles, pour bien voir ce qu'il en est.

LE CHŒUR.

Iakkhos, toi qui habites ces retraites vénérées, Iakkhos, ô Iakkhos! viens sur ce gazon présider aux danses, parmi les thiases sacrés, agitant sur ton front la couronne de myrte aux mille fruits et toute frémissante. D'un pied hardi figure ces attitudes libres, joyeuses, pleines de grâce, religieuses : la danse sainte des Mystes sacrés.

XANTHIAS.

O respectable et vénérée fille de Dèmètèr, qu'elle est suave pour moi l'odeur de la chair des porcs!

DIONYSOS.

Tu ne pourras pas rester coi, si tu sens quelque tripe.

LE CHŒUR.

Ranime la flamme des torches en les secouant dans tes mains, Iakkhos, ô Iakkhos! astre lumineux de l'initiation nocturne! La prairie brille de feux, le genou des vieillards recouvre sa souplesse. Ils chassent les chagrins de l'âge et les ennuis des années écoulées, grâce à la solennité. Et toi, qui brilles d'une vive lumière, viens et guide sur cet humide tapis de fleurs une jeunesse dansante, heureux Iakkhos!

Qu'il garde un religieux silence et qu'il s'éloigne de nos chœurs, celui qui, étranger à ces chants, n'a point une âme pure; ou qui n'a vu ni les orgies, ni les danses des Muses; ou qui n'a pas été initié au langage bachique de Kratinos le taurophage; ou qui se plaît aux propos bouffons et déplacés ; ou qui, loin d'apaiser une sédition ennemie et d'être bienveillant pour ses concitoyens, les excite et les enflamme, en vue de son propre intérêt ; ou qui, placé à la tête d'une cité en proie aux orages, est corrompu par les présents ; ou qui livre soit une forteresse, soit des vaisseaux ; ou qui d'Ægina, comme Thorykiôn, ce misérable percepteur des vingtièmes, envoie à Ėpidauros des denrées prohibées : des cuirs, du lin, de la poix ; ou qui conseille de prêter de l'argent aux ennemis pour des constructions navales ; ou qui souille d'excréments les images de Hékatè, en mêlant ses chants à la ronde des chœurs ; ou tout orateur qui rogne le salaire des poètes, parce qu'il a été bafoué dans les antiques solennités de Dionysos : à tous ceux-là je dis, je redis, je répète et redis encore pour la troisième fois, de céder la place à nos chœurs mystiques ! Et vous, élevez la voix et chantez nos hymnes nocturnes en usage pour cette fête !

Que chacun maintenant s'avance hardiment dans les retraites fleuries de nos prés, du pied frappant la terre, décochant la raillerie, le mot plaisant, la satire. Assez de festins ! En avant ! Chante de tout cœur, exalte par ta voix Sotéira, qui promet d'assurer à jamais le salut de ce pays, malgré le mauvais vouloir de Thorykiôn. Chantez à présent un autre genre d'hymnes à la Reine des Récoltes, à la divine Dèmètèr ; que vos hommages éclatent en merveilleuses mélodies !

Dèmètèr, souveraine des chastes orgies, sois-nous favorable et protège le chœur qui t'est consacré ; fais que je puisse toujours et sans trouble me livrer aux jeux et à la danse ; me répandre en mots plaisants et en propos sérieux, dignes de ta fête, et, vainqueur en badinage et en raillerie, être couronné de bandelettes !

Voyons, maintenant, appelez ici par vos chants l'aimable Dieu, qui prend toujours part à vos danses.

Iakkhos vénéré, inventeur des douces mélodies de cette fête, guide nos pas auprès de la Déesse, et montre que, sans fatigue, tu accomplis une longue route.

Iakkhos, ami de la danse, conduis-moi : car c'est toi qui as déchiré, pour provoquer le rire et pour être simple, ce brodequin et ces vêtements négligés, et qui as trouvé de la sorte moyen de rire impunément et de danser.

Iakkhos, ami de la danse, conduis-moi : car, il n'y a qu'un instant, du coin de l'œil, j'ai vu une fillette tout à fait charmante, jouant avec ses compagnes, et, par un trou de sa tunique, sa gorge saillir.

Iakkhos, ami de la danse, conduis-moi.

DIONYSOS.

Moi, j'aime toujours à être l'un des vôtres, et je veux, en dansant, m'ébattre avec cette fillette.

XANTHIAS.

Et moi aussi.

LE CHOEUR.

Voulez-vous que nous nous moquions ensemble d'Arkhédèmos qui, à sept ans, n'était pas encore inscrit dans sa phratrie, et qui, maintenant, démagogue parmi les morts d'en haut, y tient le premier rang de la perversité? J'apprends que Klisthénès sur les tombeaux s'épile le derrière et se gratte les joues, puis, le front contre terre, il gémit, il appelle Sébinos, d'Anaphlystos. On dit aussi que Kallias, l'illustre fils de Hippobinos, s'est vêtu d'un pelage de lionne, pour aller combattre sur mer.

DIONYSOS.

Pourriez-vous nous dire où est la demeure de Ploutôn? Nous sommes deux étrangers, arrivés récemment.

LE CHOEUR.

Ne va pas plus loin, et ne me réitère pas la question; mais sache que tu es arrivé devant la porte même.

DIONYSOS.

Esclave, reprends tes paquets.

XANTHIAS.

Toujours la même affaire! C'est donc la Korinthos de Zeus que ces paquets!

LE CHOEUR.

Dansez une ronde, maintenant, en l'honneur de la Déesse, et jouez dans ce bocage fleuri, vous qui êtes admis à cette fête religieuse. Moi, je me joins aux filles et aux femmes, à l'endroit où elles célèbrent la fête nocturne de la Déesse, et je porterai le flambeau sacré.

Allons dans les prairies émaillées de roses et de fleurs former, selon notre coutume, ces belles danses que conduisent les Moires bienheureuses. Pour nous seuls brille le soleil, et sa lumière nous réjouit, nous tous qui avons été initiés, et qui avons mené une conduite pieuse à l'égard des étrangers et de nos concitoyens.

DIONYSOS.

Or çà, comment frapperai-je à cette porte? De quelle manière frappent donc les gens de ce pays?

XANTHIAS.

Ne perds pas de temps, mais attaque la porte à la façon de Hèraklès, dont tu as l'accoutrement et le courage.

DIONYSOS.

Holà, esclave!

ÆAKOS.

Qui est là?

DIONYSOS.

Hèraklès le vigoureux.

ÆAKOS.

Effronté, impudent, téméraire, scélérat, très scélérat, le plus scélérat des êtres, c'est toi qui nous as enlevé le chien Kerbéros, en lui serrant le cou, et qui t'es dérobé par la fuite avec l'animal confié à ma garde. Mais aujourd'hui je te tiens. Les pierres noires du Styx et le rocher sanglant de l'Akhérôn t'enferment; les chiens errants du Kokytos et l'Ékhidna aux cent têtes déchireront tes entrailles; la murène tartésienne te dévorera les poumons; les Gorgones tithrasiennes mettront en lambeaux tes reins et tes entrailles rouges de sang, et moi je cours les chercher d'un pied rapide.

XANTHIAS.

Hé! qu'as-tu fait?

DIONYSOS.

J'ai tout lâché. Invoque le Dieu.

XANTHIAS.

Drôle de corps! Lève-toi vite avant qu'un étranger te voie.

DIONYSOS.

Je tombe en défaillance. Allons, applique-moi une éponge sur le cœur.

XANTHIAS.

Voici, prends.

DIONYSOS.

Applique.

XANTHIAS.

Où est-il? Dieux d'or, c'est là que tu as le cœur?

DIONYSOS.

Il a eu peur, et il m'est descendu dans le bas-ventre.

XANTHIAS.

O le plus poltron des dieux et des hommes!

DIONYSOS.

Moi poltron, parce que je t'ai demandé une éponge? Pas un autre homme ne l'eût fait.

XANTHIAS.

Qu'est-ce à dire?

DIONYSOS.

Un lâche serait resté dans la matière odorante; moi, je me suis levé et torché.

XANTHIAS.

Exploit viril, par Poséidôn!

DIONYSOS.

Je le crois, de par Zeus! Mais toi, n'as-tu pas eu peur du fracas de ses paroles et de ses menaces?

XANTHIAS.

Non, de par Zeus! je ne m'en suis point inquiété.

DIONYSOS.

Eh bien, comme tu es brave et vaillant, fais-toi moi, prends cette massue et cette peau de lion, puisque tu as du cœur au ventre. Moi, je serai ton skeuophore, à mon tour.

XANTHIAS.

Soit! Fais vite : il faut bien obéir. Regarde Hèraklèo-Xanthias; vois si je suis un lâche, et si j'ai une âme comme la tienne.

DIONYSOS.

De par Zeus! tu as vraiment l'air du gibier à fouet de Mélitè. Voyons, maintenant, je vais prendre ce bagage.

LA SERVANTE DE PERSÉPHONÈ.

Sois le bienvenu, ami Hèraklès : entre ici. Dès que la Déesse a su ton arrivée, aussitôt elle a cuit des galettes, mis au feu des marmites de pois cassés, deux ou trois de purée, fait rôtir un bœuf entier, griller des gâteaux et des kottabes. Mais entre.

XANTHIAS.

C'est au mieux : approuvé.

LA SERVANTE.

Par Apollôn! je ne te laisserai pas aller : elle a fait bouillir de la volaille, rissolé des dragées et trempé le vin le plus doux. Mais entre avec moi.

XANTHIAS.

Parfaitement bien.

LA SERVANTE.

Tu te moques; je ne te lâcherai pas : tu auras là dedans une joueuse de flûte très jolie, et deux ou trois danseuses.

XANTHIAS.

Comment dis-tu ? Des danseuses ?

LA SERVANTE.

Fraîches de jeunesse et récemment épilées. Mais entre; car le cuisinier allait bientôt retirer les poissons du feu, et on dressait la table.

XANTHIAS.

Eh bien, dis tout de suite aux danseuses de là dedans que je vais entrer. — Esclave, suis-moi de ce côté, et apporte le bagage.

DIONYSOS.

Holà, arrête un peu! Tu ne prends pas au sérieux sans doute ma plaisanterie de te déguiser en Hèraklès? Pas de niaiseries, Xanthias, reprends vite et porte de nouveau les bagages.

XANTHIAS.

Qu'est-ce à dire? Tu ne songes pas assurément à me reprendre ce que tu m'as donné toi-même?

DIONYSOS.

Non pas bientôt, mais c'est tout de suite que je le fais. Quitte cette peau.

XANTHIAS.

Moi, j'en atteste les dieux, et c'est à eux que je me confie.

DIONYSOS.

Quels dieux? Quelle ineptie et quelle folie de te mettre dans la tête, toi un esclave et un mortel, que tu es le fils d'Alkmènè.

XANTHIAS.

Cela suffit, c'est bon. Voici. Peut-être un jour auras-tu besoin de moi, si un dieu le veut.

LE CHŒUR.

Il est d'un homme sensé, prudent, et qui a beaucoup navigué, de se porter toujours vers la paroi solide du navire plutôt que de se tenir, comme une image peinte, dans la même attitude. Mais se retourner du côté le plus avantageux est le fait d'un habile homme, à la façon de Thèraménès.

DIONYSOS.

Ne serait-ce pas ridicule, si Xanthias, un esclave, s'étalant sur des tapis de Milètos, cajolait une danseuse et demandait un pot de chambre, tandis que moi, les yeux fixés sur lui, je me gratterais le ventre, et que lui, mauvais comme il est, m'assénant un coup de poing sur la mâchoire, me briserait les dents de devant?

UNE CABARETIÈRE.

Plathanè, Plathanè, viens ici; voici le gredin qui, entré l'autre jour dans notre cabaret, nous a mangé seize pains.

PLATHANÈ.

De par Zeus! c'est lui-même.

XANTHIAS.

Cela va mal pour quelqu'un.

LA CABARETIÈRE.

Et de plus vingt portions de viandes bouillies, d'une demi-obole chacune.

XANTHIAS.

Quelqu'un en portera la peine.

LA CABARETIÈRE.

Et avec cela beaucoup d'ail.

DIONYSOS.

Tu plaisantes, femme, et tu ne sais ce que tu dis.

LA CABARETIÈRE.

Tu te figurais donc, parce que tu avais des kothurnes, que je ne te reconnaîtrais pas? Mais quoi? Je n'ai encore rien dit de tant de salaison.

PLATHANÈ.

Ni moi, de par Zeus! voyez le malheur! de ce fromage jaune qu'il a avalé avec les claies d'osier.

LA CABARETIÈRE.

Et, comme je lui demandais l'argent, il me regarda de travers et se mit à mugir.

XANTHIAS.

C'est tout à fait de lui; il se conduit de même partout.

LA CABARETIÈRE.

Et il a tiré son épée d'un air furieux.

PLATHANÈ.

De par Zeus! malheureux!

LA CABARETIÈRE.

Et nous deux, saisies de crainte, nous nous élançons vers le grenier, tandis qu'il disparaît d'un bond, emportant les nattes qu'il a prises.

XANTHIAS.

C'est bien son fait; mais il fallait agir.

LA CABARETIÈRE.

Va vite, appelle Kléôn, qui me protège.

PLATHANÈ.

Et toi, appelle-moi, si tu le rencontres, Hyperbolos, pour que nous l'écrasions.

LA CABARETIÈRE.

O gueule vorace, avec quel plaisir je briserais, à coups

de pierre, les mâchoires à l'aide desquelles tu as mangé mes provisions !

PLATHANÈ.

Et moi, comme je te jetterais dans le Barathron !

LA CABARETIÈRE.

Moi, je te couperais, armée d'une faux, le gosier par où tu as englouti les tripes.

PLATHANÈ.

Mais je vais trouver Kléôn, qui aujourd'hui débrouillera tes méfaits, en t'appelant en justice.

DIONYSOS.

Que je meure de malemort, si je n'aime pas Xanthias !

XANTHIAS.

Je sais, je sais ta pensée : finis, finis ce propos. Je ne voudrais plus être Hèraklès.

DIONYSOS.

Ne dis pas cela, mon petit Xanthias.

XANTHIAS.

Et comment serais-je le fils d'Alkmènè, moi tout ensemble esclave et mortel ?

DIONYSOS.

Je sais que tu es fâché, et que tu as raison de l'être. Même tu me battrais que je ne t'en voudrais pas. Mais si dorénavant je te reprends ce costume, que je périsse misérablement, tranché dans la racine, moi, ma femme, mes enfants et le chassieux Arkhédèmos !

XANTHIAS.

Je reçois ton serment, et, à ces conditions, j'accepte.

LE CHOEUR.

A toi, maintenant, puisque tu as repris le costume que tu avais au début, de faire de nouveau le jeune homme, de regarder encore de travers, en souvenir du Dieu que tu représentes. Mais si l'on te prend à niaiser, si tu te laisses aller à quelque faiblesse, il te faudra, de toute nécessité, reprendre encore les paquets.

XANTHIAS.

Votre conseil n'est pas mauvais, braves gens ; mais il se trouve que je viens de penser tout cela moi-même. Si les choses tournent bien, il essaiera de nouveau de me dépouiller, je le sais. Mais je n'en montrerai pas moins un courage viril, un regard pénétrant comme l'origan. Il va le falloir, car j'entends le bruit d'une porte.

ÆAKOS, *à ses esclaves.*

Garrottez vite ce voleur de chiens, afin qu'on le punisse ! Dépêchez !

DIONYSOS.

Cela va mal pour quelqu'un.

XANTHIAS.

Allez aux corbeaux ! N'approchez pas !

ÆAKOS.

Hé! hé! Tu veux te battre? Ditylas, Skéblyas, Pardokas, venez ici, marchez contre cet homme!

DIONYSOS.

N'est-ce pas une indignité que celui-là batte les gens, qui a l'habitude de les voler?

XANTHIAS.

Cela dépasse toutes les bornes!

DIONYSOS.

Oui, c'est une indignité, une monstruosité.

XANTHIAS.

J'en atteste Zeus, si jamais je suis venu ici, je consens à mourir, ou si je t'ai volé la valeur d'un cheveu. Et je t'en donnerai une preuve tout à fait éclatante. Mets à la question l'esclave que voici, et, si tu me trouves coupable, tue-moi sans hésiter.

ÆAKOS.

Et quel genre de question?

XANTHIAS.

N'importe laquelle : garrottage à l'échelle, pendaison, étrivières à pointes, écorchure, torture, infusion de vinaigre dans les narines, entassement de briques, tout le reste, sauf le fouet avec des poireaux et de l'ail nouveau.

ÆAKOS.

Bien dit; et si j'estropie ton esclave en le frappant, on te comptera de l'argent.

XANTHIAS.

A moi, pas du tout : mets-le à la question, emmène-le.

ÆAKOS.

Ici même, pour qu'il parle sous tes yeux. Toi, dépose ton paquet tout de suite ; et, quoi que tu dises, pas un mensonge.

DIONYSOS.

Je dis qu'on ne doit pas me mettre à la question, moi, un Immortel : autrement, ne t'en prends qu'à toi-même.

ÆAKOS.

Que dis-tu ?

DIONYSOS.

Je dis que je suis un Immortel, Dionysos, fils de Zeus, et que voici l'esclave.

ÆAKOS.

Tu l'entends ?

XANTHIAS.

Oui, j'entends. Et c'est pour cela qu'il faut fouetter beaucoup plus fort. Étant dieu, il ne le sentira pas.

DIONYSOS.

Quoi donc ? Puisque tu prétends être dieu, pourquoi ne reçois-tu pas les mêmes coups que moi ?

XANTHIAS.

C'est juste. Celui de nous deux que tu verras pleurer le premier ou se montrer sensible aux coups, conclus que celui-là n'est pas dieu.

ÆAKOS.

Non, on ne saurait nier que tu ne sois un brave. Tu vas au-devant de ce qui est juste. Allons, déshabillez-vous !

XANTHIAS.

Comment donc nous appliqueras-tu la question d'une façon équitable ?

ÆAKOS.

Aisément : coup par coup à chacun.

XANTHIAS.

Bien dit. Tiens, regarde si tu me vois remuer.

ÆAKOS.

Voilà, je t'ai frappé.

XANTHIAS.

Non, de par Zeus !

ÆAKOS.

En effet, je ne le croirais pas. Mais je vais à celui-ci, et je frappe.

DIONYSOS.

Quand donc ?

ÆAKOS.

Mais j'ai frappé.

DIONYSOS.

Comment se fait-il que je n'aie pas éternué !

ÆAKOS.

Je ne sais. Je vais recommencer sur l'autre.

XANTHIAS.

Finis-en. Iattatai!

ÆAKOS.

Que signifie ce « Iattatai »? As-tu souffert?

XANTHIAS.

Non, de par Zeus! Je pensais au temps où les Hèrakléia se célèbrent à Dioméia.

ÆAKOS.

Homme pieux! Passons maintenant à l'autre.

DIONYSOS.

Iou! Iou!

ÆAKOS.

Qu'est-ce donc?

DIONYSOS.

J'aperçois des cavaliers.

ÆAKOS.

Pourquoi pleures-tu?

DIONYSOS.

Je sens l'odeur de l'oignon.

ÆAKOS.

Dis si tu as souci de quelque chose.

DIONYSOS.

Je n'ai souci de rien.

ÆAKOS.

Il faut revenir à celui-ci.

XANTHIAS.

Holà !

ÆAKOS.

Qu'est-ce donc ?

XANTHIAS.

Ote-moi cette épine.

ÆAKOS.

Que signifie cela ? Il faut retourner à l'autre.

DIONYSOS.

Apollôn, Dieu souverain de Dèlos ou de Pytho !

XANTHIAS.

Il a souffert : n'as-tu pas entendu ?

DIONYSOS.

Moi ? Pas du tout : je me rappelais un iambe de Hipponax.

XANTHIAS.

Tu ne fais rien comme cela : secoue les intestins !

ÆAKOS.

Allons, de par Zeus ! présente le ventre.

DIONYSOS.

Poséidôn !...

XANTHIAS.

On a souffert.

DIONYSOS.

Qui règne sur les caps de la mer Ægée, ou sur les flots d'azur, au fond des abîmes.

ÆAKOS.

Par Dèmètèr! je ne puis pas savoir lequel de vous deux est dieu. Mais entrez. Le maître et Perséphonè, dieux tous les deux, en jugeront.

DIONYSOS.

Bien dit. Mais j'aurais voulu que tu t'en fusses avisé avant de m'appliquer des coups.

PARABASE *ou* CHŒUR.

Muse, assiste à nos chœurs sacrés, et viens prendre plaisir à mes chants, en voyant cette foule nombreuse d'hommes assis, dont les dix mille intelligences sont plus ambitieuses que celle de Kléophôn, de qui les lèvres bavardes émettent un son strident, comme l'hirondelle de Thrakè, assise sur un arbre barbare. Il croasse le chant lamentable du rossignol, jusqu'à ce qu'il périsse, eût-il les suffrages égaux.

Il est juste que le Chœur sacré conseille et enseigne ce qui est utile à l'État. Et d'abord il nous semble bon que les citoyons soient égaux et exempts de crainte. Si quelqu'un a commis la faute d'être dupe des artifices de Phrynikhos, je dis qu'il faut que ces délinquants d'alors puissent exposer leur cause et se disculper de leurs méfaits passés. J'ajoute que personne d'indigne ne doit faire partie de la cité. Car il est honteux que ceux qui se sont trouvés à une seule bataille navale soient tout de suite des Platæens, et d'esclaves deviennent maîtres. Ce n'est pas que je dise que la mesure n'a pas été bonne; je l'approuve : c'est le seul acte de bon sens que vous ayez fait. Mais il convient aussi que ceux qui ont pris part avec vous, ainsi que leurs pères, à de nombreux combats sur mer, et vos alliés par la race, obtiennent le pardon, réclamé par eux, d'une faute unique. Relâchez-vous de votre colère, hommes d'une nature très sage; faisons de bon gré nos parents et nos concitoyens honorés tous les hommes qui ont pris part à nos combats sur mer. Si nous sommes si arrogants et si renchéris sur ce point, au moment où la ville est à la merci des flots, dans l'avenir nous ne semblerons pas avoir gardé notre bon sens.

Si j'ai l'esprit assez juste pour voir la vie et le caractère de ceux qui auront bientôt à gémir, c'est le tour de ce singe, qui trouble maintenant la ville, du petit Kligénès, le pire de tous les baigneurs, qui emploient un mélange de sable, de cendre, de pseudonitre et de craie de Kimolos : il n'attendra pas longtemps. Voyant cela, il n'a rien de pacifique; car de peur d'être dépouillé, quand il est ivre, il ne marche jamais sans bâton.

Souvent la ville nous a paru en user à l'égard des citoyens beaux et bons, comme pour la vieille monnaie et la nouvelle. Les premières ne sont pas falsifiées : ce sont les plus belles de toutes les monnaies, à ce qu'il semble, les seules frappées au bon coin et d'un son légal; et cependant, nulle part, ni chez les Hellènes, ni chez les Barbares, nous n'en faisons usage, préférant ces méchantes pièces de bronze, frappées hier ou avant-hier au plus mauvais coin. Il en est de même pour ceux des citoyens que nous savons bien nés, modérés, hommes justes, beaux et bons, nourris dans les palestres, dans les chœurs, dans la musique, nous les couvrons de boue, tandis que les hommes faits de bronze, étrangers, aux cheveux roux, méchants issus de méchants, nous en usons pour tout : derniers venus dont jadis la ville n'eût pas facilement voulu pour victimes expiatoires. Du moins aujourd'hui, insensés, changez de conduite, usez de nouveau de ceux qui sont utiles : si vous réussissez, on vous donnera raison ; et, si vous tombez, ce sera d'une branche respectable ; si vous avez quelque chose à souffrir, vous paraîtrez aux sages avoir honorablement souffert.

ÆAKOS.

Par Zeus Sauveur ! c'est un brave homme que ton maître.

XANTHIAS.

Comment ne serait-ce pas un brave homme, lui qui ne sait que boire et faire l'amour ?

ÆAKOS.

Pourquoi ne t'a-t-il pas battu, lorsqu'il t'a pris en flagrant délit de dire, toi esclave, que tu étais le maître ?

XANTHIAS.

Il aurait eu à en gémir.

ÆAKOS.

Tu t'es montré bon esclave en faisant ce que je me plais à faire moi-même.

XANTHIAS.

Tu te plais à cela ? Comment, je t'en prie ?

ÆAKOS.

Il me semble que je suis épopte, quand je maudis mon maître en cachette.

XANTHIAS.

Et lorsque, en grognant, roué de coups, tu t'en vas vers la porte ?

ÆAKOS.

Je suis également ravi.

XANTHIAS.

Et quand tu te mêles de mille affaires ?

ÆAKOS.

De par Zeus ! je ne sache rien au-dessus.

XANTHIAS.

O Zeus, Dieu de la fraternité ! Et lorsque tu écoutes ce que disent les maîtres.

ÆAKOS.

C'est plus que du délire.

XANTHIAS.

Et quand tu le racontes à ceux qui sont à la porte ?

ÆAKOS.

Moi ? De par Zeus ! quand je le fais, je suis au comble de la jouissance.

XANTHIAS.

Par Phœbos Apollôn, donne-moi la main, faisons un échange de baisers, et dis-moi, au nom de Zeus, mon compagnon de fouettade, dis-moi quel est ce tapage de là dedans, ces cris, cette dispute.

ÆAKOS.

C'est entre Æskhylos et Euripidès.

XANTHIAS.

Ah!

ÆAKOS.

C'est une affaire, une grosse affaire en mouvement; grande émotion chez les morts; débat grave tout à fait.

XANTHIAS.

A propos de quoi?

ÆAKOS.

Il y a ici une loi, qui porte que, dans les arts grands et ingénieux, tout homme supérieur à ses confrères sera nourri au Prytanéion et siégera auprès de Ploutôn...

XANTHIAS.

Je comprends.

ÆAKOS.

Jusqu'au moment où il arrivera un autre artiste plus habile que lui; alors il faut qu'il lui cède la place.

XANTHIAS.

Or, en quoi cela trouble-t-il Æskhylos?

ÆAKOS.

Il occupait le trône tragique, comme étant le premier dans son art.

XANTHIAS.

Et qui est-ce qui l'occupe maintenant?

ÆAKOS.

Lorsque Euripidès descendit ici, il fit un étalage devant les voleurs d'habits, les coupeurs de bourse, les parricides, les perceurs de murs, qui foisonnent chez Hadès, et ces gens-là, entendant ses pour et contre, ses tours de souplesse, ses artifices, en raffolèrent, et le jugèrent le plus habile : lui, dans sa présomption, s'empara du trône où siégeait Æskhylos.

XANTHIAS.

Et on ne l'a pas lapidé!

ÆAKOS.

Non, de par Zeus! La foule criait qu'il fallait un jugement pour décider lequel des deux est le plus habile dans son art.

XANTHIAS.

Les gredins!

ÆAKOS.

De par Zeus! leurs cris allaient jusqu'au ciel.

XANTHIAS.

A côté d'Æskhylos, n'y en a-t-il pas d'autres qui soient ses partisans?

ÆAKOS.

Les gens de bien sont rares, comme ici *(montrant les spectateurs)*.

XANTHIAS.

Et qu'est-ce que Ploutôn compte faire ?

ÆAKOS.

Ouvrir tout de suite un débat, un jugement, une épreuve de leur talent.

XANTHIAS.

Et comment Sophoklès n'a-t-il pas aussi réclamé le trône ?

ÆAKOS.

Loin de là, de par Zeus ! Quand il est descendu ici, il a embrassé Æskhylos, lui a tendu la main, et lui a laissé le trône ; mais maintenant, a dit Klidèmidès, il va lui servir d'éphèdre : si Æskhylos est vainqueur, il lui cède la place ; sinon, il dit qu'il disputera à Euripidès la supériorité dans leur art.

XANTHIAS.

La chose va-t-elle se faire ?

ÆAKOS.

De par Zeus ! avant peu. Ici même, la grande lutte va s'agiter, et le talent dramatique sera pesé dans une balance.

XANTHIAS.

Eh quoi ? Ils vont peser la tragédie ?

ÆAKOS.

Oui, ils apporteront des règles, des toises à vers, des moules compacts...

XANTHIAS.

Ils vont mouler de la brique ?

ÆAKOS.

Des diamètres, des équerres. Euripidès dit qu'il soupèsera les tragédies vers par vers.

XANTHIAS.

Je pense qu'Æskhylos doit avoir de la peine à supporter cela.

ÆAKOS.

Il a des regards de taureau, il baisse la tête.

XANTHIAS.

Mais qui jugera l'affaire ?

ÆAKOS.

Ce n'était pas chose facile ; car il y avait disette de gens sensés. Les Athéniens n'agréaient pas à Æskhylos.

XANTHIAS.

Peut-être y voyait-il beaucoup de perceurs de murs.

ÆAKOS.

Et d'ailleurs il regardait comme une plaisanterie de connaître du génie des poètes. Ils ont fini par s'en remettre à ton maître, expert en fait d'art. Mais entrons : quand les maîtres s'intéressent à une chose, pour nous gare les coups !

LE CHOEUR.

Certes, le poète au courroux frémissant sentira en lui de la colère, quand il verra son rival bavard aiguiser ses dents; alors, pris d'une folie terrible, il fera rouler ses yeux. Ce sera une lutte panachée de paroles à crins de cheval, de subtilités glissant sur l'épieu, de copeaux mis en mouvement par un poète rivalisant avec les mots bondissants d'un génie créateur. Celui-ci, hérissant la crinière hirsute de son cou chevelu, fronçant un sourcil redoutable, va venir rugissant, arrachant les mots comme des planches clouées, avec le souffle d'un géant. L'autre, artisan de paroles, langue experte, bien affilée, déliée, rongeant le frein de l'envie, épiloguera sur des mots disséqués, travail d'un robuste poumon.

EURIPIDÈS, *à Dionysos.*

Je ne quitterai pas le trône; cesse de me le conseiller; je prétends être supérieur à celui-ci dans notre art.

DIONYSOS.

Æskhylos, pourquoi gardes-tu le silence? Tu entends ce qu'il dit.

EURIPIDÈS.

Il va d'abord prendre un ton solennel, comme il le fait d'ordinaire dans ses tragédies, où se déploie son charlatanisme.

DIONYSOS.

Homme important, pas de paroles si arrogantes!

EURIPIDÈS.

Je le connais, et j'ai, depuis longtemps, percé à jour ce créateur d'hommes farouches, ce poète au langage hautain, à la bouche sans frein, sans règle, sans mesure, emportée, pleine d'entassements emphatiques.

ÆSKHYLOS.

Vraiment, c'est toi, le fils d'une déité agreste, qui me parles ainsi, toi, un débitant de collections de sottises, un faiseur de mendiants, un rapetasseur de haillons; mais il t'en cuira de tenir ces propos.

DIONYSOS.

Finis, Æskhylos; que la colère ne t'échauffe pas la bile.

ÆSKHYLOS.

Non, certes, pas avant que j'aie montré clairement si ce faiseur de boiteux a sujet de faire le fier.

DIONYSOS.

Une brebis, une brebis noire! Esclaves, amenez-la; un orage menace d'éclater.

ÆSKHYLOS.

O assembleur de monodies krètiques, introducteur dans l'art d'hyménées incestueux!

DIONYSOS.

Modère-toi, vénérable Æskhylos; et toi, pour éviter la grêle, misérable Euripidès, dérobe-toi vite, si tu es sage, de peur que, dans sa colère, il ne te lance à la tête quelque grand mot qui en fasse jaillir « Tèléphos »! Toi, Æskhylos, apaise ton courroux; mais, en critiquant, critique avec modération. Il ne convient pas que des poètes s'injurient comme des boulangères ; et toi, tu cries tout de suite comme de l'yeuse enflammée.

EURIPIDÈS.

Moi, je suis tout prêt, sans broncher, à mordre ou à être mordu le premier, si bon lui semble, sur les vers, sur les morceaux lyriques, sur le nerf de la tragédie, et, j'en atteste Zeus ! sur Pèleus, sur Æolos, sur Méléagros, et même sur Tèléphos.

DIONYSOS.

Et toi, que résous-tu de faire ? Parle, Æskhylos.

ÆSKHYLOS.

Moi, j'aurais désiré ne pas combattre ici ; car la partie n'est pas égale.

DIONYSOS.

Pourquoi ?

ÆSKHYLOS.

C'est que ma poésie n'est pas morte avec moi, tandis que la sienne est morte avec lui, si bien qu'il aura matière à parole. Toutefois, puisque c'est ton désir, il faut agir ainsi.

DIONYSOS.

Voyons, maintenant, qu'on apporte ici l'encens et le feu pour prier le ciel, avant leur lutte ingénieuse, de me faire juger ce débat en habile connaisseur. Et vous, chantez un hymne aux Muses.

LE CHŒUR.

O neuf Vierges, filles de Zeus, chastes Muses, vous qui

voyez les âmes subtiles et ingénieuses des forgeurs de pensées, lorsqu'ils entrent en dispute, armés de leurs artifices les plus déliés, venez contempler la puissance de deux bouches très éloquentes, fournissez-leur des paroles et le prisme des vers. C'est aujourd'hui le grand combat du génie : la lutte est près de s'engager.

DIONYSOS.

Faites tous deux quelque prière, avant de dire vos vers.

ÆSKHYLOS.

Dèmètèr, qui as nourri mon esprit, puissé-je me montrer digne de tes Mystères!

DIONYSOS.

Toi aussi, prends et brûle de l'encens.

EURIPIDÈS.

C'est juste; car j'ai aussi d'autres dieux que j'invoque.

DIONYSOS.

Des dieux à toi, de fabrique nouvelle?

EURIPIDÈS.

Assurément.

DIONYSOS.

Eh bien! adresse-toi à ces dieux particuliers.

EURIPIDÈS.

Æther, qui me sers de nourriture, volubilité de la langue, finesse de l'esprit, subtilité de l'odorat, donnez la force persuasive aux réfutations que je vais prononcer.

LE CHŒUR.

Certes, nous brûlons d'entendre les paroles rhythmées de ces deux hommes habiles et leurs ingénieux procédés. Leur langue est acérée; ni l'un ni l'autre n'a le cœur dépourvu d'audace; leur âme est intrépide. Il faut donc s'attendre à ce que l'un ne dise rien que d'élégant et de limé, et que l'autre, s'armant de paroles tout d'une pièce, fonde sur son adversaire et mette en déroute les nombreux artifices de ses vers.

DIONYSOS.

Mais il faut se hâter de prendre la parole. Seulement n'usez que de termes polis, sans figures, et sans rien de ce qu'un autre pourrait dire.

EURIPIDÈS.

De moi-même et de mes titres poétiques je ne parlerai qu'en dernier lieu, mais je veux d'abord le convaincre d'être un hâbleur, un charlatan, qui trompe les spectateurs grossiers, formés à l'école de Phrynikhos. Et d'abord, par exemple, il faisait asseoir un personnage voilé, Akhilleus ou Niobè, dont il ne montrait pas le visage, vrais figurants de tragédie, ne soufflant pas un mot.

DIONYSOS.

De par Zeus! c'est tout à fait cela.

EURIPIDÈS.

Le chœur, cependant, débitait des tirades de chants, jusqu'à quatre de suite, et sans discontinuer; mais eux se taisaient toujours.

DIONYSOS.

Moi, j'aimais ce silence; il ne me déplaisait pas moins que le bavardage d'aujourd'hui.

EURIPIDÈS.

C'est que tu étais un imbécile, sache-le bien!

DIONYSOS.

Je le crois aussi. Mais pourquoi le drôle agissait-il ainsi?

EURIPIDÈS.

Par charlatanisme, pour que le spectateur demeurât dans l'attente du moment où Niobè parlerait; en attendant, le drame allait son train.

DIONYSOS.

Le vaurien! Que de fois j'ai été dupé par lui! mais pourquoi ces regards furieux, cette impatience?

EURIPIDÈS.

C'est parce que je le confonds. Puis, après ces radotages, lorsque le drame était arrivé à la moitié, il lançait une douzaine de termes beuglants, ayant sourcils et aigrettes, affreux, épouvantables, inconnus aux spectateurs.

ÆSKHYLOS.

Malheur à moi!

DIONYSOS.

Silence!

EURIPIDÈS.

Il ne disait rien d'intelligible: pas un mot.

DIONYSOS.

Ne grince pas des dents.

EURIPIDÈS.

Ce n'étaient que Skamandros, abîmes, aigles à bec de griffon sculptés sur l'airain des boucliers, mots guindés à cheval, pas commodes à saisir.

DIONYSOS.

De par les dieux! il m'est arrivé, à moi, de veiller une grande partie de la nuit, cherchant son hippalektryôn jaune, quel oiseau c'était!

ÆSKHYLOS.

Ignorant, c'était comme un emblème sculpté sur les vaisseaux.

DIONYSOS.

Moi, je croyais que c'était le fils de Philoxénos, Éryxis.

EURIPIDÈS.

Était-il donc nécessaire de mettre un coq dans des tragédies?

ÆSKHYLOS.

Et toi, ennemi des dieux, dis-nous ce que tu as fait.

EURIPIDÈS.

Chez moi, j'en atteste Zeus! jamais comme chez toi de hippalektryôns, ni de capricerfs, comme on en dessine sur les tapis médiques. J'avais reçu de tes mains la tragédie, gonflée de termes ampoulés et de propos pesants; je l'ai tout d'abord allégée, et j'ai diminué ce poids, à l'aide de petits vers, de digressions, de poirées blanches, étendues de suc de sornettes extrait des livres anciens; ensuite je l'ai nourrie de monodies, dosées de kèphisophôn; puis je ne radotais pas au hasard, et je ne brouillais pas tout à l'aventure; mais le premier qui sortait exposait tout de suite l'origine du drame.

DIONYSOS.

Cela valait mieux, de par Zeus! que de rappeler la tienne.

EURIPIDÈS.

Alors, dès les premiers vers, nul ne restait inactif; mais tout le monde parlait dans ma pièce, femme, esclave ou maître, jeune fille ou vieille.

ÆSKHYLOS.

Ne méritais-tu pas la mort pour cette audace?

EURIPIDÈS.

Non, par Apollôn! Je faisais une œuvre démocratique.

DIONYSOS.

Laissons cela de côté, mon cher; car la discussion sur ce point ne serait pas pour toi une très belle affaire.

EURIPIDÈS.

De plus j'ai appris à ces gens-ci à parler.

ÆSKHYLOS.

J'en conviens, mais avant de le leur apprendre, que n'as-tu craqué par le milieu!

EURIPIDÈS.

Et puis la mise en œuvre des règles subtiles, les coins

et recoins des mots, réfléchir, voir, comprendre, ruser, aimer, intriguer, soupçonner le mal, songer à tout.

ÆSKHYLOS.

J'en conviens.

EURIPIDÈS.

Introduisant sur la scène la vie intime, nos habitudes quotidiennes, de manière à provoquer la critique : car chacun s'y connaissant pouvait critiquer mon procédé. Mais je ne faisais pas un fracas capable de troubler la raison, je ne les frappais point d'étonnement avec des Kyknos et des Memnôns guindés sur des chevaux dont les harnais résonnent. Tu vas connaître quels sont ses disciples et les miens. A lui Phormisios, Mégænétos de Magnésia, hérissés de trompettes, de lances et de barbes, dont les sarcasmes plient les pins; à moi Klitophôn et le gracieux Thèraménès.

DIONYSOS.

Thèraménès, cet homme habile et prêt à tout, qui, tombant dans quelque méchante affaire, et voyant l'imminence, se tire de peine, en disant qu'il n'est pas de Khios, mais de Kéos?

EURIPIDÈS.

Voilà comment je suis parvenu à leur former le jugement, en introduisant dans mon art le raisonnement et la réflexion; de sorte que maintenant ils comprennent et pénètrent tout, gouvernent mieux leur maison qu'autrefois, en se disant : « Où en est cette affaire? Qu'est devenu ceci? Qui a pris cela? »

DIONYSOS.

Oui ! de par les dieux ! Aujourd'hui tout Athénien rentrant chez lui crie à ses serviteurs et s'informe : « Où est la marmite ? Qui a mangé la tête de l'anchois ? Le plat que j'ai acheté l'an dernier n'existe plus. Où est l'ail d'hier ? Qui a mangé les olives ? » Auparavant, c'étaient des sots, bouche béante, plantés là, comme des Mammakythes et des Mélitides.

LE CHOEUR.

« Tu vois cela, brillant Akhilleus ! » Et toi, voyons, que vas-tu répondre ? Seulement, que la passion ne t'emporte pas au delà des oliviers : car son attaque a été vive. Mais, ô mon brave, ne riposte pas avec colère ; cargue tes voiles et ne fais usage que de leur extrémité ; puis avance doucement, doucement, et veille à ne prendre le vent que quand tu le sentiras doux et régulier. Alors toi, qui, le premier des Hellènes, as crénelé les hauteurs du langage, relevé les jeux de la tragédie, déchaîne sans peur le torrent.

ÆSKHYLOS.

Je suis irrité de cette rencontre ; mes entrailles s'indignent d'avoir à contredire cet homme ; mais qu'il ne prétende point m'avoir jeté dans l'embarras. Réponds-moi, qu'est-ce qui rend un poète digne d'admiration ?

EURIPIDÈS.

L'adresse et la justesse, avec laquelle nous rendons les hommes meilleurs dans les cités.

ÆSKHYLOS.

Si donc tu ne l'as point fait, mais si de bons et généreux

tu les as rendus tout à fait pervers, de quoi, dis-le-moi, es-tu passible?

DIONYSOS.

De la mort : ne le demande pas.

ÆSKHYLOS.

Vois donc quels hommes il a, tout d'abord, reçus de mes mains : généreux, hauts de quatre coudées, ne se dérobant point aux charges publiques, ni flâneurs, ni bouffons, comme aujourd'hui, ni toujours prêts au mal, mais respirant lances et javelots, casques aux blanches aigrettes, armets, bottines, boucliers à sept cuirs de bœuf.

EURIPIDÈS.

Voilà qui va mal : il m'assommera avec ses casques. Mais comment fais-tu pour leur enseigner la bravoure?

DIONYSOS.

Réponds, Æskhylos, et ne donne pas l'essor à ta jactance farouche.

ÆSKHYLOS.

En faisant un drame rempli d'Arès.

DIONYSOS.

Lequel?

ÆSKHYLOS.

Les Sept devant Thèbæ. Tous les spectateurs souhaitaient d'être hommes de guerre.

DIONYSOS.

En cela tu as mal fait : tu as rendu les Thèbains plus ardents au combat. Aussi mérites-tu d'être frappé.

ÆSKHYLOS.

Il ne tenait qu'à vous de vous exercer; mais vous ne vous êtes point tournés de ce côté. Depuis, en faisant représenter *les Perses,* je vous ai appris à désirer vaincre toujours les ennemis; et j'ai produit un chef-d'œuvre admirable.

DIONYSOS.

Moi, j'éprouvai une grande joie, en apprenant la mort de Daréios, lorsque le chœur, battant des mains, s'écria : « Iau! Iau! »

ÆSKHYLOS.

Voilà les sujets où les poètes doivent s'exercer. Remarquez, en effet, dès l'origine, combien les poètes de génie ont été utiles. Orpheus a enseigné les mystères et l'horreur du meurtre; Musæos, les remèdes des maladies et les oracles; Hèsiodos, l'agriculture, la saison des fruits, les labours; et le divin Homèros, d'où lui est venu tant d'honneur et de gloire, si ce n'est d'avoir enseigné, mieux que personne, la tactique, les vertus et les armures des guerriers?

DIONYSOS.

Il n'a pourtant rien appris à ce grand niais de Pantaklès : en effet, tout récemment, faisant partie d'une pompe, il avait attaché son casque à sa tête, oubliant d'y adapter l'aigrette.

ÆSKHYLOS.

Mais il a formé un grand nombre d'autres héros, parmi lesquels est le vaillant Lamakhos. Ma muse, tout imprégnée de lui, a célébré les vertus héroïques des Patroklès, des Teukros au cœur de lion, afin d'entraîner chaque citoyen à s'égaler à eux, dès qu'il entend la trompette. Mais, de par Zeus! je ne mettais point en scène des Phædras impudiques, ni des Sthénébœas, et je ne sache point avoir jamais créé le personnage d'une femme amoureuse.

EURIPIDÈS.

Non, de par Zeus! car Aphroditè n'était rien pour toi.

ÆSKHYLOS.

Et qu'il en soit toujours ainsi! Mais qu'elle règne sans cesse attachée à toi et aux tiens! Car elle a fini par te perdre toi-même.

DIONYSOS.

De par Zeus! c'est tout à fait cela. Les crimes que tu imputais aux femmes des autres, tu en as été toi-même frappé.

EURIPIDÈS.

Eh! malheureux! Quel tort mes Sthénébœas font-elles à l'État?

ÆSKHYLOS.

Que tu as poussé des femmes honnêtes, épouses d'honnêtes citoyens, à boire la ciguë, prises de honte en face de tes Bellérophôns.

EURIPIDÈS.

Est-ce que j'ai mis en œuvre une fausse légende relative à Phædra?

ÆSKHYLOS.

Non, elle est réelle. Mais le poète doit jeter un voile sur le mal, ne pas le produire au jour, ni sur la scène. Ce qu'est le maître pour l'éducation de l'enfance, le poète l'est pour l'âge viril. Nous ne devons rien dire que d'absolument bien.

EURIPIDÈS.

Lors donc que tu nous parles des Lykabèttos ou des hauteurs du Parnasos, est-ce enseigner des choses bonnes, quand il fallait user d'un langage humain ?

ÆSKHYLOS.

Mais, malheureux, il faut pour les grandes sentences, pour les grandes pensées, créer des expressions à la hauteur. D'ailleurs, il est naturel que les demi-dieux se servent de mots sublimes, comme ils sont habillés de vêtements plus magnifiques que les nôtres. Ce que j'avais ennobli, tu l'as ravalé, toi.

EURIPIDÈS.

De quelle manière ?

ÆSKHYLOS.

D'abord, tu as revêtu les rois de haillons pour paraître dignes de compassion aux yeux des hommes.

EURIPIDÈS.

Quel mal ai-je fait en cela ?

ÆSKHYLOS.

Cela fait que pas un riche ne veut être triérarkhe, mais s'enveloppe de haillons, pleure et dit qu'il est pauvre.

DIONYSOS.

Par Dèmètèr! ils ont par-dessous un khitôn de laine fine, et tel, qui ment ainsi, on le voit poindre tout à coup sur le marché aux poissons.

ÆSKHYLOS.

C'est encore toi qui as enseigné le goût du bavardage et des arguties, fait déserter les palestres, montré à serrer le derrière des jeunes diseurs de riens, appris aux matelots à tenir tête à leurs chefs. Au contraire, de mon vivant, ils ne savaient que crier : « Hé! la galette! » ou bien : « Rhyppapæ ! »

DIONYSOS.

Oui, par Apollôn! Puis péter au nez des thalamistes, embrener les camarades de gamelle, détrousser les habitants des ports de relâche. Maintenant ils disputent, et ils voguent à l'aventure, soit par ici, soit par là.

ÆSKHYLOS.

De quels crimes n'est-il pas l'auteur? N'a-t-il pas mis en scène des entremetteuses, des femmes accouchant dans des temples, des sœurs incestueuses, et d'autres qui disent que vivre c'est ne pas vivre? Voilà comment notre ville est remplie de scribes et de bouffons, singes populaires, qui trompent le peuple sans cesse : si bien que personne n'est plus en état aujourd'hui de porter le flambeau, faute d'exercice.

DIONYSOS.

Personne, de par Zeus! Aussi, aux Panathènæa, j'ai failli mourir de rire, en voyant courir un lourdaud, plié en deux, blanc, gras, laissé en arrière, se donnant un mal affreux. Ceux qui étaient aux portes du Kéramique lui frappent le ventre, les côtes, les reins, les fesses ; en réponse à ces claques, le battu éteint son flambeau, et s'enfuit.

LE CHOEUR.

Sérieuse est l'affaire, grand débat, lutte rudement engagée. Le jugement sera difficile à rendre; car, si l'un attaque avec vigueur, l'autre sait se retourner et résister avec prestesse. Mais ne restez pas toujours sur le même terrain. Vous avez mille moyens, et d'autres encore, de lancer vos attaques. Tous les points que vous avez à débattre, exposez-les; allez de l'avant; déployez les arguments vieux ou nouveaux, et n'hésitez point à dire quelque chose de subtil et d'ingénieux. Si vous craignez que l'ignorance des spectateurs ne saisisse pas vos finesses de langage, n'ayez pas peur. Il ne peut plus se faire qu'il en soit ainsi. Ils ont été à la guerre : chacun a son livre, où il apprend la sagesse. Ce sont, d'ailleurs, des créatures d'élite et aujourd'hui plus aiguisées que jamais. Ne redoutez donc rien, déployez tout votre talent; vous êtes devant des spectateurs éclairés.

EURIPIDÈS.

Eh bien, je m'attaquerai d'abord à tes prologues. C'est la première partie de la tragédie, c'est donc le premier point que j'examinerai dans cet habile poète. Il n'était pas clair dans l'énoncé des faits.

DIONYSOS.

Et quel est celui de ses prologues que tu critiques ?

EURIPIDÈS.

Une foule. Récite-moi d'abord celui de l'*Orestéia*.

DIONYSOS.

Que tout le monde se taise. Parle, Æskhylos.

ÆSKHYLOS.

« Hermès souterrain, qui veilles sur le royaume paternel, sois mon sauveur et mon aide, je t'en supplie : car je viens dans cette contrée et j'y rentre. » As-tu là quelque mot à reprendre?

EURIPIDÈS.

Plus de douze.

ÆSKHYLOS.

Mais il n'y a en tout ici que trois vers.

EURIPIDÈS.

Chacun d'eux a au moins vingt fautes.

ÆSKHYLOS.

Ne vois-tu pas que tu dis une niaiserie?

EURIPIDÈS.

C'est le dernier de mes soucis.

DIONYSOS.

Æskhylos, je te conseille de te taire; sinon, outre ces trois iambes, tu seras responsable de plusieurs encore.

ÆSKHYLOS.

Moi, me taire devant lui?

DIONYSOS.

Si tu m'en crois.

EURIPIDÈS.

Et de fait, dès le début, il a commis une faute immense comme le ciel.

ÆSKHYLOS.

Où dis-tu que j'ai commis une faute ?

EURIPIDÈS.

Répète ce que tu as dit tout d'abord.

ÆSKHYLOS.

« Hermès souterrain, qui veilles sur le royaume paternel. »

EURIPIDÈS.

Orestès ne dit-il pas cela sur la tombe de son père mort ?

ÆSKHYLOS.

Je ne dis pas autre chose.

EURIPIDÈS.

Veut-il dire que Hermès, quand le père d'Orestès mourait sous les coups d'une femme, par une odieuse perfidie, veillait sur le royaume paternel ?

ÆSKHYLOS.

Ce n'est pas Hermès, dieu de la ruse, mais Hermès Secourable qu'il invoque sous le titre de Souverain, et il dit nettement qu'il tient ces fonctions de son père.

EURIPIDÈS.

Ta faute est encore plus grosse que je ne voulais le dire, s'il tient de son père ces fonctions souveraines.

DIONYSOS.

Ainsi son père en aurait fait un fossoyeur.

ÆSKHYLOS.

Dionysos, tu bois un vin dépourvu de bouquet.

DIONYSOS.

Passe à l'autre vers; et toi, observe les fautes.

ÆSKHYLOS.

« Sois mon sauveur et mon aide, je t'en supplie : car je viens dans cette contrée, et j'y rentre. »

EURIPIDÈS.

C'est deux fois la même chose que nous dit l'habile Æskhylos.

DIONYSOS.

Comment deux fois ?

EURIPIDÈS.

Vois bien la phrase; je vais te la dire : « Je viens dans cette contrée, et j'y rentre. »

DIONYSOS.

De par Zeus! c'est comme si quelqu'un disait à son voisin : « Prête-moi ta huche, ou, si tu veux, ton pétrin. »

ÆSKHYLOS.

Ce n'est pas cela du tout, insigne bavard, mais mon expression est excellente.

DIONYSOS.

Comment cela ? Indique-moi de quelle manière tu l'entends.

ÆSKHYLOS.

Venir dans une contrée est le fait de tout homme qui en est étranger : car il y vient sans avoir éprouvé aucune infortune ; mais un exilé « y vient et y rentre ».

DIONYSOS.

Bien, par Apollôn ! Que dis-tu, Euripidès ?

EURIPIDÈS.

Je dis qu'Orestès n'est pas rentré dans sa patrie : il est venu en secret, sans l'aveu des maîtres du pays.

DIONYSOS.

Bien, par Hermès ! Mais je ne te comprends pas.

EURIPIDÈS.

Passe à un autre.

DIONYSOS.

Allons, achève, Æskhylos, et vivement. Toi, aie l'œil sur le mauvais.

ÆSKHYLOS.

« Au sommet de ce tombeau, je prie mon père de m'écouter, de m'entendre. »

EURIPIDÈS.

Cette redite des mots « écouter, entendre », est une tautologie toute pure.

ÆSKHYLOS.

Mais, malheureux, il parle à des morts, auxquels il ne nous suffit pas de dire trois fois la même chose. Et toi, comment faisais-tu tes prologues ?

EURIPIDÈS.

Je vais le dire ; et, si j'emploie deux fois la même expression, ou si tu vois du remplissage déborder de mon style, conspue-moi.

DIONYSOS.

Allons, dis ; je n'ai rien à faire qu'à t'écouter et à constater l'allure droite du vers de tes prologues.

EURIPIDÈS.

« OEdipous était d'abord un heureux homme. »

ÆSKHYLOS.

De par Zeus ! non pas ; mais de sa nature destiné au malheur, puisque, avant même sa naissance, Apollôn prédit qu'il tuerait son père. Ainsi comment était-il tout d'abord un heureux homme ?

EURIPIDÈS.

« Et ensuite il devint le plus malheureux des mortels. »

ÆSKHYLOS.

De par Zeus ! non pas ; car il ne cessa jamais de l'être. En effet, à peine est-il né qu'on l'expose, en plein hiver, dans un vase de terre, de peur que, si on l'élevait, il ne devînt le meurtrier de son père ; il se rend ensuite chez Polybos, avec ses pieds enflés ; puis, jeune encore, il épouse une vieille femme, et, pour comble d'étrangeté, sa propre mère; enfin, il se crève les yeux.

DIONYSOS.

Certes, il aurait été heureux, s'il avait été stratège avec Érasinidès.

EURIPIDÈS.

Tu radotes; je suis un excellent faiseur de prologues.

ÆSKHYLOS.

Assurément, de par Zeus! je n'éplucherai pas chacune de tes paroles; mais avec l'aide des dieux, d'un seul petit lékythe je mettrai à néant tes prologues.

EURIPIDÈS.

Toi, mes prologues, d'un seul petit lékythe!

ÆSKHYLOS.

D'un seul. Tu fais de façon qu'on peut adapter quoi que ce soit, « petite toison, petit lékythe, petit sac », à tes iambes : je le montrerai tout de suite.

EURIPIDÈS.

Voyons; toi, le montrer?

ÆSKHYLOS.

Je l'affirme.

DIONYSOS.

Il faut le prouver : parle.

EURIPIDÈS.

« Ægyptos, selon la tradition répandue, accompagné de ses cinquante fils, faisant voile vers Argos... »

ÆSKHYLOS.

A perdu son petit lékythe.

EURIPIDÈS.

Qu'est-ce que c'est que ce lékythe? Ne va-t-on pas le faire crier?

DIONYSOS.

Récite-lui un autre prologue, afin qu'il voie encore.

EURIPIDÈS.

« Dionysos, qui, armé de thyrses et couvert de peaux de faon, danse sur le Parnasos, à la lueur des torches... »

ÆSKHYLOS.

A perdu son petit lékythe.

DIONYSOS.

Hélas! nous voilà de nouveau frappés par le petit lékythe.

EURIPIDÈS.

Mais cela n'arrivera plus : il ne pourra pas à ce prologue ajuster son petit lékythe. « Il n'est pas d'homme heureux en tout point : l'un, issu d'une illustre origine, n'a pas de quoi vivre; l'autre, d'une basse naissance... »

ÆSKHYLOS.

A perdu son petit lékythe.

DIONYSOS.

Euripidès!

EURIPIDÈS.

Qu'y a-t-il ?

DIONYSOS.

Je crois qu'il te faut carguer la voile : ce petit lékythe va souffler violemment.

EURIPIDÈS.

Par Dèmètèr! je ne m'en ferai pas de souci : à l'instant même il va être brisé.

DIONYSOS.

Allons, dis-en un autre; mais gare le petit lékythe.

EURIPIDÈS.

« Kadmos, fils d'Agènor, ayant un jour quitté la ville de Sidôn... »

ÆSKHYLOS.

A perdu son petit lékythe.

DIONYSOS.

Ah! mon pauvre ami, achète ce petit lékythe, pour qu'il ne gâte pas nos prologues.

EURIPIDÈS.

Eh quoi! moi, j'achèterais quelque chose de lui ?

DIONYSOS.

Oui, si tu m'en crois.

EURIPIDÈS.

Jamais; j'ai encore à dire beaucoup de prologues, auxquels il ne ne trouvera pas moyen d'adapter son petit lékythe. « Pélops, fils de Tantalos, étant venu à Pisa sur de rapides coursiers... »

ÆSKHYLOS.

A perdu son petit lékythe.

DIONYSOS.

Tu vois, il a encore ajusté son petit lékythe. Allons, mon bon, cède-le maintenant, à quelque prix que ce soit; pour une obole, tu en auras un tout à fait bel et bon.

EURIPIDÈS.

Non, non, de par Zeus! J'ai encore bien des prologues. « Œneus dans les champs... »

ÆSKHYLOS.

A perdu son petit lékythe.

EURIPIDÈS.

Laisse-moi d'abord dire le vers tout entier. « Œneus, dans les champs, ayant fait une abondante récolte et offert les prémices... »

ÆSKHYLOS.

A perdu son petit lékythe.

DIONYSOS.

Pendant le sacrifice? Et qui donc le lui a enlevé?

EURIPIDÈS.

Laisse-le, mon cher : qu'il essaie avec celui-ci. « Zeus, comme on l'a dit en toute vérité... »

DIONYSOS.

Tu es perdu; il va dire : « A perdu son petit lékythe. »

Ce lékythe, en effet, est à tes prologues comme un pic qui s'attache aux yeux. Mais, au nom des dieux, passons à la partie lyrique.

EURIPIDÈS.

Ah ! je puis démontrer qu'il est un mauvais compositeur de chœurs, faisant toujours des tautologies.

LE CHOEUR.

Comment l'affaire va-t-elle aller ? Je suis inquiet de voir quel reproche il peut adresser à un poète qui a composé un si grand nombre de très beaux vers supérieurs à ceux d'aujourd'hui. Je m'étonne qu'il reprenne rien à ce roi des fêtes bachiques, et je crains pour lui.

EURIPIDÈS.

Oui, d'admirables chants lyriques : on le verra bientôt. Je vais réunir tous les chœurs en un seul.

DIONYSOS.

Et moi j'en compterai les fragments avec ces cailloux.

EURIPIDÈS.

« Héros de la Phthia, Akhilleus, pourquoi, à la nouvelle du carnage, hé ! ne cours-tu pas soulager les travaux ? Habitants des marais, nous honorons Hermès, Dieu de cette race ; hé ! ne cours-tu pas soulager les travaux ? »

DIONYSOS.

Cela fait, Æskhylos, deux travaux pour toi.

EURIPIDÈS.

« O le plus illustre des Akhæens, fils d'Atreus, qui règnes

sur un peuple nombreux, dis-moi; hé! ne cours-tu pas soulager les travaux ?... »

DIONYSOS.

Æskhylos, c'est pour toi le troisième travail.

EURIPIDÈS.

« Silence, Mélissonomes, on va ouvrir le temple d'Artémis; hé! ne cours-tu pas soulager les travaux? Je puis rappeler l'heureux et favorable départ de nos guerriers; hé! ne cours-tu pas soulager les travaux ? »

DIONYSOS.

Zeus Souverain, quelle infinité de travaux! Je veux aller aux bains : ces travaux m'ont donné des douleurs néphrétiques.

EURIPIDÈS.

Attends; écoute auparavant cet autre chant fixe, arrangé sur des airs de kithare.

DIONYSOS.

Allons, fais vite; mais n'ajoute pas de travaux.

EURIPIDÈS.

Comment ce couple de rois Akhæens, qui règne sur la jeunesse hellénique... Tophlattothratto phlattothrat, envoie la Sphinx redoutable, la Chienne puissante, Phlattothratto phlattothrat, armé de la lance et d'un bras vigoureux. L'oiseau guerrier, Phlattothratto phlattothrat, livre aux chiens audacieux, qui traversent les airs, Phlattothratto phlattothrat, le parti qui incline vers Aïas, Phlattothratto phlattothrat.

DIONYSOS.

Qu'est-ce que ce phlattothrat? Vient-il de Marathôn, ou bien as-tu recueilli les chansons d'un tireur d'eau?

ÆSKHYLOS.

Moi, j'ai ajouté de la beauté à ce qui était beau, pour ne point paraître faucher dans la prairie sacrée des Muses le même gazon que Phrynikhos. Lui, il emprunte au langage des courtisanes, aux skolies de Mélétos, aux airs de flûte kariens, aux thrènes, aux airs de danse. Cela sera bientôt mis en évidence. Qu'on m'apporte une lyre! Mais à quoi bon une lyre pour lui? Où est la joueuse de coquilles? Viens ici, Muse d'Euripidès; à toi revient la tâche de moduler ces vers.

DIONYSOS.

Jamais cette Muse n'a imité les Lesbiennes, jamais.

ÆSKHYLOS.

« Alcyons, qui gazouillez sur les flots intarissables de la mer, le corps parfumé de gouttes de rosée; et vous, araignées, qui, dans les coins, ti-ti-ti-ti-tissez avec vos doigts la trame d'une toile déliée, chef-d'œuvre de la navette harmonieuse, où le dauphin se plaît à bondir, au son de la flûte, autour des proues azurées. Oracles, stades, pampre, délice de la vigne; enlacements qui soutiennent le raisin. Entoure-moi de tes bras, ô mon enfant! » Vois-tu quel rhythme?

DIONYSOS.

Je le vois.

ÆSKHYLOS.

Quoi, vraiment! Tu le vois?

DIONYSOS.

Je le vois.

ÆSKHYLOS.

Et, après cela, tu oses critiquer mes chants, toi qui, pour les tiens, prends modèle sur les douze postures de Kyrènè. Voilà tes vers lyriques; mais je veux encore examiner le procédé de tes monodies. « O noire obscurité de la Nuit, quel songe funeste m'envoies-tu du fond des ténèbres, ministre de Hadès, doué d'une âme inanimée, fils de la sombre Nuit, dont le terrible aspect fait frissonner, enveloppé d'un noir linceul, aux regards farouches, farouches, muni d'ongles allongés?

« Femmes, allumez-moi la lampe; de vos urnes puisez la rosée des fleuves; chauffez l'eau, pour que je me purifie de ce songe divin. O Dieu des mers, c'est cela même. O mes compagnes, contemplez ces prodiges. Glyka m'a enlevé mon coq et a disparu. Nymphes des montagnes, ô Mania, arrêtez-la. Et moi, infortunée, j'étais alors tout entière à mon œuvre, ti-ti-ti-tissant de mes mains le lin qui garnissait mon fuseau, faisant un peloton, pour le porter de grand matin à l'Agora et pour le vendre. Pour lui, il s'envolait, il s'envolait dans l'air, sur les pointes rapides de ses ailes. Et à moi il ne m'a laissé que les douleurs, les douleurs, et les larmes, les larmes coulant, coulant de mes yeux. Infortunée! Allons, Krètois, fils de l'Ida, prenez vos flèches, venez à mon aide, donnez l'essor à vos pieds, investissez la maison. Toi, Diktynna, déesse virginale, belle Artémis, parcours, avec tes chiens, la demeure entière. Et toi, fille de Zeus, Hékatè, prends deux torches dans tes mains agiles, et éclaire-moi jusque chez Glyka, afin que j'y découvre son larcin. »

DIONYSOS.

Laissez là les chants.

ÆSKHYLOS.

J'en ai moi-même assez. Je veux maintenant le mettre en face de la balance, qui, seule, fera connaître la valeur de notre poésie et déterminera le poids de nos expressions.

DIONYSOS.

Approchez donc, puisque je dois apprécier le génie des deux poètes en marchand de fromage.

LE CHOEUR.

Les habiles sont inventifs; car voici une merveille singulière, neuve, pleine d'étrangeté, et quel autre l'eût imaginée? Réellement, moi, si l'on m'eût dit quelque chose de ce qui arrive, je ne l'aurais pas cru, mais j'aurais pensé que c'était une plaisanterie.

DIONYSOS.

Voyons, maintenant, mettez-vous près des balances.

ÆSKHYLOS *et* EURIPIDÈS.

Voici.

DIONYSOS.

Que chacun de vous, en les tenant, récite un vers, et ne lâchez pas avant que j'aie crié : « Coucou! »

ÆSKHYLOS *et* EURIPIDÈS.

Nous y sommes.

DIONYSOS.

A présent récitez un vers, la main sur la balance.

EURIPIDÈS.

« Plût aux dieux que le navire Argo n'eût jamais volé sur les flots! »

ÆSKHYLOS.

« Fleuve Sperkhios, gras pâturages des génisses. »

DIONYSOS.

Coucou! lâchez! Ce dernier vers descend bien plus bas que celui de l'autre.

EURIPIDÈS.

Quelle en est la cause?

DIONYSOS.

Parce qu'il a mis un fleuve dans le plateau et qu'il a rendu son vers humide selon le procédé des vendeurs de laine. Toi, tu as mis dans le plateau un vers ailé.

EURIPIDÈS.

Eh bien, qu'il en dise un autre et qu'il le fasse peser.

DIONYSOS.

Prenez encore la balance.

ÆSKHYLOS *et* EURIPIDÈS.

Voici.

DIONYSOS.

Parle.

EURIPIDÈS.

« La Persuasion n'a pas d'autre temple que l'éloquence. »

ÆSKHYLOS.

« Seule parmi les divinités, la Mort est insensible aux présents. »

DIONYSOS.

Lâchez, lâchez! C'est celui-ci qui l'emporte encore sur l'autre : il a mis au plateau la Mort, le plus lourd des maux.

EURIPIDÈS.

Et moi la Persuasion ; mon vers est excellent.

DIONYSOS.

Mais la Persuasion est légère et elle n'a pas de sens. Cherche un autre vers, qui emporte la balance du côté favorable pour toi, un vers vigoureux, grand.

EURIPIDÈS.

Voyons, où en ai-je un de cette espèce ? Où ?

DIONYSOS.

Je te le dirai : « Akhilleus a amené au jeu de dés deux et quatre. » Parlez ; ceci est pour vous la dernière épreuve.

EURIPIDÈS.

« Sa main saisit une massue lourde comme le fer. »

ÆSKHYLOS.

« Char sur char, mort sur mort. »

DIONYSOS.

Tu as encore le dessous cette fois.

EURIPIDÈS.

Comment cela ?

DIONYSOS.

Il a mis au plateau deux chars et deux morts : c'est un poids que ne soulèveraient pas cent Ægyptiens.

ÆSKHYLOS.

Qu'il ne m'oppose plus un vers, mais qu'il mette dans la balance lui-même, ses enfants, sa femme, Kèphisophôn ; qu'il s'y tienne après, lui et ses livres ; à moi dire deux de mes vers, cela me suffira.

DIONYSOS.

Ce sont des amis, je ne les jugerai point ; car je ne veux être pour aucun d'eux un objet de haine ; je regarde l'un comme sage, et l'autre me plaît.

PLOUTÔN.

Ainsi tu n'auras point fait ce pour quoi tu étais venu ?

DIONYSOS.

Et si je prononce ?

PLOUTÔN.

Pars, et emmène celui des deux que tu auras préféré, afin de n'être pas venu pour rien.

DIONYSOS.

A la bonne heure ! Eh bien, sachez de moi ceci. Je suis descendu ici chercher un poète.

EURIPIDÈS.

Dans quelle intention ?

DIONYSOS.

Afin que la ville sauvée organise des chœurs. Celui de vous deux qui donnera à la République un bon avis, j'ai résolu de l'emmener. Et d'abord quel est à l'un et à l'autre votre sentiment sur Alkibiadès ; car l'État est en travail d'enfant.

EURIPIDÈS.

Et que pense-t-on de lui ? Et quel sentiment a-t-on à son égard ?

DIONYSOS.

Quel sentiment ? On le regrette, on le hait, et on veut l'avoir. Mais ce que vous deux vous pensez de lui, dites-le !

EURIPIDÈS.

Je hais un citoyen lent à servir sa patrie, prompt à lui causer les plus grands torts, habile pour lui-même, et inutile pour l'État.

DIONYSOS.

Bien, par Poséidôn ! Et toi, quel est ton sentiment ?

ÆSKHYLOS.

Il ne faut pas nourrir un lionceau dans une ville ; et, si l'on en nourrit un, il faut obéir à ses caprices.

DIONYSOS.

Par Zeus Sauveur ! j'ai de la peine à décider : l'un a parlé sagement; l'autre, clairement. Mais dites-moi encore l'un et l'autre votre sentiment sur le moyen de sauver l'État.

EURIPIDÈS.

Ce serait de donner Kléokritos pour ailes à Kinésias, afin que le souffle des vents les emporte par delà le rivage de la mer.

DIONYSOS.

Plaisant spectacle, mais quel en est le sens?

EURIPIDÈS.

En cas de combat naval, ils auraient des fioles pleines de vinaigre, dont ils arroseraient les yeux des ennemis. Mais j'ai une idée et je veux vous la dire.

DIONYSOS.

Parle.

EURIPIDÈS.

Ce qui n'est pas, en ce moment, digne de confiance, ayons-y confiance; et ce qui est digne de confiance, n'y ayons pas confiance.

DIONYSOS.

Comment? Je ne comprends pas. Parle moins savamment et plus clairement.

EURIPIDÈS.

Si ceux des citoyens qui ont maintenant notre confiance, nous nous en défions, et si ceux dont nous n'usons pas, nous en faisons usage, nous sommes sauvés. Car si, en ce moment, il y en a qui font notre malheur, comment, en opérant le contraire, ne serions-nous pas sauvés?

DIONYSOS.

Très bien, ô Palamèdès, ô très sage nature! As-tu trouvé cela tout seul, ou est-ce Kèphisophôn?

EURIPIDÈS.

Moi seul. Les fioles sont de Kèphisophôn.

DIONYSOS.

Et toi, que dis-tu?

ÆSKHYLOS.

Dis-moi d'abord de quels hommes la République fait usage en ce moment. Est-ce des honnêtes gens?

DIONYSOS.

Le moyen! Elle les déteste profondément; mais les méchants, elle les aime.

ÆSKHYLOS.

Non pas, mais elle s'en sert malgré elle. Comment donc sauver un État à qui ne convient ni drap fin, ni bure?

DIONYSOS.

Trouve un moyen, de par Zeus! de le sauver encore du naufrage.

ÆSKHYLOS.

Je le dirai là-haut; ici je ne veux pas.

DIONYSOS.

Non certes; mais envoie-lui d'ici même le bonheur.

ÆSKHYLOS.

Ce serait regarder la terre des ennemis comme nôtre, et la nôtre comme celle des ennemis ; nos vaisseaux comme nos revenus, et nos revenus comme une ruine.

DIONYSOS.

Bien ; mais le juge mange cela, à lui tout seul.

PLOUTÔN.

Décides-tu ?

DIONYSOS.

A vous de décider ; je choisirai celui que mon cœur préfère.

EURIPIDÈS.

Souviens-toi maintenant des dieux par lesquels tu as juré de m'emmener avec toi, et choisis tes amis.

DIONYSOS.

« La langue a juré » ; mais je choisis Æskhylos.

EURIPIDÈS.

Qu'as-tu fait, ô le plus odieux des hommes ?

DIONYSOS.

Moi ? J'ai donné la victoire à Æskhylos. Pourquoi non ?

EURIPIDÈS.

Après avoir fait l'action la plus honteuse, oses-tu me regarder ?

DIONYSOS.

Qu'y a-t-il de honteux, si les spectateurs n'en jugent pas ainsi?

EURIPIDÈS.

Méchant, me laisseras-tu donc parmi les morts?

DIONYSOS.

Qui sait si la vie n'est pas une mort, le souffle un dîner, le sommeil une toison?

PLOUTÔN.

Entrez donc, Dionysos, à l'intérieur.

DIONYSOS.

Pourquoi?

PLOUTÔN.

Pour que je vous traite en hôtes, avant votre départ.

DIONYSOS.

Bien dit, j'en prends Zeus à témoin. Je ne suis pas fâché de l'affaire.

LE CHOEUR.

Heureux l'homme d'une sagesse accomplie! Beaucoup de preuves l'attestent. Celui-ci, pour s'être montré sage, reverra sa maison, au grand avantage de ses concitoyens, au grand avantage de ses parents et de ses amis, parce qu'il a été intelligent. Il est donc bon de ne pas demeurer assis auprès de Sokratès, pour bavarder, dédaignant la musique et méprisant les sublimités de l'art tragique. Tenir des discours emphatiques, débiter des subtilités niaises, et passer à cela une vie oisive, c'est le fait d'un homme qui a perdu la raison.

PLOUTÔN.

Pars avec joie, Æskhylos; sauve notre patrie par de sages leçons et instruis les fous : ils sont nombreux. Emporte et donne ceci à Kléophôn, cela aux receveurs publics Myrmex et Nikomakhos, et ceci à Arkhénomos. Dis-leur de venir vite ici vers moi, et de ne point tarder. S'ils ne se hâtent pas, je jure par Apollôn de les marquer au front, de leur lier les pieds, et de les jeter vite sous terre avec Adimantos, fils de Leukolophos.

ÆSKHYLOS.

Ainsi ferai-je. Et toi, donne ma place à Sophoklès pour qu'il la garde et me la conserve, si jamais je reviens ici. Car je le regarde comme le second dans l'art dramatique. Mais n'oublie pas que cet intrigant, ce menteur, ce fourbe, ne doit jamais s'asseoir sur mon siège, même de force.

PLOUTÔN.

Vous, éclairez-le de vos torches sacrées, et, en lui faisant cortège, chantez à sa gloire ses hymnes et ses chœurs.

LE CHOEUR.

Et d'abord accordez un heureux voyage au poète qui

remonte à la lumière, ô vous, divinités souterraines ; puis inspirez à la République les bonnes idées qui font les grandes prospérités ; par là, en effet, vous mettrez fin pour toujours à de grands malheurs et au tumulte affreux des armes. Quant à Kléophôn et à tous ceux qui le veulent, qu'ils aillent combattre dans les champs de leur patrie !

FIN DES GRENOUILLES

LES EKKLÈSIAZOUSES

OU

L'ASSEMBLÉE DES FEMMES

(L'AN 373 AVANT J.-C.)

C'est à l'utopie communiste que le poète s'en prend cette fois. Les Athéniennes, sous l'influence de Praxagora, s'introduisent déguisées dans l'assemblée du peuple, font passer une loi qui les investit du gouvernement, et établissent la communauté des biens. L'application du nouveau régime donne lieu à une suite de scènes des plus gaies dont la conclusion, que le poète s'abstient d'indiquer, saute aux yeux d'elle-même, marquée au coin de l'esprit et de la raison.

PERSONNAGES DU DRAME

PRAXAGORA.
QUELQUES FEMMES.
CHOEUR DE FEMMES.
BLÉPYROS, mari de PRAXAGORA.
UN CITOYEN.
KHRÉMÈS.
PREMIER CITOYEN (dévoué).
DEUXIÈME CITOYEN (non dévoué).
UN HÉRAUT.
QUELQUES VIEILLES.
UNE JEUNE FILLE.
UN JEUNE HOMME.
UNE SERVANTE.
LE MAÎTRE.
PARMÉNÔN. } personnages muets.
SIMÔN. }

La scène se passe sur une place publique d'Athènes.

LES EKKLÈSIAZOUSES

OU

L'ASSEMBLÉE DES FEMMES

PRAXAGORA.

O brillant éclat de la lampe d'argile, commodément suspendue dans cet endroit accessible aux regards, nous ferons connaître ta naissance et tes aventures ; façonnée par la course de la roue du potier, tu portes dans tes narines les splendeurs éclatantes du soleil : produis donc au dehors le signal de ta flamme, comme il est convenu. A toi seule notre confiance ; et nous avons raison, puisque, dans nos chambres, tu honores de ta présence nos essais de postures aphrodisiaques : témoin du mouvement de nos corps, personne n'écarte ton œil de nos demeures. Seule tu éclaires les cavités secrètes de nos aines, brûlant la fleur de leur duvet. Ouvrons-nous furtivement des celliers pleins de fruits ou de liqueur bachique, tu es notre confidente, et ta complicité ne bavarde pas avec les voisins. Aussi connaîtras-tu les desseins actuels, que j'ai formés, à la fête des Skira, avec mes amies. Seulement, nulle ne se présente de celles qui devaient venir. Cependant voici l'aube : l'assemblée va se tenir dans un instant, et il nous faut prendre place, en dépit de Phyromakhos, qui, s'il vous en souvient, disait de nous : « Les femmes doivent avoir des sièges séparés et à l'écart. » Que peut-il être arrivé ? N'ont-elles pas dérobé les barbes postiches, qu'on avait promis d'avoir, ou leur a-t-il été difficile de voler en secret les manteaux de leurs maris ? Ah ! je vois une lumière qui s'avance : retirons-nous un peu, dans la crainte que ce ne soit quelque homme qui approche par ici.

PREMIÈRE FEMME.

Il est temps, avançons ; tout à l'heure, quand nous nous sommes mises en marche, le héraut de la nuit disait pour la seconde fois : « Cocorico ! »

PRAXAGORA.

Et moi, à vous attendre, j'ai veillé toute la nuit. Mais, voyons, je vais avertir la voisine, en grattant légèrement à la porte ; car il ne faut pas que son mari la voie.

PREMIÈRE FEMME.

J'ai entendu, en me chaussant, le frôlement de tes doigts ; je ne dormais pas. Mon mari, ma chère, un marin de Salamis, m'a tournée et retournée toute la nuit entre les draps, et c'est tout à l'heure que j'ai pu prendre ses habits.

PRAXAGORA.

J'aperçois Klinarétè, Sostrata, et Philænétè, venant avec elles. Hâtez-vous donc ! Glykè a fait serment que la dernière venue nous paierait trois kongia de vin et un khœnix de pois.

PREMIÈRE FEMME.

Voyez-vous Melistikhè, la femme de Smikytiôn, qui accourt avec les chaussures de son mari ?

PRAXAGORA.

C'est la seule qui me paraisse l'avoir quitté à son aise.

DEUXIÈME FEMME.

Eh ! ne voyez-vous pas Geusistrata, la femme du cabaretier, ayant une lampe à la main ? Et la femme de Philodorètos, et celle de Khérétadès ?

PRAXAGORA.

Je vois accourir une foule d'autres femmes, qui sont l'élite de la ville.

TROISIÈME FEMME.

Pour moi, ma très chère, j'ai eu grand'peine à m'enfuir en me glissant. Mon mari a toussé toute la nuit, pour s'être bourré, le soir, de sardines.

PRAXAGORA.

Asseyez-vous donc, afin que je vous demande, puisque je vous vois réunies, si vous avez fait ce dont on était d'accord aux Skira.

QUATRIÈME FEMME.

Moi, d'abord, j'ai rendu mes aisselles plus hérissées

qu'un taillis, comme c'était convenu. Quand mon mari me quittait pour aller à l'Agora, je me frottais d'huile tout le corps, en plein air, et je m'exposais debout au soleil.

CINQUIÈME FEMME.

Moi, de même : j'ai commencé par jeter le rasoir hors de la maison, afin de devenir toute velue et de ne plus ressembler en rien à une femme.

PRAXAGORA.

Avez-vous les barbes que je vous ai recommandé à toutes d'avoir pour notre assemblée ?

QUATRIÈME FEMME.

Par Hékatè ! moi, j'en ai une belle.

CINQUIÈME FEMME.

Et moi, peu s'en faut, plus belle que celle d'Épikratès.

PRAXAGORA.

Et vous, que dites-vous ?

QUATRIÈME FEMME.

Elles disent oui, puisqu'elles font un signe d'assentiment.

PRAXAGORA.

Je vois aussi que vous avez le reste prêt : chaussures lakoniennes, bâtons, manteaux d'homme, comme nous l'avions dit.

SIXIÈME FEMME.

Moi, le bâton que j'ai apporté est celui de Lamias, dérobé pendant son sommeil.

PRAXAGORA.

Est-ce un de ces bâtons sous lesquels il pète?

PREMIÈRE FEMME.

Par Zeus Sauveur! il serait mieux en état que personne, s'il était revêtu de la peau de Panoptès, de faire paître le troupeau populaire.

SIXIÈME FEMME.

Et moi, de par Zeus! j'ai apporté ceci pour carder, pendant l'assemblée.

PRAXAGORA.

Pendant l'assemblée, malheureuse!

SIXIÈME FEMME.

Oui, par Artémis! je le ferai. Entendrai-je moins bien, si je carde ? Mes petits enfants sont tout nus.

PRAXAGORA.

Quelle idée as-tu de carder, quand il ne faut montrer aux assistants aucune partie de notre corps ! Nous nous ferions une belle affaire, si, devant le peuple assemblé, l'une de nous, rejetant son manteau et s'élançant à la tribune, montrait son Phormisios. Si, au contraire, nous prenons place les premières, nous resterons inconnues, enveloppées de nos manteaux. Avec cette longue barbe attachée à notre visage, qui, en nous voyant, ne nous prendra pas pour des hommes? Ainsi Agyrrhios n'a pas été reconnu, grâce à la barbe de Pronomos. C'était alors une femme; et maintenant, tu vois, il remue les plus grandes affaires de l'État : allons donc, et mettons-nous à l'œuvre, tandis que les astres brillent au ciel; car l'assemblée à laquelle nous nous proposons de nous rendre doit commencer à l'aurore.

PREMIÈRE FEMME.

De par Zeus! il faut que je prenne séance, sous la pierre, en face des Prytanes.

PRAXAGORA.

Oui, par le jour qui va naître! osons l'acte d'audace qui nous permettra de prendre en main les affaires de la Ville et de rendre service à l'État. Car à présent nous ne naviguons ni à la voile, ni à la rame.

SEPTIÈME FEMME.

Et comment une assemblée de sexe féminin aura-t-elle des orateurs?

PRAXAGORA.

Ce sera on ne peut plus facile. On dit, en effet, que les jeunes gens les plus dissolus sont les meilleurs parleurs. Nous avons cette bonne chance-là.

SIXIÈME FEMME.

Je ne sais; mais le mal est l'inexpérience.

PRAXAGORA.

Aussi nous sommes-nous réunies ici dans l'intention de préparer ce qu'il faudra dire. Hâte-toi donc d'attacher cette barbe à ton menton, ainsi que toutes celles qui ont quelque habitude de la parole.

HUITIÈME FEMME.

Et qui de nous, ma chère, ne sait point parler?

PRAXAGORA.

Voyons donc, toi, attache ta barbe, et, tout de suite, deviens homme. Moi, je vais mettre des couronnes et m'attacher une barbe comme vous, pour le cas où je voudrais parler.

DEUXIÈME FEMME.

Tiens, ô ma très douce Praxagora, vois combien, par malheur, cette chose est ridicule.

PRAXAGORA.

Comment ridicule ?

PREMIÈRE FEMME.

On dirait qu'on a suspendu des sépias grillées en guise de barbe.

PRAXAGORA.

Que le purificateur porte le chat à la ronde. En avant! Ariphradès, cesse de bavarder : passe et assieds-toi. Qui veut prendre la parole?

HUITIÈME FEMME.

Moi.

PRAXAGORA.

Ceins donc cette couronne, et bonne chance!

HUITIÈME FEMME.

Voici.

PRAXAGORA.

Parle.

HUITIÈME FEMME.

Eh bien! Parlerai-je avant de boire?

PRAXAGORA.

Comment, avant de boire?

HUITIÈME FEMME.

Pourquoi, en effet, ma chère, me suis-je couronnée?

PRAXAGORA.

Va-t'en vite; tu nous en aurais peut-être fait autant à l'assemblée.

HUITIÈME FEMME.

Quoi donc? Les hommes ne boivent donc pas à l'assemblée?

PRAXAGORA.

Allons! Tu crois qu'ils boivent!

HUITIÈME FEMME.

Oui, par Artémis! et du plus pur. Aussi les décrets qu'ils formulent, pour qui les considère avec attention, sont comme de gens frappés d'ivresse. Et, de par Zeus! ils font aussi des libations. En vue de quoi toutes ces prières, si le vin n'était pas là? Puis ils s'injurient en hommes qui ont trop bu, et, au milieu de leurs excès, ils sont emportés par les archers.

PRAXAGORA.

Toi, va t'asseoir; tu n'es bonne à rien.

HUITIÈME FEMME.

De par Zeus! j'aurais mieux fait de ne pas mettre de barbe; il me semble que je vais mourir de soif.

PRAXAGORA.

Y en a-t-il une autre qui veuille prendre la parole?

NEUVIÈME FEMME.

Moi.

PRAXAGORA.

Viens; ceins la couronne : l'affaire est en train. Tâche maintenant de parler virilement, de faire un beau discours : appuie-toi dignement sur ton bâton.

NEUVIÈME FEMME.

« J'aurais désiré qu'un autre de vos orateurs habituels vous fît entendre d'excellentes paroles, afin de rester auditeur paisible. Pour le moment, je ne souffrirai pas, en ce qui est de moi, qu'on creuse une seule citerne qui garde l'eau dans les cabarets. J'en prends à témoin les deux Déesses... »

PRAXAGORA.

Les deux Déesses! Malheureuse, où as-tu l'esprit?

NEUVIÈME FEMME.

Qu'y a-t-il? Je ne t'ai pas encore demandé à boire.

PRAXAGORA.

Non, de par Zeus! mais tu es homme, et tu as juré par les deux Déesses : pour le reste, ce que tu as dit était très bien.

NEUVIÈME FEMME.

Oui, par Apollôn!

PRAXAGORA.

Cesse pourtant; je ne veux pas mettre un pied devant

l'autre pour me rendre à l'assemblée, que tout ne soit parfaitement réglé.

HUITIÈME FEMME.

Donne-moi la couronne, je veux parler de nouveau; je crois avoir maintenant médité mon affaire à merveille. « Selon moi, femmes rassemblées ici... »

PRAXAGORA.

Malheureuse, tu dis : « Femmes, » et tu t'adresses à des hommes !

HUITIÈME FEMME.

La faute en est à cet Épigonos : je regardais de son côté; j'ai cru parler à des femmes.

PRAXAGORA.

Retire-toi aussi, et va t'asseoir. J'ai résolu de parler moi-même pour vous toutes, et de prendre cette couronne. Je prie les dieux de m'accorder la réussite de nos projets.

« Je souhaite, à l'égal de vous-mêmes, l'intérêt de ce pays, mais je souffre et je m'indigne de tout ce qui se passe dans notre cité. Je la vois toujours dirigée par des pervers; et si l'un d'eux est honnête homme une seule journée, il est pervers durant dix jours. Se tourne-t-on vers un autre, il fera encore plus de mal. C'est qu'il n'est pas commode de mettre dans le bon sens des gens difficiles à contenter. Vous avez peur de ceux qui veulent vous aimer, et vous implorez, l'un après l'autre, ceux qui ne le veulent pas. Il fut un temps où nous ne tenions pas du tout d'assemblée, et Agyrrhios était à nos yeux un méchant. Aujourd'hui des assemblées ont lieu. Celui qui y reçoit de l'argent ne tarit pas d'éloges; mais celui qui n'en reçoit pas juge dignes de mort ceux qui cherchent dans l'assemblée un moyen de trafiquer. »

PREMIÈRE FEMME.

Par Aphroditè! tu dis bien cela.

PRAXAGORA.

Malheureuse! Tu as nommé Aphroditè. Tu ferais une jolie chose, si tu disais cela à l'assemblée.

PREMIÈRE FEMME.

Mais je ne le dirais pas.

PRAXAGORA.

N'en prends pas, dès maintenant, l'habitude.

« Lorsque nous délibérions sur la question de l'alliance, on disait que, si elle n'avait pas lieu, c'en était fait de la ville. Quand elle fut faite, on se fâcha, et celui qui l'avait conseillée s'enfuit en toute hâte. Il faut équiper une flotte : le pauvre en est d'avis; les riches et les laboureurs sont d'un avis contraire. Vous fâchez-vous contre les Korinthiens, ils se fâchent contre toi : en ce moment, ils sont bien disposés à ton égard; sois bien disposé à leur égard, en ce moment. Argéios est un ignorant; mais Hiéronymos est un habile. Un espoir de salut se ranime, mais il est restreint. Thrasyboulos lui-même n'a pas été appelé. »

PREMIÈRE FEMME.

L'habile homme!

PRAXAGORA.

Voilà un éloge convenable!

« C'est vous, ô peuple, qui êtes la cause de ces maux.

Trafiquant des affaires publiques, chacun considère le gain particulier qu'il en tirera : et la chose commune roule comme Æsimos. Pourtant, si vous m'en croyez, vous pouvez encore être sauvés. Je dis qu'il nous faut remettre le gouvernement aux mains des femmes. C'est à elles, en effet, que nous confions, dans nos maisons, la gestion et la dépense. »

PREMIÈRE FEMME.

Bien, bien, de par Zeus ! bien !

DEUXIÈME FEMME.

Parle, parle, mon bon.

PRAXAGORA.

« Combien elles nous surpassent en qualités, je vais le faire voir. Et d'abord toutes, sans exception, lavent les laines dans l'eau chaude, à la façon antique, et tu n'en verras pas une faire de nouveaux essais. La ville d'Athènes, en agissant sagement, ne serait-elle pas sauvée, si elle ne s'ingéniait d'aucune innovation ? Elles s'assoient pour faire griller les morceaux, comme autrefois ; elles portent les fardeaux sur leur tête, comme autrefois ; elles célèbrent les Thesmophoria, comme autrefois ; elles pétrissent les gâteaux, comme autrefois ; elles maltraitent leurs maris, comme autrefois ; elles ont chez elles des amants, comme autrefois ; elles s'achètent des friandises, comme autrefois ; elles aiment le vin pur, comme autrefois ; elles se plaisent aux ébats amoureux, comme autrefois. Cela étant, citoyens, en leur confiant la cité, pas de bavardages inutiles, pas d'enquêtes sur ce qu'elles devront faire. Laissons-les gouverner tout simplement, ne considérant que ceci, c'est que, étant mères, leur premier souci sera de sauver nos soldats. Ensuite, qui assurera mieux les vivres qu'une mère de famille ? Pour fournir l'argent, rien de plus entendu qu'une femme. Jamais, dans sa gestion, elle ne sera trompée, vu qu'elles sont elles-mêmes habituées à tromper. J'omets le reste : suivez mes avis, et vous passerez la vie dans le bonheur. »

PREMIÈRE FEMME.

Très bien, ma très douce Praxagora ; à merveille ! Mais, malheureuse, où t'es-tu donc si bien instruite ?

PRAXAGORA.

Au temps des fuites, j'habitai avec mon mari sur la Pnyx, j'entendis les orateurs et je m'instruisis.

PREMIÈRE FEMME.

Je ne m'étonne pas, ma chère, que tu sois éloquente et habile. Nous autres femmes, nous te choisissons, dès à présent, pour chef : à toi d'accomplir ce que tu médites. Mais si Képhalos s'avance pour t'injurier, comment lui répondras-tu dans l'assemblée ?

PRAXAGORA.

Je lui dirai qu'il est fou.

PREMIÈRE FEMME.

Tout le monde le sait.

PRAXAGORA.

Qu'il est atteint d'humeur noire.

PREMIÈRE FEMME.

On le sait également.

PRAXAGORA.

Que, s'il fabrique mal les pots, il mène la ville bel et bien.

PREMIÈRE FEMME.

Et si Néoklidès, le chassieux, t'insulte?

PRAXAGORA.

Je lui ai déjà dit de regarder dans le cul d'un chien.

PREMIÈRE FEMME.

Et si l'on te saisit à bras-le-corps?

PRAXAGORA.

Je rendrai mouvement pour mouvement, n'étant point inexpérimentée dans ce genre de lutte.

PREMIÈRE FEMME.

Voici seulement un point imprévu, c'est, si les archers t'enlèvent, ce que tu feras.

PRAXAGORA.

Je me défendrai avec les hanches; car jamais je ne me laisserai prendre par le milieu.

PREMIÈRE FEMME.

Nous, s'ils t'enlèvent, nous leur donnerons l'ordre de te lâcher.

DEUXIÈME FEMME.

Voilà qui est par nous imaginé à merveille; mais de quelle manière lèverons-nous les mains, nous n'y avons pas encore songé : car nous sommes habituées à lever les jambes.

PRAXAGORA.

Ce n'est pas facile. Cependant il faut lever la main, en montrant l'autre bras nu jusqu'à l'épaule. Allons, maintenant, relevez vos manteaux; mettez vite les chaussures lakoniennes, comme vous le voyez faire à vos maris chaque fois qu'ils se rendent à l'assemblée ou qu'ils franchissent la porte. Quand vous aurez fait tout cela de votre mieux, attachez vos barbes; puis, quand vous les aurez soigneusement adaptées, enveloppez-vous des vêtements d'hommes que vous aurez soustraits, et ensuite mettez-vous en marche, appuyées sur vos bâtons, chantant quelque vieille chanson, en imitant la façon des gens de la campagne.

DEUXIÈME FEMME.

Bien dit, mais prenons les devants; car je crois que d'autres femmes viendront aussi des champs dans la Pnyx.

PRAXAGORA.

Mais hâtez-vous, parce qu'il est d'usage que ceux qui ne se sont pas trouvés dès le matin dans la Pnyx, se retirent sans en rapporter même un clou.

LE CHŒUR.

Voici le moment de nous mettre en marche, citoyens; car souvenez-vous de vous servir toujours de ce mot, de peur qu'il ne vous échappe. Et de fait, le danger ne serait pas mince, si nous étions prises à oser, dans l'obscurité, une pareille entreprise.

Allons à l'assemblée, citoyens. Le thesmothète a menacé quiconque n'arriverait pas dès le point du jour tout poudreux, content de saumure à l'ail, le regard de travers, de ne pas toucher le triobole. Mais, Kharitinidès, Smikythos, Drakès, allez vite, et veillez attentivement à ne rien négliger de ce que vous avez à faire. Le salaire reçu, asseyons-nous ensuite les uns près des autres, afin de voter tout ce qu'il faut à nos amies. Que dis-je ? C'est nos amis qu'il fallait prononcer. Voyons comment nous expulserons tous ces gens venant de la ville, qui, jadis, lorsqu'on ne devait, à l'arrivée, toucher qu'une obole, restaient à babiller, la tête ceinte de couronnes. Maintenant on se bouscule dans la presse. Non, lorsque le brave Myronidès était arkhonte, personne n'eût osé administrer, pour de l'argent, les affaires de la ville. Chacun venait, apportant de quoi boire dans une petite outre, avec du pain, deux oignons et trois olives. Mais aujourd'hui, on cherche à gagner un triobole, quand on travaille à l'œuvre publique : on est des gâcheurs de plâtre.

BLÉPYROS.

Quelle affaire ! Par où ma femme a-t-elle passé ? Voici bientôt l'aurore, et elle ne paraît pas. Et moi je suis couché, ayant depuis longtemps besoin d'aller, cherchant dans l'obscurité à prendre mes chaussures. Cependant il y a quelque temps déjà que Kopros frappe à la porte : je prends la mantille de ma femme et je mets ses chaussures persiques. Mais où trouverait-on bien un endroit propre pour se soulager le ventre ? La nuit, tous les endroits sont bons. A l'heure qu'il est, personne ne me verra chier. Hélas ! malheureux que je suis de m'être marié vieux. Combien je mérite de recevoir des coups ! Elle n'est pas sortie pour rien faire d'honnête. Quoi qu'il en soit, il faut que je chie.

UN CITOYEN.

Qui est là ? N'est-ce pas le voisin Blépyros ? De par

Zeus ! c'est lui-même. Dis-moi, qu'est-ce que tu as donc là de rougeâtre ? Kinésias t'aurait-il par hasard embrené ?

BLÉPYROS.

Non, mais je suis sorti, vêtu de la robe safranée dont s'habille ma femme.

LE CITOYEN.

Mais ton manteau, où est-il ?

BLÉPYROS.

Je ne saurais le dire. J'ai cherché et je n'ai rien trouvé sur mes couvertures.

LE CITOYEN.

Alors, tu n'as pas prié ta femme de dire où il était.

BLÉPYROS.

Non, de par Zeus ! car il se trouve qu'elle n'est pas à la maison : elle s'est évadée furtivement, et je crains qu'elle ne fasse quelque équipée.

LE CITOYEN.

Par Poséidôn ! je suis, de mon côté, dans la même situation : ma femme a disparu, ayant le manteau que je porte ; et ce n'est pas la seule chose qui me tourmente : elle a pris mes chaussures, et je ne puis les retrouver nulle part.

BLÉPYROS.

Par Dionysos ! c'est comme moi pour mes chaussures lakoniennes ; me sentant pris du besoin d'aller, j'ai mis vite ces kothurnes à mes pieds, afin de ne pas chier sur ma couverture, qui était toute propre.

LE CITOYEN.

Qu'y a-t-il donc? Est-ce qu'une de ses amies l'aurait invitée à un festin?

BLÉPYROS.

C'est mon avis; car elle n'est pas dépravée, que je sache.

LE CITOYEN.

Mais tu chies donc des cordes! Pour moi, c'est le moment de me rendre à l'assemblée, afin d'y retrouver mon manteau, le seul que j'aie.

BLÉPYROS.

Moi aussi, quand j'aurai fini; mais j'ai là une poire qui obstrue le passage des matières.

LE CITOYEN.

Est-ce celle dont parlait Trasyboulos aux Lakoniens?

BLÉPYROS.

Par Dionysos! elle tient ferme. Que faire? Car ce n'est pas la seule chose qui me chagrine; mais, quand je mangerai, par où passeront ensuite les excréments? Maintenant la porte est verrouillée par cet homme, quel qu'il soit, par cet Akradousien. Qui donc me fera venir un médecin, et lequel? Un qui soit habile dans la science des derrières? Amynôn, je le sais? Mais peut-être refusera-t-il. Qu'on appelle Antisthénès par tous les moyens! C'est un homme qui, en raison de ses soupirs, sait ce que veut un derrière qui a besoin d'aller. O vénérable Ilithyia, ne me laisse pas crever d'un verrouillage au derrière, et servir de pot de chambre aux comiques.

KHRÉMÈS.

Hé! l'homme! Que fais-tu là? Ne chies-tu pas?

BLÉPYROS.

Moi! Non, de par Zeus! je me relève.

KHRÉMÈS.

N'as-tu pas mis la robe de ta femme?

BLÉPYROS.

Dans l'obscurité, je me suis trouvé mettre la main dessus. Mais d'où viens-tu? dis-moi.

KHRÉMÈS.

De l'assemblée.

BLÉPYROS.

Est-ce qu'elle est déjà dissoute?

KHRÉMÈS.

Oui, de par Zeus! et dès le matin. Et certes, ô Zeus bienveillant! la marque rouge m'a donné fort à rire, répandue tout à l'entour.

BLÉPYROS.

Tu as reçu le triobole?

KHRÉMÈS.

Plût aux dieux! Je suis arrivé trop tard, et j'ai honte, de par Zeus! de ne rien rapporter que mon sac.

BLÉPYROS.

Quelle en est la cause?

KHRÉMÈS.

Une affluence d'hommes, telle qu'on n'en vit jamais d'aussi épaisse dans la Pnyx. En les voyant, nous les prîmes tous pour des cordonniers. En effet, on avait sous les yeux une assemblée de visages excessivement blancs. Voilà comment je ne reçus rien, ni moi, ni bien d'autres.

BLÉPYROS.

Alors, je ne recevrais rien, si j'y allais maintenant?

KHRÉMÈS.

Le moyen? Pas même, j'en atteste Zeus! si tu étais venu dès le second chant du coq.

BLÉPYROS.

Malheureux que je suis! « Antilokhos, pleure sur ma vie plutôt que sur le triobole! » Car tout mon avoir est perdu... Mais quelle affaire a réuni de si bon matin une si grande foule?

KHRÉMÈS.

Rien, sinon que les Prytanes ont mis en délibération les moyens de sauver l'État. Aussitôt le chassieux Néoklidès a paru le premier. Alors le peuple s'est mis à crier avec une force que tu peux te figurer : « N'est-il pas indigne que cet homme ait le front de prendre la parole, et cela quand il s'agit du salut de l'État, lui qui n'a pas su sauver ses paupières ? » Lui, alors, criant et jetant les yeux autour de lui : « Que devais-je donc faire? » dit-il.

BLÉPYROS.

« Broyer de l'ail avec du jus de silphion, en y mêlant du

tithymale de Lakonie, et t'en frotter les paupières le soir, » voilà ce que je lui aurais dit, si je m'étais trouvé là.

KHRÉMÈS.

Après lui, le très habile Evæôn s'est avancé nu, à ce qu'il semblait au plus grand nombre; mais il prétendait, lui, qu'il avait un manteau. Il a tenu ensuite les discours les plus démocratiques. « Voyez, dit-il, que moi-même j'ai besoin d'être sauvé, et il s'en faut de quatre statères. Je dirai néanmoins comment vous sauverez la société et les citoyens. Si les foulons fournissent des læenas à ceux qui en ont besoin, au premier moment où le soleil se détourne, jamais aucun de nous n'attrapera de pleurésie. Que ceux qui n'ont ni lit, ni couvertures, aillent coucher, après le bain, chez les corroyeurs; et si l'un d'eux ferme sa porte, en hiver, qu'il soit condamné à trois peaux de mouton. »

BLÉPYROS.

Par Dionysos! c'est parfait. Il eût dû ajouter, et personne ne l'aurait contredit : « Que les marchands de farine d'orge doivent fournir trois khœnix à tous les pauvres pour leur nourriture, sous peine de gémir longuement : c'est le seul moyen de profiter du bien de Nausikydès. »

KHRÉMÈS.

Après cela, un beau jeune homme, au teint blanc, semblable à Nikias, s'est élancé pour haranguer le peuple, et il a commencé par dire qu'il faut abandonner aux femmes le gouvernement de l'État. Alors grand tumulte et cris : « Qu'il parle bien! » dans la bande des cordonniers. Mais les gens de la campagne éclatent en murmures.

BLÉPYROS.

Ils avaient raison, de par Zeus!

KHRÉMÈS.

Mais ils étaient en minorité. Pour lui, il domine leurs clameurs, disant beaucoup de bien des femmes et beaucoup de mal de toi.

BLÉPYROS.

Et qu'a-t-il dit?

KHRÉMÈS.

D'abord il a dit que tu es un vaurien.

BLÉPYROS.

Et toi?

KHRÉMÈS.

Ne m'interroge pas encore là-dessus. Puis un voleur.

BLÉPYROS.

Moi seul?

KHRÉMÈS.

Et puis, de par Zeus! un sykophante.

BLÉPYROS.

Moi seul?

KHRÉMÈS.

Toi, de par Zeus! et toute cette foule-ci.

BLÉPYROS.

Qui prétend le contraire?

KHRÉMÈS.

Il a dit que la femme est un être bourré d'esprit et capable d'acquérir de la fortune, ajoutant que nulle d'entre elles ne divulgue les secrets des Thesmophoria, tandis que toi et moi nous révélons toujours les décisions du Conseil.

BLÉPYROS.

Par Hermès! il n'a pas menti sur ce point.

KHRÉMÈS.

Il disait ensuite qu'elles se prêtent entre elles des habits, des bijoux d'or, de l'argent, des coupes, seule à seule, et sans témoins; qu'elles rendent tous ces objets et ne se font point tort, chose, dit-il, si fréquente parmi nous.

BLÉPYROS.

Oui, par Poséidôn! même quand il y a des témoins.

KHRÉMÈS.

Qu'elles ne font ni délations, ni procès, ni soulèvement contre le peuple; mais qu'elles ont de nombreuses et excellentes qualités; et autres grands éloges des femmes.

BLÉPYROS.

Et qu'a-t-on résolu?

KHRÉMÈS.

Que tu leur remettes le gouvernement de la cité, à

elles; d'autant que c'est la seule chose qui ne se soit jamais faite dans la ville.

BLÉPYROS.

Et cela a été résolu?

KHRÉMÈS.

Comme je te le dis.

BLÉPYROS.

Tout va leur être subordonné de ce qui est confié aux citoyens?

KHRÉMÈS.

Il en est ainsi.

BLÉPYROS.

Et je n'irai plus au tribunal, mais ma femme?

KHRÉMÈS.

Ce ne sera plus toi qui élèveras les enfants que tu as, mais ta femme.

BLÉPYROS.

Je n'aurai plus le souci des affaires dès le point du jour?

KHRÉMÈS.

Non, de par Zeus! les femmes en auront désormais le soin. Toi, tu pètes à ton aise, sans bouger de la maison.

BLÉPYROS.

Il y a une chose à redouter pour notre groupe, quand elles auront en main les rênes de la cité, c'est qu'elles ne nous prennent de force.

KHRÉMÈS.

Pourquoi faire ?

BLÉPYROS.

Pour les baiser.

KHRÉMÈS.

Et si nous ne pouvons pas ?

BLÉPYROS.

Elles ne nous donneront pas de quoi dîner.

KHRÉMÈS.

Mais toi, de par Zeus ! fais en sorte de dîner et de baiser, le tout ensemble.

BLÉPYROS.

Ce qu'on fait par contrainte est toujours très pénible.

KHRÉMÈS.

Mais si l'intérêt de la ville l'exige, il faut que tout homme agisse ainsi. C'est une tradition émanant de nos pères que nos décisions insensées et extravagantes ont toujours eu pour nous la meilleure issue. Favorisez cette issue, vénérable Pallas et vous autres dieux ! Mais je m'en vais : à toi, bonne santé.

BLÉPYROS.

Et à toi également, Khrémès.

LE CHOEUR.

Marche, avance. Y a-t-il quelqu'un des hommes qui

nous suive? Retourne-toi, fais attention, veille sur toi-même avec soin. Il y a bon nombre de mauvaises gens. Prends garde qu'on n'épie nos mouvements par derrière. Fais avec tes pieds le plus de bruit possible en marchant. Quelle honte ce serait pour nous toutes aux yeux des hommes, si cette affaire était découverte! Enveloppe-toi donc bien. Regarde de tous côtés, à gauche, à droite, pour qu'il n'arrive point malheur à l'entreprise. Mais hâtons-nous. Nous sommes déjà tout près de l'endroit d'où nous sommes parties pour l'assemblée, après nous y être réunies. On peut voir la maison d'où vient notre stratège, celle qui a trouvé l'affaire, sanctionnée, en ce moment, par les citoyens. Il faut donc que, sans plus tarder, sans plus attendre, nous détachions nos barbes, de peur que quelqu'un ne nous voie et peut-être ne nous dénonce. Ainsi retire-toi à l'ombre; va par ici, du côté de ce mur, l'œil au guet; et reprends tes vêtements, comme tu étais. Ne tarde pas. Notre stratège revient de l'assemblée; nous la voyons. Hâtez-vous toutes; prenez en haine votre barbe au menton. Les femmes arrivent, après avoir déjà repris leur costume.

PRAXAGORA.

Femmes, le succès a favorisé l'entreprise que nous avions projetée. Dépouillez au plus vite vos læenas, avant qu'aucun homme vous aperçoive : loin de vous les chaussures d'hommes; débouclez les courroies lakoniennes qui y adhèrent; laissez là les bâtons. Toi, cependant, dispose avec soin la toilette de celles-ci; moi, je veux me glisser à l'intérieur, avant que mon mari me voie, et remettre son manteau où je l'ai pris, ainsi que les autres objets que j'ai emportés.

LE CHŒUR.

Tout est arrangé comme tu l'as dit. C'est ton affaire de nous indiquer comment nous devons agir dans tes intérêts et en pleine obéissance. Jamais je ne me suis trouvée en relations avec une femme plus habile que toi.

PRAXAGORA.

Restez maintenant, afin que j'use de l'avis de vous toutes, à propos de l'autorité dont on m'a tout à l'heure investie. Dans le tumulte et dans les dangers vous avez été on ne peut plus courageuses.

BLÉPYROS.

Hé! d'où viens-tu, Praxagora?

PRAXAGORA.

Qu'est-ce que cela te fait, mon cher?

BLÉPYROS.

Ce que cela me fait? C'est naïf.

PRAXAGORA.

Tu ne diras pas, du moins, que je viens de chez un amant.

BLÉPYROS.

Pas de chez un seul, peut-être.

PRAXAGORA.

Il t'est possible de t'en assurer.

BLÉPYROS.

Comment?

PRAXAGORA.

Si ma tête exhale un parfum.

BLÉPYROS.

Quoi! Est-ce qu'une femme ne peut être cajolée sans parfum?

PRAXAGORA.

Pas moi, du moins, les dieux m'assistent!

BLÉPYROS.

Où t'es-tu donc enfuie silencieusement dès l'aurore, en prenant mon manteau?

PRAXAGORA.

Une femme, une de mes meilleures amies, m'a envoyé chercher cette nuit, prise de mal d'enfant.

BLÉPYROS.

Ne pouvais-tu pas me dire que tu y allais?

PRAXAGORA.

Comment n'avoir pas souci d'une femme dans cette situation-là, mon cher mari?

BLÉPYROS.

Il fallait me le dire. Il y a là quelque méfait.

PRAXAGORA.

Non, par les deux Déesses! J'y ai couru comme j'étais. Elle me priait de venir de n'importe quelle manière.

BLÉPYROS.

Eh bien, ne devais-tu pas prendre tes vêtements ? Mais tu as endossé les miens, et jeté là ta robe ; puis tu t'es enfuie, me laissant comme un mort exposé, à cela près que tu ne m'avais pas mis de couronne, ou placé près de moi un lékythe.

PRAXAGORA.

Il faisait froid ; je suis frêle et délicate. Pour me tenir chaud, je me suis enveloppée comme cela. Tu étais couché chaudement, et dans tes couvertures, quand je t'ai laissé, mon cher mari.

BLÉPYROS.

Mais mes chaussures lakoniennes sont parties avec toi, ainsi que mon bâton, et pourquoi faire ?

PRAXAGORA.

Pour sauver le manteau, je me suis chaussée à ta manière, faisant du bruit avec les pieds, et frappant les pierres avec ton bâton.

BLÉPYROS.

Sais-tu que tu as perdu un setier de blé, que j'aurais dû gagner à l'assemblée ?

PRAXAGORA.

N'en aie cure. Elle a fait un fort garçon.

BLÉPYROS.

L'assemblée ?

PRAXAGORA.

Non, de par Zeus! mais celle chez laquelle j'ai couru. L'assemblée a-t-elle eu lieu?

BLÉPYROS.

Oui, de par Zeus! Tu ne te rappelles pas que je te l'ai dit hier?

PRAXAGORA.

Je me le rappelle maintenant.

BLÉPYROS.

Tu ne sais donc pas ce qui a été résolu?

PRAXAGORA.

Non, de par Zeus! je n'en sais rien.

BLÉPYROS.

Tu peux donc rester assise à manger des sépias. On dit qu'on va vous donner le gouvernement.

PRAXAGORA.

Pourquoi faire? Pour tisser?

BLÉPYROS.

Non, de par Zeus! mais pour administrer.

PRAXAGORA.

Quoi?

BLÉPYROS.

Tout ce qui concerne les affaires de l'Etat.

PRAXAGORA.

Par Aphroditè, la République va être heureuse désormais.

BLÉPYROS.

Comment cela ?

PRAXAGORA.

Pour beaucoup de raisons. On n'osera plus dorénavant lui faire subir des traitements honteux, faux témoignages, délations.

BLÉPYROS.

Au nom des dieux, ne fais pas une chose qui m'ôterait mon gagne-pain.

LE CHOEUR.

Hé, mon brave homme, laisse parler ta femme !

PRAXAGORA.

Plus de vols ; plus de jalousie à l'égard du prochain ; plus de nudité ; plus de misère ; plus d'injures ; plus de gages pris sur le débiteur.

LE CHOEUR.

Par Poséidôn, voilà de belles choses, si ce ne sont pas des mensonges !

PRAXAGORA.

Mais je les réaliserai de telle sorte que tu me rendras témoignage et que celui-ci n'aura pas à me contredire.

LE CHOEUR.

Voici, pour toi, le moment de tenir en éveil ton esprit

avisé et tes sentiments démocratiques, afin de venir en aide à tes amies. C'est le bonheur commun que doit avoir en vue la finesse de ton intelligence, pour égayer le peuple, sagement policé, des mille ressources de la vie, et pour lui faire voir ce qu'il peut. L'occasion est favorable. Notre cité a besoin d'un plan habilement conçu. Mais ne tente que des choses qui n'aient pas encore été faites ni proposées jusqu'ici. Car nos gens détestent d'avoir sous les yeux des vieilleries souvent vues... Seulement, il ne faut pas tarder; mets vite tes idées en pratique, car la promptitude est ce qui agrée le plus aux spectateurs.

PRAXAGORA.

Que ce que j'indiquerai soit le meilleur, j'en ai la confiance. Mais que les spectateurs veuillent du nouveau et qu'ils ne soient pas trop attachés aux choses antiques, voilà ce que je redoute avant tout.

BLÉPYROS.

Pour ce qui est d'innover, sois sans crainte, vu que la nouveauté nous semble préférable à tout autre gouvernement, ainsi que le dédain des vieilleries.

PRAXAGORA.

Tout d'abord que personne, en ce moment, ne me contredise ni ne m'interroge avant de connaître ma pensée et d'écouter ma parole. Je dis qu'il faut que tous ceux qui possèdent mettent tous leurs biens en commun, et que chacun vive de sa part; que ni l'un ne soit riche, ni l'autre pauvre; que l'un ait de vastes terres à cultiver et que l'autre n'ait pas de quoi se faire enterrer; que l'un soit servi par de nombreux esclaves, et que l'autre n'ait pas un seul suivant : enfin, j'établis une vie commune, la même pour tous.

BLÉPYROS.

Comment sera-t-elle commune pour tous?

PRAXAGORA.

Toi, tu mangeras de la merde avant moi.

BLÉPYROS.

Est-ce que nous nous partagerons aussi la merde?

PRAXAGORA.

Non, de par Zeus! mais ta brusquerie m'a interrompue. Or, voici ce que je voulais dire : je mettrai d'abord en commun la terre, l'argent, toutes les propriétés d'un chacun; ensuite, avec tous ces biens mis en commun, nous vous nourrirons, gérant, épargnant, organisant avec soin.

BLÉPYROS.

Et celui de nous qui ne possède pas de terres, mais de l'argent, des darikes, des richesses cachées?

PRAXAGORA.

Il les déposera à la masse; et, s'il ne les dépose pas, il sera parjure.

BLÉPYROS.

Mais c'est comme cela qu'il les a gagnées.

PRAXAGORA.

Elles ne lui serviraient absolument de rien.

BLÉPYROS.

Comment cela?

PRAXAGORA.

Rien ne se fera plus sous l'impulsion de la pauvreté; tout appartiendra à tous, pains, salaisons, gâteaux, lænas, vin, couronnes, pois chiches. Quel profit à ne point mettre à la masse ? Dis ce que tu en penses.

BLÉPYROS.

Ne sont-ce pas, en ce moment, les plus voleurs, ceux qui ont tout cela ?

PRAXAGORA.

Jadis, mon cher, quand nous usions des lois anciennes ; aujourd'hui que la vie sera en commun, quel profit de ne pas mettre à la masse ?

BLÉPYROS.

Si quelqu'un voit une fillette qui lui plaise et s'il veut en jouir, il lui sera permis de prendre sur ce qu'il a pour lui faire un présent, et de participer aux biens de la communauté, tout en couchant avec elle.

PRAXAGORA.

Mais il pourra coucher avec elle gratis. J'entends que toutes les femmes soient communes à tous les hommes, et fassent des enfants avec qui voudra.

BLÉPYROS.

Mais comment cela, si tous vont à la plus jolie et cherchent à l'avoir ?

PRAXAGORA.

Les plus laides et les plus camuses se tiendront auprès

des plus belles : si tu veux en avoir une de celles-ci, c'est par la laide que tu devras commencer.

BLÉPYROS.

Mais comment nous autres vieux, si nous couchons avec les laides, ne trouverons-nous pas notre instrument en défaut, avant d'en venir où tu dis ?

PRAXAGORA.

Elles ne résisteront pas.

BLÉPYROS.

A quoi ?

PRAXAGORA.

Du courage, sois sans crainte; elles ne résisteront pas.

BLÉPYROS.

A quoi ?

PRAXAGORA.

A la jouissance : et voilà pour ce qui te regarde.

BLÉPYROS.

Votre idée ne manque pas d'un certain sens. Elle est calculée de manière que la cavité de nulle de vous ne soit vide. Mais les hommes, que feront-ils ? Elles fuiront les laids et elles courront après les beaux.

PRAXAGORA.

Mais les plus laids guetteront les plus jolis garçons à l'issue du repas et les observeront dans les endroits publics; et il ne sera pas permis aux femmes de coucher avec les beaux, avant de s'être mises en liesse avec les laids et les petits.

BLÉPYROS.

Ainsi, à présent, le nez de Lysikratès aura des aspirations aussi fières que celui des beaux jeunes gens.

PRAXAGORA.

Oui, par Apollôn! c'est un décret démocratique; et ce sera une grande confusion pour les fiérots et les porteurs de bagues, lorsqu'un mal-chaussé lui dira : « Cède le pas tout de suite, et attends, pendant que je fais la chose, que je t'accorde le second tour. »

BLÉPYROS.

Mais comment, en vivant ainsi, chacun de nous pourra-t-il reconnaître ses enfants ?

PRAXAGORA.

A quoi bon ? Les enfants reconnaîtront pour leurs pères tous les hommes plus âgés qu'eux.

BLÉPYROS.

N'étrangleront-ils pas bel et bien, à la file, tout vieillard, faute de le connaître, puisque, aujourd'hui même, ils étranglent leur père qu'ils connaissent ? Que sera-ce, s'il leur est inconnu ? Comment alors ne lui chieront-ils pas sur le nez ?

PRAXAGORA.

Mais les assistants ne le permettront pas. Autrefois, ils n'avaient nul souci qu'on frappât le père des autres ; maintenant, quand on entendra quelqu'un de battu, chacun, craignant que son père n'ait été frappé, luttera contre les auteurs de cet acte.

BLÉPYROS.

Tout cela, tu ne l'as pas sottement dit, cependant, si Épikouros ou Leukolophas m'appelait son papa, ce me serait très désagréable à entendre.

PRAXAGORA.

Il y a pourtant quelque chose de beaucoup plus désagréable que cela.

BLÉPYROS.

Quoi donc ?

PRAXAGORA.

Qu'Aristyllos te donnât un baiser, disant qu'il est ton père.

BLÉPYROS.

Il gémirait et jetterait les hauts cris.

PRAXAGORA.

Et toi tu sentirais la kalaminthe. Seulement, il y a longtemps qu'il est de ce monde et avant que le décret fût rendu, si bien que tu n'as pas à craindre ses baisers.

BLÉPYROS.

Ce serait pour moi une cruelle souffrance. Mais qui cultivera la terre ?

PRAXAGORA.

Les esclaves. Toi, tu n'auras de souci, lorsque l'ombre du cadran sera de dix pieds, que d'aller, gros et gras, vers le dîner.

BLÉPYROS.

Et les vêtements ? Comment s'en procurera-t-on ? C'est une question à faire.

PRAXAGORA.

Ceux que vous avez tout d'abord vous suffisent : les autres, nous vous les tisserons.

BLÉPYROS.

Encore une question. Comment, si quelqu'un est condamné par les magistrats à payer quelque chose à un autre, s'acquittera-t-il de cette amende ? Car la prendre sur le fonds commun, ce n'est pas juste.

PRAXAGORA.

Mais d'abord il n'y aura pas de procès.

BLÉPYROS.

Que de gens cela va ruiner !

PRAXAGORA.

J'ai fait rendre ce décret. Et en effet, malheureux, pourquoi y en aurait-il ?

BLÉPYROS.

Pour beaucoup de raisons, j'en prends Apollôn à témoin. Une d'abord, si l'on nie une dette.

PRAXAGORA.

Mais où le prêteur prendra-t-il de quoi prêter, si tous les biens sont en commun ? Ce serait un voleur manifeste.

BLÉPYROS.

Par Dèmètèr, tu donnes de bonnes raisons. Mais, dis-moi donc, les hommes qui se portent à des voies de fait sur les autres et qui, au sortir d'un bon repas, les maltraitent, comment paieront-ils ? Je crois que ce point t'embarrasse.

PRAXAGORA.

Avec la pitance qu'ils allaient manger. Quand on en sera privé, on ne commettra plus d'outrages si honteusement punis par le ventre.

BLÉPYROS.

Ainsi il n'y aura plus de voleur ?

PRAXAGORA.

Comment voler sa propre part ?

BLÉPYROS.

On ne sera plus dépouillé la nuit ?

PRAXAGORA.

Non : que tu couches soit chez toi, soit dehors, comme auparavant, puisque la vie sera facile à tous. Si l'on te dépouille, tu feras un présent. Car à quoi bon résister ? On ira au fonds commun se faire donner un autre vêtement meilleur que le premier.

BLÉPYROS.

On ne jouera plus aux dés ?

PRAXAGORA.

A propos de quoi le ferait-on ?

BLÉPYROS.

Quel régime établiras-tu ?

PRAXAGORA.

La vie commune à tous. Je veux faire de la ville une seule habitation, où tout se tiendra, de manière à ce qu'on passe de l'un chez l'autre.

BLÉPYROS.

Et les repas, où les feras-tu servir ?

PRAXAGORA.

Les tribunaux et les portiques, je ferai de tout des salles à manger.

BLÉPYROS.

A quoi la tribune te servira-t-elle ?

PRAXAGORA.

J'y placerai les kratères et les cruches d'eau ; de jeunes enfants y chanteront les exploits des braves à la guerre, et flétriront les lâches, que la honte éloignera du festin.

BLÉPYROS.

Par Apollôn ! voilà qui est gentil. Et les urnes pour les suffrages, où les mettras-tu ?

PRAXAGORA.

Je les déposerai sur l'Agora. Là, debout, près de la statue de Harmodios, je tirerai tous les noms, jusqu'à ce que celui dont le nom sortira, sache à quelle lettre il a la chance de dîner. Le héraut criera à ceux qui ont « bêta » de l'accompagner au Portique Basilique pour dîner ; à ceux qui ont « thêta » de se rendre au Portique qui commence par la même lettre ; à ceux qui ont « Kappa » de se diriger vers le Portique où se vend la farine d'orge.

BLÉPYROS.

Pour croquer tout ?

PRAXAGORA.

Non, de par Zeus ! mais pour y dîner.

BLÉPYROS.

Et celui pour qui ne sera pas sortie la lettre indicatrice du dîner, sera-t-il évincé par tous ?

PRAXAGORA.

Il n'en sera point ainsi chez nous. Nous fournirons tout à tous en abondance, si bien que chacun, pris d'ivresse, s'en ira couronné, et sa torche à la main. Les femmes, allant au-devant de vous, dans les carrefours, après le repas, vous diront : « Viens ici près de nous : il y a là une jolie fille. — Chez moi, criera une autre bien haut, de l'étage supérieur, il y en a une très belle et très blanche ; mais il faut commencer par coucher avec moi. » Les plus laids suivront les jolis garçons en disant : « Où cours-tu, jeune homme ? Tu ne gagneras rien d'aller ainsi. Les camus et les laids ont droit aux premières caresses : vous, cependant, sous le vestibule, maniez les feuilles du figuier à deux fruits, et amusez-vous. » Eh bien, maintenant, dis-moi, tout cela vous plaît-il ?

BLÉPYROS.

Tout à fait.

PRAXAGORA.

Il faut, à présent, que je me rende à l'Agora, afin de recevoir les biens mis en commun ; je vais prendre pour héraut une femme qui ait une bonne voix. Force m'est d'agir ainsi, puisqu'on m'a choisie pour gouverner. Je dois aussi pourvoir à la table commune, de manière à ce que vos banquets commencent dès aujourd'hui.

BLÉPYROS.

Nous allons donc banqueter tout de suite ?

PRAXAGORA.

Comme je te le dis. Ensuite je veux supprimer les filles publiques, absolument toutes.

BLÉPYROS.

Pourquoi ?

PRAXAGORA.

C'est fort clair. Afin qu'elles n'aient par les prémices des jeunes gens. Il ne faut pas que des esclaves, bien parées, usurpent sur la Kypris des femmes libres : il suffit qu'elles couchent avec des esclaves, s'épilant le bas-ventre pour le plaisir des êtres vêtus de la katônakè.

BLÉPYROS.

Voyons, maintenant; je vais te suivre de près, afin d'attirer les regards et pour qu'on dise : « C'est le mari de la stratège : ne l'admirez-vous pas ? »

(Il y avait ici un chœur, qui est perdu.)

PREMIER CITOYEN.

Me voici prêt à porter mes meubles sur l'Agora et à faire l'inventaire de mon bien.

Viens ici bellement, belle Kinakhyra, toi le premier des ustensiles que je sors de chez moi ; bien frottée, tu vas servir de kanéphore, toi dans laquelle j'ai versé beaucoup de mes sacs. Où est la diphrophore ? Viens ici, marmite. De par Zeus ! comme tu es noire ! Tu ne le serais pas plus si tu avais eu la chance de cuire la drogue avec laquelle Lysikratès se noircit. Tiens-toi près d'elle et viens ici, coiffeuse. Apporte ici cette cruche, hydriaphore, là. Et toi, sors, pour venir ici, joueuse de kithare. Souvent tu m'as fait lever pour aller à l'assemblée, de bonne heure, presque à la nuit, avec ton chant matinal. Que le skaphéphore s'avance. Apporte les rayons de miel ; place auprès les rameaux d'olivier ; prends aussi les deux trépieds et le lékythe. Quant aux petits pots et à la menue vaisselle, laisse-les.

DEUXIÈME CITOYEN.

Moi ! j'irais déposer mon bien ! Je serais assurément un pauvre sire, et d'un esprit borné. Non, par Poséidôn ! jamais ! Je veux d'abord examiner la chose à diverses reprises et la peser avec soin. Mes sueurs et mes épargnes, je ne vais pas à la légère les risquer si sottement, avant de m'être assuré comment va toute cette affaire. — Hé ! l'homme ! que veulent dire ces meubles ? Les as-tu transférés là pour un déménagement, ou bien les portes-tu pour les mettre en gage ?

PREMIER CITOYEN.

Pas du tout.

DEUXIÈME CITOYEN.

Pourquoi est-ce en si bon ordre ? Est-ce une pompe préparée pour le héraut Hiérôn ?

PREMIER CITOYEN.

Non, de par Zeus ! Je vais les transporter, dans l'intérêt de la ville, sur l'Agora, conformément aux lois décrétées.

DEUXIÈME CITOYEN.

Les transporter ?

PREMIER CITOYEN.

Absolument.

DEUXIÈME CITOYEN.

Tu es un grand homme, de par Zeus Sauveur !

PREMIER CITOYEN.

Comment ?

DEUXIÈME CITOYEN.

Comment ? C'est facile.

PREMIER CITOYEN.

Qu'est-ce à dire ? Ne dois-je pas obéir aux lois ?

DEUXIÈME CITOYEN.

A quelles lois, malheureux ?

PREMIER CITOYEN.

Aux lois décrétées.

DEUXIÈME CITOYEN.

Décrétées ? Que tu es donc bête !

PREMIER CITOYEN.

Bête ?

DEUXIÈME CITOYEN.

Oui, le plus sot de tous les hommes.

PREMIER CITOYEN.

Parce que je fais ce qui est prescrit? Or ce qui est prescrit doit être fait par l'homme de bon sens, et avant tout.

DEUXIÈME CITOYEN.

Tu veux dire par l'imbécile.

PREMIER CITOYEN.

Tu ne songes donc pas à déposer ton avoir?

DEUXIÈME CITOYEN.

Je m'en garderai bien, avant d'avoir vu ce que veut le plus grand nombre.

PREMIER CITOYEN.

Qu'est-ce que ce peut être, sinon de se préparer à déposer leurs biens?

DEUXIÈME CITOYEN.

Il me faudra le voir pour le croire.

PREMIER CITOYEN.

On le dit pourtant dans les rues.

DEUXIÈME CITOYEN.

On le dira.

PREMIER CITOYEN.

On affirme qu'on va porter son paquet.

DEUXIÈME CITOYEN.

On le portera.

PREMIER CITOYEN.

Tu me tues de ne pas le croire.

DEUXIÈME CITOYEN.

On ne le croira pas.

PREMIER CITOYEN.

Que Zeus t'écrase!

DEUXIÈME CITOYEN.

On t'écrasera. Penses-tu qu'un citoyen, ayant le sens commun, fasse son apport? Cela n'est pas dans notre caractère : nous savons prendre, et voilà tout, de par Zeus! Ainsi font les dieux : on peut le voir d'après les mains de leurs statues. Quand nous les prions de nous accorder des biens, elles sont là, tendant la main, non pour donner, mais pour recevoir.

PREMIER CITOYEN.

Malheureux homme, laisse-moi faire mon devoir. Il faut que je lie ce paquet. Où est la courroie?

DEUXIÈME CITOYEN.

Réellement, tu vas porter cela?

PREMIER CITOYEN.

Oui, de par Zeus! Attachons donc ensemble ces deux trépieds.

DEUXIÈME CITOYEN.

Quelle folie! Ne pas attendre ce que feront les autres; et alors...

PREMIER CITOYEN.

Que faire?

DEUXIÈME CITOYEN.

Attendre et différer encore.

PREMIER CITOYEN.

A quoi bon?

DEUXIÈME CITOYEN.

Si, par hasard, il arrivait un tremblement de terre, un coup de foudre sinistre, ou qu'une belette vînt à passer, on cesserait d'apporter, ô tête fêlée!

PREMIER CITOYEN.

Ce serait gentil pour moi, si je ne trouvais pas à placer tout cela.

DEUXIÈME CITOYEN.

Crains plutôt de ne savoir où le reprendre. N'aie pas peur, tu déposeras, même le dernier jour du mois.

PREMIER CITOYEN.

Comment?

DEUXIÈME CITOYEN.

Je connais nos gens, prompts à voter, puis, ce qui a été décidé, refusant de le mettre en pratique.

PREMIER CITOYEN.

Ils déposeront, mon cher.

DEUXIÈME CITOYEN.

Et s'ils ne déposent pas, quoi?

PREMIER CITOYEN.

Assurément, ils apporteront.

DEUXIÈME CITOYEN.

Et s'ils n'apportent pas, quoi ?

PREMIER CITOYEN.

Nous les y contraindrons.

DEUXIÈME CITOYEN.

Et s'ils sont les plus forts, quoi ?

PREMIER CITOYEN.

Je m'en vais, laissant mes meubles.

DEUXIÈME CITOYEN.

Et s'ils les vendent, quoi ?

PREMIER CITOYEN.

Puisses-tu crever !

DEUXIÈME CITOYEN.

Et si je crève, quoi ?

PREMIER CITOYEN.

Tu feras bien.

DEUXIÈME CITOYEN.

Et toi, tu veux encore déposer ?

PREMIER CITOYEN.

Oui, moi. Aussi bien je vois mes voisins faire leur apport.

DEUXIÈME CITOYEN.

Certainement Antisthénès va faire le sien, lui qui trouverait beaucoup plus convenable de chier pendant plus de trente jours.

PREMIER CITOYEN.

Gémis.

DEUXIÈME CITOYEN.

Kallimakhos, le maître des chœurs, contribuera-t-il pour quelque chose ?

PREMIER CITOYEN.

Plus que Kallias.

DEUXIÈME CITOYEN.

Cet homme-là perdra son avoir.

PREMIER CITOYEN.

Tu dis des étrangetés.

DEUXIÈME CITOYEN.

Qu'y a-t-il d'étrange ? Comme si je ne voyais pas continuellement de semblables décrets ! Ne sais-tu pas celui qui a été rendu sur le sel ?

PREMIER CITOYEN.

Je le sais.

DEUXIÈME CITOYEN.

Et ce que nous avons décrété sur les monnaies de cuivre, le sais-tu ?

PREMIER CITOYEN.

Ah ! quel tort m'a fait ce maudit coin de monnaie ! J'avais vendu des raisins, et je revenais la mâchoire pleine de pièces de cuivre; je vais ensuite à l'Agora pour acheter de l'orge; au moment même où j'avance mon sac, le héraut se met à crier que personne désormais ne doit recevoir de cuivre, vu que l'argent seul a cours.

DEUXIÈME CITOYEN.

Naguère ne jurions-nous pas tous que l'État retirerait cinq cents talents du quarantième, imaginé par Euripidès? Et aussitôt chacun d'appeler Euripidès un homme d'or. Puis, lorsque, en y regardant de plus près, on reconnut que c'était comme la Korinthos de Zeus, et que l'affaire déplut, chacun enduisit de poix ce même Euripidès.

PREMIER CITOYEN.

Ce n'est plus la même chose, mon ami; nous gouvernions alors, maintenant ce sont les femmes.

DEUXIÈME CITOYEN.

Pour ma part, je veillerai bien, de par Poséidôn! à ce qu'elles ne pissent pas sur moi.

PREMIER CITOYEN.

Je ne sais ce que tu radotes là. Toi, esclave, emporte le paquet.

LE HÉRAUT.

Citoyens assemblés, voici l'état actuel des choses. Venez, rendez-vous vite auprès de la stratège, afin que, selon que le sort vous aura désignés, chacun de vous aille s'asseoir au dîner. Les tables sont couvertes des meilleurs mets et toutes prêtes, les lits ornés de couvertures et de tapis : les kratères sont pleins; les parfumeuses se tiennent en ordre; les salaisons sont sur le gril, les lièvres à la broche; on pétrit les gâteaux, on tresse les couronnes; on passe au feu les friandises; les jeunes filles font cuire des marmites de purée. Smœos, au milieu d'elles, portant une stole de cavalier, essuie la vaisselle des femmes. Gérès arrive ayant une tunique fine et une élégante chaussure; il ricane avec un autre jeune homme : sa chaussure est par terre et son manteau rejeté. Venez donc, le porteur de galettes est là : allons, jouez des mâchoires!

DEUXIÈME CITOYEN.

De toute manière, j'y veux aller. Pourquoi resterais-je ici, puisque l'État l'exige ?

PREMIER CITOYEN.

Où veux-tu aller, toi qui n'as point apporté ton avoir?

DEUXIÈME CITOYEN.

Au dîner.

PREMIER CITOYEN.

Pas le moins du monde, si les femmes ont du bon sens, avant d'avoir fait ton apport.

DEUXIÈME CITOYEN.

Eh bien, je le ferai.

PREMIER CITOYEN.

Quand ?

DEUXIÈME CITOYEN.

En ce qui me touche, mon cher, il n'y aura point de retard.

PREMIER CITOYEN.

Comment cela ?

DEUXIÈME CITOYEN.

Je veux dire que d'autres paieront encore après moi.

PREMIER CITOYEN.

Et, en attendant, tu viens t'asseoir à la table ?

DEUXIÈME CITOYEN.

Que veux-tu que je fasse ? Il faut faire tout son possible pour savoir servir l'État, quand on est des bien pensants.

PREMIER CITOYEN.

Mais, si on t'en empêche, quoi ?

DEUXIÈME CITOYEN.

Je m'élancerai tête baissée.

PREMIER CITOYEN.

Et si on te fouette, quoi ?

DEUXIÈME CITOYEN.

Nous les citerons en justice.

PREMIER CITOYEN.

Et si l'on se moque de toi, quoi ?

DEUXIÈME CITOYEN.

Debout, devant les portes...

PREMIER CITOYEN.

Que feras-tu ? dis-moi.

DEUXIÈME CITOYEN.

Des mains des porteurs j'enlèverai les plats.

PREMIER CITOYEN.

Va donc le dernier. — Toi, Sikôn, et toi, Parménôn, emportez tout ce bagage.

DEUXIÈME CITOYEN.

Voyons, je t'aide à le porter.

PREMIER CITOYEN.

Pas de cela du tout. Je crains que, devant la stratège, ce que j'aurai déposé tu ne te l'attribues à toi-même.

DEUXIÈME CITOYEN.

J'en prends Zeus à témoin, il me faut quelque machination pour garder le bien que j'ai, et cependant avoir ma part de la cuisine commune. Il me semble avoir trouvé juste. Allons tout de suite du côté du dîner, et pas de retard.

(Ici, suivant toute probabilité, se plaçait un chœur.)

PREMIÈRE VIEILLE.

Pourquoi les hommes ne viennent-ils point ? L'heure est déjà passée. Et moi, fardée de céruse, je suis là, parée de ma robe jaune, sans rien faire, fredonnant à part moi une mélodie, et folâtrant pour recevoir entre mes bras le premier homme qui passera. Muses, descendez ici, sur ma bouche, et inspirez-moi quelque refrain d'Ionia.

UNE JEUNE FILLE.

Allons, tu as mis le nez dehors avant moi, vieille puanteur. Tu te figurais, en mon absence, vendanger une vigne abandonnée et attirer quelqu'un en chantant. Mais moi, si tu persistes, je chanterai de mon côté. Ce moyen, quoique peu agréable aux spectateurs, a cependant je ne sais quoi de divertissant et de comique.

PREMIÈRE VIEILLE.

Cause avec cet homme-ci et disparais. Toi, joueur de flûte, mon cher petit, prends tes flûtes et flûte-nous une mélodie digne de moi et de toi. Si quelqu'un veut prendre du plaisir, c'est avec moi qu'il doit coucher. Car les jeunes filles n'ont pas la science qu'ont les femmes mûres; et pas une ne saurait plus que moi chérir celui des amants avec qui je serais : elle s'envolerait vers un autre.

LA JEUNE FILLE.

Ne sois pas jalouse des jeunes : la volupté réside sur leurs cuisses délicates et fleurit sur leurs rondeurs. Mais toi, la vieille, te voilà allongée et parfumée pour faire les délices de la Mort.

PREMIÈRE VIEILLE.

Puisse choir ton pertuis et s'effondrer ton lit quand tu voudras faire l'amour! Puisses-tu trouver un serpent dans ta couche et l'attirer vers toi en voulant baiser!

LA JEUNE FILLE.

Aïe! aïe! Que deviendrai-je? Il ne me vient point d'amant. Je suis laissée seule ici. Ma mère s'en est allée ailleurs; et, pour le reste, ce n'est pas la peine d'en parler. O ma nourrice, je t'en prie, appelle Orthagoras pour jouir de tes droits, je t'en conjure.

PREMIÈRE VIEILLE.

C'est à la façon ionienne, pauvre petite, que cela te démange; et tu m'as l'air de pratiquer le « Lambda » à la mode des Lesbiens.

LA JEUNE FILLE.

Mais tu ne m'enlèveras pas mes jouissances; tu ne détruiras pas ma fraîcheur, et tu ne me la raviras point.

PREMIÈRE VIEILLE.

Chante tant que tu voudras et avance le cou comme une chatte, personne n'ira vers toi avant de venir à moi.

LA JEUNE FILLE.

Sans doute pour te porter en terre.

PREMIÈRE VIEILLE.

Voilà du nouveau.

LA JEUNE FILLE.

Du nouveau? vieille puanteur!

PREMIÈRE VIEILLE.

Ah! que non pas!

LA JEUNE FILLE.

Peut-on parler de nouveautés à une vieille?

PREMIÈRE VIEILLE.

Ce n'est pas ma vieillesse qui te chagrine.

LA JEUNE FILLE.

Quoi donc ? Ton fard et ta céruse ? Pourquoi me parles-tu ?

PREMIÈRE VIEILLE.

Et toi, pourquoi mets-tu ton nez à l'air ?

LA JEUNE FILLE.

Moi ? Je chante, à part moi, pour Épigénès, mon amant.

PREMIÈRE VIEILLE.

Ton amant ? En as-tu d'autre que Gérès ?

LA JEUNE FILLE.

Il te le prouvera : tout à l'heure il sera près de moi. C'est lui-même, le voici.

PREMIÈRE VIEILLE.

Il n'a pas besoin de toi, vilaine.

LA JEUNE FILLE.

De par Zeus ! vieille étique, il te le fera voir ; moi, je me retire.

PREMIÈRE VIEILLE.

Moi aussi, pour que tu saches que j'ai bien plus de raison que toi.

UN JEUNE HOMME.

Plût au ciel qu'il me fût permis de coucher avec cette

jeune fille, et de ne pas avoir à subir d'abord l'accouplement avec cette vieille coureuse! C'est insupportable pour un homme libre.

PREMIÈRE VIEILLE.

Tu gémiras, de par Zeus! mais tu t'accoupleras avec moi. Nous ne sommes plus au temps de Kharixénès. Il est juste d'agir conformément à la loi, puisque nous sommes en démocratie. Mais je me retire à l'écart pour observer ce qu'il va faire.

LE JEUNE HOMME.

Faites, ô dieux, que je trouve seule cette belle fille, vers laquelle l'ivresse entraîne depuis longtemps mon désir!

LA JEUNE FILLE.

J'ai trompé cette maudite vieille. Elle a disparu, croyant que je restais à l'intérieur. C'est bien celui-là même que je remémorais. Viens ici, viens ici, toi que j'aime, viens à moi. Avance, et passe entre mes bras la nuit tout entière. Une passion violente m'a saisie pour les boucles de tes cheveux : un désir étrange s'est emparé de moi ; il me dévore, il me tient. Sois-moi favorable, Érôs, je t'en supplie, et fais qu'il vienne partager ma couche.

LE JEUNE HOMME.

Viens ici, viens ici ; accours m'ouvrir cette porte, sinon je tombe et j'expire. Amie, je veux me pâmer sur ton sein et sur tes rondeurs intimes. Kypris, pourquoi me frappes-tu de folie pour elle ? Fais qu'elle vienne partager ma couche.

LA JEUNE FILLE.

Tout ce que je dis cependant n'exprime qu'à demi mon supplice. O toi, cher amant, je t'en conjure, ouvre-moi; couvre-moi de baisers : c'est pour toi que je souffre.

LE JEUNE HOMME.

O mon précieux bijou, rejeton de Kypris, abeille de la Muse, nourrisson des Kharites, image de la Volupté, ouvre-moi ; couvre-moi de baisers : c'est pour toi que je souffre.

PREMIÈRE VIEILLE.

Hé! l'homme! Pourquoi frappes-tu ? Est-ce moi que tu cherches ?

LE JEUNE HOMME.

Où prends-tu cela ?

PREMIÈRE VIEILLE.

Tu frappais à la porte.

LE JEUNE HOMME.

Que je meure!

PREMIÈRE VIEILLE.

Qu'es-tu venu chercher avec ton flambeau ?

LE JEUNE HOMME.

Je cherche un Anaphlystien.

PREMIÈRE VIEILLE.

Qui ?

LE JEUNE HOMME.

Par Sébinos! que tu attends peut-être.

PREMIÈRE VIEILLE.

Oui, par Aphroditè! que tu le veuilles ou non.

LE JEUNE HOMME.

Mais nous ne nous occupons pas, pour le moment, des sexagénaires : nous les renvoyons à une autre époque : nous n'avons affaire qu'à celles qui n'ont pas la vingtaine.

PREMIÈRE VIEILLE.

Sous l'ancien gouvernement, il en allait ainsi, mon bon; mais aujourd'hui on nous sert les premières, c'est la loi.

LE JEUNE HOMME.

Si on le veut bien, suivant la règle du jeu de dames.

PREMIÈRE VIEILLE.

Mais tu ne dînes pas suivant la règle du jeu de dames.

LE JEUNE HOMME.

Je ne sais ce que tu dis : il faut que je frappe à cette porte.

PREMIÈRE VIEILLE.

Mais c'est à ma porte que tu dois d'abord frapper.

LE JEUNE HOMME.

Nous n'avons pas, pour le moment, besoin d'un tamis.

PREMIÈRE VIEILLE.

Je sais que je suis aimée : tu es surpris, en cet instant, de me trouver devant la porte; avance la bouche.

LE JEUNE HOMME.

Mais, ma bonne, je redoute ton amant.

PREMIÈRE VIEILLE.

Qui ?

LE JEUNE HOMME.

Le plus distingué des peintres.

PREMIÈRE VIEILLE.

Qui est-ce ?

LE JEUNE HOMME.

Celui qui peint les lékythes pour les morts. Mais va-t'en, de peur qu'il ne te voie sur les portes.

PREMIÈRE VIEILLE.

Je sais, je sais ce que tu veux.

LE JEUNE HOMME.

Et moi, ce que tu veux, de par Zeus !

PREMIÈRE VIEILLE.

Non, par Aphroditè, qui m'a favorisée par le sort ! je ne te lâcherai pas.

LE JEUNE HOMME.

Tu es folle, la vieille !

PREMIÈRE VIEILLE.

Tu plaisantes : je t'entraînerai vers mes couvertures.

LE JEUNE HOMME.

A quoi bon achèterions-nous des crochets, quand nous pouvons faire descendre cette vieille pour tirer les seaux du puits ?

PREMIÈRE VIEILLE.

Ne te moque pas de moi, mon cher, mais suis-moi jusque chez moi.

LE JEUNE HOMME.

Je n'en vois pas la nécessité, à moins que tu n'aies versé pour moi le cinq centième à l'État.

PREMIÈRE VIEILLE.

Par Aphroditè! tu y es contraint : moi, j'aime à coucher avec ceux de ton âge.

LE JEUNE HOMME.

Et moi, je ne puis souffrir celles du tien : jamais je ne m'y déciderai, jamais.

PREMIÈRE VIEILLE.

De par Zeus! ceci t'y forcera.

LE JEUNE HOMME.

Qu'est-ce que c'est?

PREMIÈRE VIEILLE.

Un décret, qui t'enjoint de venir chez moi.

LE JEUNE HOMME.

Dis-moi quelle en est la teneur.

PREMIÈRE VIEILLE.

Je vais te le dire : « Les femmes ont décrété que, si un jeune homme convoite une jeune fille, il ne pourra jouir d'elle avant d'avoir commencé par faire la chose avec une vieille; et, s'il ne veut pas d'abord prendre ce plaisir, et s'il convoite la jeune fille, les vieilles femmes auront le droit de le prendre et de le traîner par l'endroit sensible. »

LE JEUNE HOMME.

Malheur à moi! Je vais aujourd'hui devenir un Prokoustès.

PREMIÈRE VIEILLE.

Il faut obéir à nos lois.

LE JEUNE HOMME.

Eh quoi! Mais si je suis arraché de vos mains par un homme du peuple ou un ami qui survienne?

PREMIÈRE VIEILLE.

Au delà d'un médimne un homme ne peut disposer de rien.

LE JEUNE HOMME.

Le refus par serment n'est donc pas possible?

PREMIÈRE VIEILLE.

On n'admet pas de détours.

LE JEUNE HOMME.

J'alléguerai que je suis marchand.

PREMIÈRE VIEILLE.

Tu jetteras les hauts cris.

LE JEUNE HOMME.

Que faut-il donc faire?

PREMIÈRE VIEILLE.

Viens chez moi.

LE JEUNE HOMME.

Est-ce pour moi une nécessité ?

PREMIÈRE VIEILLE.

Un ordre à la Diomédès.

LE JEUNE HOMME.

Étends d'abord une couche d'origan, puis mets dessous quatre branches brisées, ceins ta tête de bandelettes; dispose les lékythes et place le vase d'eau devant la porte.

PREMIÈRE VIEILLE.

Tu achèteras aussi une couronne pour moi.

LE JEUNE HOMME.

Oui, de par Zeus! si tu dures plus que la lumière des cires; car je pense que tu vas tomber morte tout de suite, en entrant.

LA JEUNE FILLE.

Où entraînes-tu ce jeune homme ?

PREMIÈRE VIEILLE.

C'est mon bien que j'emmène.

LA JEUNE FILLE.

Tu n'as pas le sens commun. Il n'a pas l'âge, étant ce qu'il est, pour coucher avec toi : tu serais sa mère plutôt que sa femme. Si vous faite prévaloir cette loi, vous remplirez d'OEdipous la terre entière.

PREMIÈRE VIEILLE.

O méchante peste, c'est la jalousie qui te suggère ce propos; mais je me vengerai de toi.

LE JEUNE HOMME.

Par Zeus Sauveur! tu m'as rendu service, ma douce amie, en me débarrassant de cette vieille : aussi, en retour de ce bienfait, je te paierai, ce soir, un grand et gros tribut.

DEUXIÈME VIEILLE.

Hé! la fille! Tu violes la loi. Où emmènes-tu ce jeune homme? Le texte écrit ordonne qu'il couche d'abord avec moi.

LE JEUNE HOMME.

Ah! quel malheur! D'où sors-tu, vieille maudite? Ce fléau est encore pire que l'autre.

DEUXIÈME VIEILLE.

Viens ici.

LE JEUNE HOMME, *à la jeune fille.*

Ne me laisse pas entraîner de force par cette vieille, je t'en conjure.

DEUXIÈME VIEILLE.

Ce n'est pas moi, c'est la loi qui t'entraîne.

LE JEUNE HOMME.

Non pas la loi, mais je ne sais quelle Empousa, couverte d'ulcères sanguinolents.

DEUXIÈME VIEILLE.

Suis-moi, mon mignon; fais vite, et ne raisonne pas.

LE JEUNE HOMME.

Non, pour l'instant; laisse-moi d'abord aller à la selle, afin de me redonner du cœur. Autrement, tu vas me voir faire de peur quelque chose de rouge.

DEUXIÈME VIEILLE.

Du courage, va; tu chieras à l'intérieur.

LE JEUNE HOMME.

Je crains d'en faire plus que je ne veux. Mais je te donnerai deux bonnes cautions.

DEUXIÈME VIEILLE.

Ne me les donne pas.

TROISIÈME VIEILLE.

Holà, toi? Où vas-tu avec cette femme?

LE JEUNE HOMME.

Je ne vais pas; on m'entraîne. Mais, qui que tu sois, vieille, puissent de nombreux bonheurs t'arriver, à toi, qui ne m'as pas abandonné dans le malheur! O Hèraklès, ô Pans, ô Korybantes, ô Dioskoures! ce monstre est encore plus hideux que l'autre. Car enfin, je le demande, quelle chose est-ce que cela? Est-ce une guenon plâtrée de céruse, où une vieille qui revient de chez les morts?

TROISIÈME VIEILLE.

Ne raille pas; viens et suis-moi.

DEUXIÈME VIEILLE.

Non, par ici.

TROISIÈME VIEILLE.

Je ne te lâcherai pas le moins du monde.

PREMIÈRE VIEILLE.

Ni moi non plus.

LE JEUNE HOMME.

Vous allez m'écarteler, vieilles dignes de malemort.

DEUXIÈME VIEILLE.

C'est moi que tu dois suivre de par la loi.

TROISIÈME VIEILLE.

Non pas, s'il se présente une autre vieille encore plus laide.

LE JEUNE HOMME.

Mais si vous commencez par me mettre à mal, voyons, comment irai-je trouver cette belle fille?

TROISIÈME VIEILLE.

Tu y aviseras; mais fais ce que je te dis.

LE JEUNE HOMME.

Laquelle des deux dois-je chevaucher pour être quitte?

DEUXIÈME VIEILLE.

Ne le sais-tu pas ? Viens ici.

LE JEUNE HOMME.

Que celle-ci me lâche donc !

TROISIÈME VIEILLE.

Ici, viens donc ici, près de moi.

LE JEUNE HOMME.

Si elle me lâche.

DEUXIÈME VIEILLE.

Non, de par Zeus ! je ne te lâcherai pas.

TROISIÈME VIEILLE.

Ni moi non plus.

LE JEUNE HOMME.

Vous seriez d'insupportables batelières.

DEUXIÈME VIEILLE.

Pourquoi ?

LE JEUNE HOMME.

En tirant les passagers, vous les mettriez en pièces.

DEUXIÈME VIEILLE.

Tais-toi, et viens ici.

TROISIÈME VIEILLE.

Non, de par Zeus ! mais vers moi.

LE JEUNE HOMME.

C'est vraiment ici le cas du décret de Kannônos : il faut

que je me coupe en deux pour baiser l'une et l'autre. Comment pourrais-je mouvoir deux rames à la fois ?

DEUXIÈME VIEILLE.

Tout bonnement : tu n'as qu'à manger une casserole d'oignons.

LE JEUNE HOMME.

Est-il malheur égal au mien ? Me voici près de la porte ; on m'entraîne.

TROISIÈME VIEILLE, *à l'autre vieille.*

Cela ne t'avancera pas beaucoup ; j'entrerai avec toi.

LE JEUNE HOMME.

Non, de par tous les dieux ! Mieux vaut encore subir un seul mal que deux.

TROISIÈME VIEILLE.

Par Hékatè ! que tu le veuilles ou non, ce sera.

LE JEUNE HOMME.

O triple malheur ! Il faut satisfaire cette vieille puante la nuit tout entière et le jour ; puis, une fois délivré de celle-ci, j'ai affaire à une Phrynè, qui a un lékythe aux mâchoires. Suis-je assez malheureux ? Oui, par Zeus Sauveur ! je suis un homme bien misérable d'être emprisonné avec de pareilles bêtes. Toutefois, s'il m'advient une série continue de malheurs, en naviguant sur ces deux catins, qu'on m'enterre sur le seuil même de l'entrée ; puis, que celle qui survivra, placée sur l'entablement de mon tombeau, soit enduite de poix, les pieds garnis de plomb fondu autour des talons, et dressée en guise de lékythe.

UNE SERVANTE.

O peuple heureux, heureuse moi-même, et très heureuse ma maîtresse ; et vous qui êtes devant ces portes ; et vous tous, voisins, habitants du dême, et moi, outre les autres, simple servante, qui ai parfumé ma tête de bonnes essences, j'en atteste Zeus ! Mais plus exquises encore que tout cela sont les amphores de vin de Thasos : le fumet en reste longtemps dans la tête, tandis que tous les autres aromes s'évaporent. Oui, les amphores sont de beaucoup préférables, de beaucoup, grands dieux ! Verse-moi d'un vin pur ; il inspire la gaieté toute la nuit, quand on a su choisir celui qui a le meilleur bouquet. Mais dites-moi, femmes, où est mon maître, l'époux de celle qui m'a prise à son service ?

LE CHOEUR.

En restant ici, nous pensons que tu le trouveras.

LA SERVANTE.

Effectivement ; le voici qui vient dîner. O mon maître, homme heureux, trois fois heureux !

LE MAÎTRE.

Moi ?

LA SERVANTE.

Toi, vraiment ; et pas un autre homme. Car peut-on être plus fortuné que toi, qui, sur une population de plus de trente mille citoyens, es le seul qui n'ait point dîné ?

LE CHOEUR.

Oui, tu viens de désigner nettement un heureux homme.

LA SERVANTE.

Eh bien ! Où vas-tu ?

LE MAÎTRE.

Je vais du côté du dîner.

LA SERVANTE.

Par Aphroditè ! tu es de beaucoup le dernier de tous. Toutefois ta femme m'a ordonné de te prendre et d'emmener ces jeunes filles avec toi. Il est resté du vin de Khios et d'autres bonnes choses. Ainsi ne tardez pas ; et s'il se trouve quelque spectateur bienveillant, quelque juge au coup d'œil impartial, qu'il vienne avec nous : nous le pourvoirons de tout. Aie donc pour tous des paroles affables ; ne dédaigne personne ; mais invite généreusement vieillards, jeunes gens, enfants : le dîner est préparé pour tout le monde... si chacun s'en va chez soi.

LE MAÎTRE.

Je me rends donc au festin, et je porte ce flambeau, comme c'est l'usage.

LE CHOEUR.

Mais qu'est-ce que tu attends ? Pourquoi n'emmènes-tu pas ces jeunes filles avec toi ? Moi, pendant la marche, je chanterai quelque chanson de table. Seulement, je veux donner un petit avis. Que les sages, pour me juger, se rappellent ce que j'ai dit de sage ; que ceux qui ont ri de bon cœur me jugent d'après ce qui les a fait rire : c'est ainsi que je prie à peu près tout le monde de me juger. Et que le sort ne me soit point préjudiciable, s'il nous a choisis les premiers. Mais remettez-vous tout cela dans la mémoire, fidèles à votre serment, à votre habitude impartiale de juger les chœurs; et ne ressemblez pas à ces hétaïres éhontées qui ne gardent jamais que le dernier souvenir. Allons, allons, c'est le moment! Chères amies, si nous voulons achever l'affaire, il faut nous rendre en dansant au dîner. Ajustez vos pieds au mode krètique, et toi, marche en avant.

LE MAÎTRE.

Ainsi fais-je.

LE CHOEUR.

Et vous, les jambes fines, observez la cadence! Bientôt on va servir lépas, salaisons, poissons cartilagineux, têtes de squale à la sauce piquante, silphion assaisonné au miel, grives, merles, pigeons, crêtes de coq grillées, poules d'eau, colombes, lièvres au vin cuit, tranches de volailles avec les ailes. Et toi, dûment prévenu, vite, vite, prends une assiette, un jaune d'œuf, et cours te mettre à table. Les autres mangent déjà! Jambes en l'air. Iè! Iè! A table! Èvoé, évoé, évoé! Victoire! Èvoé, évoé, évoé, évoé!

FIN DES EKKLÈSIAZOUSES

PLOUTOS

(L'AN 409 ET 390 AVANT J.-C.)

Un homme pauvre, nommé Chrémylos, rencontre un aveugle qu'il emmène chez lui. Cet aveugle est le dieu de la richesse. Guéri dans le temple d'Esculape, le dieu n'enrichira plus ni les intrigants ni les coquins. Rien de plus plaisant que la scène où Hermès, dégoûté du service des dieux, et ne voulant être ni portier, ni marchand, ni voleur, consent à devenir agent d'affaires. A cette gaieté vive et preste, la scène entre Chrémylos, Blepsidémos et la Pauvreté joint une vigueur de raison amère et de sagacité morale du plus haut intérêt.

PERSONNAGES DU DRAME

KARIÔN.

KHRÉMYLOS.

PLOUTOS.

CHOEUR DE PAYSANS.

BLEPSIDÈMOS.

PÉNIA (la Pauvreté).

LA FEMME DE KHRÉMYLOS.

UN HOMME JUSTE.

UN SYKOPHANTE.

UNE VIEILLE.

UN JEUNE HOMME.

HERMÈS.

UN PRÊTRE DE ZEUS.

La scène se passe devant la maison de Khrémylos.

PLOUTOS

KARIÔN.

Que c'est une triste chose, de par Zeus et les dieux! que d'être l'esclave d'un maître en démence! Car si le serviteur se trouve donner de très bons conseils et s'il plaît au maître de ne pas les suivre, il en résulte nécessairement du mal pour le serviteur. Ce corps, la divinité ne nous permet pas d'en être les maîtres, mais à celui qui nous a achetés; enfin c'est comme cela. Loxias, qui rend ses oracles de son trépied d'or, mérite justement ce reproche, puisque, médecin et prophète clairvoyant, dit-on, il renvoie mon maître en proie à son humeur noire, marchant derrière un homme aveugle, tout au rebours de ce qu'il devrait faire, car, nous qui voyons, nous guidons les aveugles. Lui, il suit, et il m'y force, et cela sans me répondre le moindre mot. Pour moi, toutefois, il n'y a pas moyen que je me taise, si tu ne me dis, ô mon maître, pour quelle raison nous suivons cet homme; mais je te donnerai de la tablature, et tu ne me battras pas, ceint d'une couronne.

KHRÉMYLOS.

Non, de par Zeus! mais je t'ôterai ta couronne, si tu m'ennuies, et il t'en cuira davantage.

KARIÔN.

Plaisanterie! Je ne cesserai pas avant que tu m'aies dit quel est cet homme. C'est par bonté pour toi que je te le demande avec tant d'instance.

KHRÉMYLOS.

Eh bien, je ne te le cacherai point; car je crois que de mes serviteurs, tu es le plus dévoué et le plus cachottier. Moi, religieux et homme juste, je faisais de mauvaises affaires, et j'étais pauvre.

KARIÔN.

Je le sais.

KHRÉMYLOS.

Les autres s'enrichissaient, sacrilèges, rhéteurs, sykophantes, vauriens.

KARIÔN.

Je te crois.

KHRÉMYLOS.

Voulant donc consulter le Dieu, je fis le voyage, non pour moi malheureux, qui vois le carquois de ma vie presque épuisé; mais pour mon fils, le seul qui me reste, afin qu'il sache s'il doit changer de conduite et devenir pervers, injuste, corrompu, persuadé que dans la vie c'est là le bonheur.

KARIÔN.

Qu'a répondu Phœbos du milieu de ses guirlandes ?

KHRÉMYLOS.

Tu vas le savoir. Clairement le Dieu m'a dit ceci : que le premier que je rencontrerais, en sortant, j'eusse à ne point le laisser de côté et à l'engager à m'accompagner chez moi.

KARIÔN.

Et quel est le premier que tu as rencontré ?

KHRÉMYLOS.

Celui-ci.

KARIÔN.

Et tu n'as pas compris la pensée du Dieu, qui te disait de la façon la plus claire, ô le plus stupide des hommes, de former ton fils aux mœurs du pays ?

KHRÉMYLOS.

D'après quoi juges-tu cela ?

KARIÔN.

C'est qu'il est de toute évidence, même pour un aveugle, que le plus avantageux est de ne rien faire de raisonnable, dans le temps où nous sommes.

KHRÉMYLOS.

Il n'y a pas moyen que ce soit là le sens de l'oracle, il

doit en avoir un autre plus élevé. Si cet homme nous dit quel il est, en vue de quoi et pour quel besoin il est venu ici avec nous, nous saurons quel est pour nous le sens de l'oracle.

KARIÔN.

Voyons donc, qui es-tu au juste? Dis-le-nous, ou j'agis en conséquence. Il faut parler au plus vite.

PLOUTOS.

Moi, je te dis que tu vas gémir.

KARIÔN.

Tu apprends de lui ce qu'il en est.

KHRÉMYLOS.

C'est à toi qu'il s'adresse, non à moi. Tu es grossier et brutal avec lui dans tes questions. Toi, si tu aimes avoir affaire à un homme d'humeur loyale, réponds-moi.

PLOUTOS.

Va gémir, c'est ce que je te réponds.

KARIÔN.

Accueille l'homme et le présage du Dieu.

KHRÉMYLOS.

Non, par Dèmètèr, tu ne riras pas toujours.

KARIÔN.

Si tu ne parles pas, méchant, tu vas faire une méchante fin.

PLOUTOS.

Braves gens, éloignez-vous de moi.

KHRÉMYLOS.

Pas du tout.

KARIÔN.

Voici, selon moi, ce qu'il y a de mieux à faire, ô mon maître. Je vais mettre cet homme à malemort : je le conduis, en effet, sur le bord d'un précipice; puis je le laisse là, je m'en vais, et il se casse le cou en tombant.

KHRÉMYLOS.

Emporte-le vite.

PLOUTOS.

Eh, pas du tout!

KHRÉMYLOS.

Ne répondras-tu pas ?

PLOUTOS.

Mais une fois que vous saurez qui je suis, je ne doute pas que vous ne me maltraitiez et que vous ne vouliez point me lâcher.

KHRÉMYLOS.

Si, j'en atteste les dieux, mais cela dépend de ta volonté.

PLOUTOS.

Lâchez-moi maintenant tout de suite.

KHRÉMYLOS.

Eh bien, nous te lâchons.

PLOUTOS.

Écoutez-moi tous deux : car je dois, ce me semble, vous dire ce que j'étais prêt à vous cacher. Je suis Ploutos.

KARIÔN.

O le plus scélérat de tous les hommes! Tu gardais le silence et tu es Ploutos!

KHRÉMYLOS.

Toi Ploutos, en cet état si misérable ? O Phœbos Apollôn, Zeus, dieux et dæmons! O Zeus! que dis-tu ? Es-tu réellement lui ?

PLOUTOS.

Oui.

KHRÉMYLOS.

Lui-même ?

PLOUTOS.

Tout à fait lui.

KHRÉMYLOS.

D'où vient donc, dis-moi, que tu te présentes si sale ?

PLOUTOS.

J'arrive de chez Patroklès, qui ne s'est jamais lavé depuis qu'il est au monde.

KHRÉMYLOS.

Et ta cécité, d'où vient-elle ? Dis-le-moi.

PLOUTOS.

De Zeus, qui l'a faite dans sa jalousie pour les hommes. Moi, en effet, étant jeune, je l'ai menacé de ne visiter que les hommes justes, sages, rangés : alors il me rendit aveugle pour m'empêcher d'en reconnaître aucun. Tant il est jaloux des gens de bien !

KHRÉMYLOS.

Cependant il est honoré exclusivement par les hommes de bien et par les justes.

PLOUTOS.

Je suis de ton avis.

KHRÉMYLOS.

Eh bien, voyons. Si tu te reprenais à voir comme auparavant, fuirais-tu désormais les méchants ?

PLOUTOS.

Comme je te le dis.

KHRÉMYLOS.

Et irais-tu chez les gens de bien ?

PLOUTOS.

Assurément ; car il y a longtemps que je n'en ai vu.

KHRÉMYLOS.

Et cela n'a rien d'étonnant : je n'en vois pas, moi qui vois clair.

PLOUTOS.

Lâchez-moi maintenant ; vous savez désormais tout ce qui me concerne.

KHRÉMYLOS.

Non, de par Zeus ! mais nous nous attachons d'autant plus à toi.

PLOUTOS.

Ne disais-je pas que vous me donneriez de la tablature?

KHRÉMYLOS.

O toi, je t'en conjure, cède et ne m'abandonne pas. Car tu ne trouveras pas, en le cherchant, un homme d'un meilleur caractère, j'en prends Zeus à témoin : il n'y en a pas d'autre que moi.

PLOUTOS.

C'est ce qu'ils disent tous; mais une fois qu'ils me tiennent en réalité et qu'ils sont devenus riches, aussitôt ils passent les bornes de la perversité.

KHRÉMYLOS.

Il en est ainsi, mais ils ne sont pas tous méchants.

PLOUTOS.

Si, de par Zeus! tous sans exception.

KARIÔN.

Tu pousseras de longs gémissements.

KHRÉMYLOS.

Toi, cependant, pour bien connaître les nombreux avantages que tu trouveras à demeurer avec nous, prête-moi ton attention, afin de les apprendre. J'espère, en effet, j'espère, si le Dieu y consent, te guérir de ton ophthalmie et te rendre la vue.

PLOUTOS.

N'en fais rien absolument : je ne veux pas voir de nouveau.

KHRÉMYLOS.

Que dis-tu ?

KARIÔN.

Cet homme est né pour être malheureux.

PLOUTOS.

Zeus lui-même, je le sais, lorsqu'il connaîtrait leur folie, m'écraserait.

KHRÉMYLOS.

Hé! n'est-ce pas ce qu'il fait à présent, en te laissant errer à tâtons ?

PLOUTOS.

Je ne sais; mais j'ai grand'peur de lui.

KHRÉMYLOS.

Vrai, ô le plus lâche de tous les dæmons ? Crois-tu donc que la toute-puissance de Zeus et les foudres vaudraient un triobole, si tu revoyais clair, même quelques instants?

PLOUTOS.

Méchant, ne parle pas ainsi.

KHRÉMYLOS.

Sois tranquille, je te ferai voir que tu es beaucoup plus puissant que Zeus.

PLOUTOS.

Moi, dis-tu ?

KHRÉMYLOS.

Oui, par le Ciel! Et d'abord qui donne à Zeus le pouvoir sur les dieux ?

KARIÔN.

L'argent; car il en a beaucoup.

KHRÉMYLOS.

Eh bien! Qui lui fournit cet argent?

KARIÔN.

Celui-ci.

KHRÉMYLOS.

En vue de quoi lui sacrifie-t-on? N'est-ce pas en vue de celui-ci?

KARIÔN.

Oui, de par Zeus! on lui demande toujours la richesse.

KHRÉMYLOS.

Celui-ci donc en est cause; et facilement, s'il voulait, il mettrait fin à tout cela.

PLOUTOS.

Et comment?

KHRÉMYLOS.

Pas un homme, dorénavant, n'offrirait ni un bœuf, ni un gâteau, ni la moindre chose, si tu ne le voulais pas.

PLOUTOS.

Comment?

KHRÉMYLOS.

Comment? Il n'y aura pas moyen de faire un achat, si tu n'es pas là pour donner de l'argent; de sorte que le pouvoir de Zeus, s'il te cause quelque ennui, tu le détruis à toi seul.

PLOUTOS.

Que dis-tu ? C'est moi qui suis cause qu'on lui sacrifie ?

KHRÉMYLOS.

Je l'affirme. De par Zeus ! les hommes n'ont rien de brillant, de beau, d'agréable, qui ne vienne de toi. Tout le cède à la richesse.

KARIÔN.

Moi, par exemple, c'est pour un peu d'argent que je suis devenu esclave et pour avoir été moins riche.

KHRÉMYLOS.

Les hétaïres korinthiennes, dit-on, quand c'est un pauvre qui va les trouver, ne font pas attention à lui ; mais si c'est un riche, elles s'empressent de lui offrir leur derrière.

KARIÔN.

On dit aussi que les garçons en font autant, non par amour, mais pour le gain.

KHRÉMYLOS.

Non pas les bons, mais les infâmes : car les bons ne demandent pas d'argent.

KARIÔN.

Quoi donc ?

KHRÉMYLOS.

Celui-ci un bon cheval, celui-là des chiens de chasse.

KARIÔN.

Comme ils rougissent, sans doute, de demander de l'argent, ils enfarinent d'un autre nom leur infamie.

KHRÉMYLOS.

Tous les métiers, toutes les inventions humaines te doivent la naissance : l'un taille le cuir, assis dans sa boutique.

KARIÔN.

Un autre travaille l'airain, un autre le bois.

KHRÉMYLOS.

Celui-ci affine l'or, qu'il a reçu de toi.

KARIÔN.

Celui-là, de par Zeus ! vole sur les routes ; cet autre perce les murs.

KHRÉMYLOS.

L'un est foulon.

KARIÔN.

L'autre lave les laines.

KHRÉMYLOS.

Ici on tanne les cuirs.

KARIÔN.

Là on lave les oignons.

KHRÉMYLOS.

Un autre, pris en adultère, est épilé à cause de toi.

PLOUTOS.

Malheureux que je suis ! J'ignorais tout cela.

KARIÔN.

Le Grand Roi, n'est-ce pas à cause de lui qu'il étale son faste ? Et les assemblées ne se tiennent-elles pas à cause de lui ?

KHRÉMYLOS.

Quoi donc ? N'est-ce pas toi qui équipes les trières ? Réponds-moi.

KARIÔN.

N'est-ce pas lui qui entretient à Korinthos notre garnison étrangère ? Et Pamphilos, n'est-ce pas à cause de lui qu'il gémira ?

KHRÉMYLOS.

Et le marchand d'aiguilles avec Pamphilos ?

KARIÔN.

Et Agynios, n'est-ce pas à cause de lui qu'il pète ?

KHRÉMYLOS.

Et à cause de toi que Philepsios raconte ses histoires ? Et notre alliance avec les Ægyptiens, n'en es-tu pas la cause, et que Laïs aime Philonidès ?

KARIÔN.

Et que la tour de Timothéos...

KHRÉMYLOS.

Tombe sur toi ! — Enfin, n'est-ce pas par toi que se font toutes les affaires ? Tu es seulissime la cause de toutes choses, biens ou maux, sois-en certain.

KARIÔN.

La victoire, dans les guerres, est donc du côté desquels celui-ci a seul fait pencher la balance.

PLOUTOS.

Ainsi, moi, je suis capable, sans personne, de faire tant de choses ?

KHRÉMYLOS.

Et, de par Zeus ! beaucoup d'autres encore. Aussi personne, absolument personne ne se lasse de toi. De tout le reste on est vite rassasié. D'amour...

KARIÔN.

De pain.

KHRÉMYLOS.

De musique.

KARIÔN.

De friandises.

KHRÉMYLOS.

D'honneurs.

KARIÔN.

De gâteaux.

KHRÉMYLOS.

De gloire.

KARIÔN.

De figues.

KHRÉMYLOS.

D'ambition.

KARIÔN.

De bouillie.

KHRÉMYLOS.

De commandement.

KARIÔN.

De lentilles.

KHRÉMYLOS.

Mais de toi, personne ne s'en est lassé jamais. Possède-t-on treize talents, on désire le plus vivement en avoir seize. Les a-t-on gagnés, on en veut quarante, sans quoi on dit que la vie n'est pas vivable.

PLOUTOS.

Vous me semblez tous les deux parler à merveille : je n'ai peur que d'une chose.

KHRÉMYLOS.

Laquelle ? Dis-le-moi.

PLOUTOS.

C'est comment de ce pouvoir, que vous prétendez être le mien, je pourrai, moi, m'emparer.

KHRÉMYLOS.

De par Zeus ! tout le monde a raison de dire qu'il n'y a pas d'être plus poltron que Ploutos.

PLOUTOS.

Pas du tout : c'est quelque voleur qui m'a calomnié ;

entré dans une maison, il n'eut rien à y prendre, ayant trouvé tout fermé, alors il a nommé pour ma prévoyance.

KHRÉMYLOS.

N'en prends aucun souci : car si tu te montres homme empressé à favoriser nos affaires, je te rendrai plus clairvoyant que Lynkeus.

PLOUTOS.

Comment pourras-tu le faire, n'étant qu'un mortel?

KHRÉMYLOS.

J'ai quelque bon espoir d'après ce que m'a dit Phœbos, en agitant le laurier delphique.

PLOUTOS.

Est-il donc aussi du secret?

KHRÉMYLOS.

Comme je le dis.

PLOUTOS.

Attention!

KHRÉMYLOS.

Ne t'inquiète de rien, mon bon. Car moi, sache-le bien, quand j'en devrais mourir, j'en viendrai à bout.

KARIÔN.

Et, si tu le permets, j'en suis.

KHRÉMYLOS.

Nous aurons encore beaucoup d'autres alliés, tous les honnêtes gens qui n'ont pas de pain.

PLOUTOS.

Oh! oh! tu parles là de piètres alliés.

KHRÉMYLOS.

Nullement, s'ils deviennent riches une seconde fois.— Mais voyons, toi, cours vite.

KARIÔN.

Qu'ai-je à faire ? Parle.

KHRÉMYLOS.

Appelle nos compagnons, les laboureurs. Tu les trouveras, sans doute, aux champs, dans une extrême misère, et tu leur diras de se rendre ici, chacun pour son compte, afin de prendre leur part de Ploutos ici présent.

KARIÔN.

J'y vais; mais ce morceau de viande, il faut que quelqu'un de la maison vienne le prendre et l'emporter.

KHRÉMYLOS.

J'en aurai soin; mais hâte-toi, cours. — Et toi, Ploutos, le plus puissant de tous les dieux, entre avec moi dans cette demeure : c'est la maison que tu dois remplir aujourd'hui de richesses, acquises bien ou mal.

PLOUTOS.

Mais il m'en coûte toujours beaucoup, j'en atteste les dieux, d'entrer de plain-pied dans une maison absolument étrangère. Aucun bien n'en est résulté pour moi, jamais. Si je me trouve entrer chez un avare, aussitôt il m'enfouit sous la terre; et lorsqu'un honnête homme, de ses amis, vient lui demander un peu d'argent, il jure qu'il ne m'a vu jamais. Si je me trouve entrer chez un prodigue, il me livre en proie à des filles ou à des dés, et, en peu d'instants, on me jette tout nu à la porte.

KHRÉMYLOS.

C'est que tu n'es tombé chez un homme modéré jamais. Or, moi, c'est mon caractère constamment. J'aime l'économie plus que personne, et aussi la dépense, quand il le faut. Mais entrons ; je veux te montrer à ma femme et à mon fils unique, l'être que j'aime le plus au monde après toi.

PLOUTOS.

Je te crois.

KHRÉMYLOS.

A quoi servirait-il de ne point te dire la vérité ?

(Le chœur manque.)

KARIÔN.

O vous qui, souvent, avez mangé le même ail que mon maître, amis, concitoyens, qui aimez le travail, venez, hâtez-vous, accourez : ce n'est pas le moment de se mettre en retard, mais l'instant précis où il faut payer de sa présence.

LE CHOEUR.

Hé ! ne vois-tu pas que nous nous sommes hâtés d'accourir empressés, autant que le peuvent des hommes affaiblis par l'âge? Mais peut-être crois-tu que je dois courir avant que tu m'aies dit pour quel motif ton maître nous a convoqués ici.

KARIÔN.

Ne vous l'ai-je pas déjà dit? Mais tu n'entends pas très bien. Mon maître vous dit que vous allez tous changer en une vie agréable votre existence misérable et pénible.

LE CHOEUR.

Qu'est-ce à dire, et comment va s'opérer le changement qu'il promet?

KARIÔN.

Il est arrivé ici, bonnes gens, ramenant un vieillard sale, courbé, misérable, ridé, chauve, édenté; et je crois même, j'en prends le Ciel à témoin, qu'il est circoncis.

LE CHOEUR.

C'est une nouvelle d'or que tu nous annonces! Comment dis-tu? Répète-moi cela. Tu nous le représentes arrivant avec un monceau de richesses.

KARIÔN.

Au moins est-ce un monceau des infirmités de la vieillesse.

LE CHOEUR.

Crois-tu, si tu t'es joué de nous, que tu t'en tireras indemne, surtout quand j'ai là mon bâton?

KARIÔN.

Que je sois tout à fait de ma nature un homme en tout

comme cela, vous le figurez-vous ? Et pensez-vous que je ne dise rien de sensé ?

LE CHOEUR.

Quel air sérieux chez ce retors ! Tes jambes vont crier : « Iou ! Iou ! » Elles font appel aux khœnix et aux entraves.

KARIÔN.

La lettre que tu as tirée au sort aujourd'hui te désigne pour juger dans le cercueil : pourquoi n'y vas-tu pas ? Kharôn te donnera ton insigne.

LE CHOEUR.

Puisses-tu crever ! Que tu es donc grossier et fripon par nature, toi qui nous trompes, et qui n'as pas le cœur de nous dire pourquoi ton maître nous a mandés ici, nous qui, chargés de labeurs, privés de loisirs, sommes accourus avec empressement, laissant de côté de nombreuses racines d'ail.

KARIÔN.

Eh bien, je ne vous le cacherai pas davantage. C'est Ploutos, mes amis, que mon maître amène : il va vous enrichir.

LE CHOEUR.

Serait-il vrai que nous allons tous devenir riches ?

KARIÔN.

Oui, de par les dieux ! et même des Midas, s'il vous vient des oreilles d'âne.

LE CHOEUR.

Quelle joie pour moi ! quel ravissement ! Je veux danser de plaisir, si ce que tu dis est réellement vrai.

KARIÔN.

Et moi je veux — Threttanélo — imiter le Kyklops et vous faire marcher ainsi à coups de pied. Allons, mes enfants, redoublez vos cris, bêlez à la façon des brebis et des chèvres odorantes : suivez, le phallos en arrêt, et, comme des boucs, soyez tout à l'amour.

LE CHŒUR.

Et nous, de notre côté, — Threttanélo, — nous chercherons le Kyklops en bêlant, et si nous t'attrapons gorgé de vin, la besace pleine de légumes sauvages, imprégné de rosée, ivre-mort au milieu de tes brebis et gisant endormi, nous prendrons un grand pieu brûlé par le bout et nous te crèverons l'œil.

KARIÔN.

Et moi, cette Kirkè qui par ses philtres magiques contraignit, à Korinthos, les compagnons de Philonidès à manger, comme des pourceaux, le gâteau de fange qu'elle avait pétri elle-même, je reproduirai toutes ses façons d'agir. Et vous, grognant de plaisir, suivez votre mère, petits cochons.

LE CHŒUR.

Si tu es cette Kirkè qui use des philtres magiques pour barbouiller les compagnons, nous, dans notre joie, pour imiter le fils de Laertès, nous te prendrons par les génitoires, nous te frotterons le nez de fiente, comme à un bouc ; et toi, en véritable Aristyllos, la bouche entr'ouverte, tu crieras : « Suivez votre mère, petits cochons ! »

KARIÔN.

Allons, voyons, maintenant, faites trêve de railleries,

et reprenez sur un autre ton; moi, je vais, de ce pas, en cachette de mon maître, prendre une bouchée de pain et de viande, et ensuite me remettre à l'ouvrage.

LE CHOEUR.

(Lacune.)

KHRÉMYLOS.

Vous souhaiter d'être en joie, chers concitoyens, c'est une formule déjà vieille et surannée; mais je vous embrasse, pour votre zèle à venir, pour votre ardeur, pour votre empressement. Secondez-moi aussi dans tout le reste, et soyez les sauveurs du Dieu.

LE CHOEUR.

Sois tranquille : car tu croiras, en me voyant, avoir devant toi Arès en personne. Il serait étrange si, pour toucher le triobole, nous nous foulions les uns les autres à l'assemblée, et si tu laissais enlever Ploutos lui-même.

KHRÉMYLOS.

Mais j'aperçois notre Blepsidèmos qui vient à nous : on voit qu'il a entendu parler de l'affaire, à en juger par son allure et par sa promptitude.

BLEPSIDÈMOS.

Qu'y a-t-il donc ? Comment et par quel moyen Khrémylos s'est-il enrichi tout à coup? Je ne puis le croire. Cependant, par Hèraklès! on ne se lassait pas de dire parmi les gens assis chez les barbiers, que notre homme était tout à coup devenu riche. Mais, pour moi, ce qu'il y a d'étrange, c'est que, faisant une bonne affaire, il y associe ses amis : il accomplit là un acte vraiment extraordinaire.

KHRÉMYLOS.

Je ne te cache rien, je te dis tout. Oui, de par les dieux! Blepsidèmos, mes affaires sont en meilleur état qu'hier : je puis donc partager avec toi; car tu es de mes amis.

BLEPSIDÈMOS.

Vraiment, comme on le dit, tu es devenu riche?

KHRÉMYLOS.

Je le serai bientôt, si le Dieu le veut : car il y a, il y a quelque péril dans l'affaire.

BLEPSIDÈMOS.

Lequel?

KHRÉMYLOS.

C'est que...

BLEPSIDÈMOS.

Vite, achève ce que tu veux dire.

KHRÉMYLOS.

Si nous réussissons, nous sommes heureux à jamais; si nous échouons, c'est un effondrement complet.

BLEPSIDÈMOS.

Ce fardeau me semble trop lourd, et il ne me convient

pas. La soudaineté de cet excès de richesse et la crainte qui la suit sont d'un homme qui n'a rien fait de bon.

KHRÉMYLOS.

Comment, rien de bon ?

BLEPSIDÈMOS.

Peut-être, de par Zeus ! reviens-tu de là-bas, après avoir volé de l'argent ou de l'or dans le temple du Dieu, et maintenant sans doute tu t'en repens.

KHRÉMYLOS.

Apollôn, qui détournes les fléaux ! J'en atteste Zeus, cela n'est pas !

BLEPSIDÈMOS.

Trêve de plaisanteries, mon bon : je le sais pertinemment.

KHRÉMYLOS.

Ne forme pas sur moi de pareils soupçons.

BLEPSIDÈMOS.

Hélas ! il n'y a pas, assurément, un seul homme qui fasse rien de bien. Tous sont esclaves de l'intérêt.

KHRÉMYLOS.

Par Dèmètèr ! tu ne parais pas être dans ton bon sens.

BLEPSIDÈMOS.

Combien il est changé de ses habitudes d'autrefois !

KHRÉMYLOS.

Tu tournes à l'humeur noire, mon pauvre homme, j'en atteste le ciel !

BLEPSIDÈMOS.

Ses yeux mêmes sont égarés : il est évident qu'il a fait un mauvais coup.

KHRÉMYLOS.

Je devine ton croassement; tu veux me prendre en délit de vol pour en avoir ta part.

BLEPSIDÈMOS.

En avoir ma part? Et de quoi?

KHRÉMYLOS.

Mais ce n'est pas du tout cela, c'est autre chose.

BLEPSIDÈMOS.

Peut-être n'as-tu pas volé, mais dérobé.

KHRÉMYLOS.

Tu perds la tête.

BLEPSIDÈMOS.

Est-il vrai que tu n'as fait tort à personne?

KKRÉMYLOS.

Non, vraiment.

BLEPSIDÈMOS.

Par Hèraklès! voyons, de quel côté se retourner? Il ne veut pas dire la vérité.

KHRÉMYLOS.

Tu m'accuses avant de savoir l'affaire qui me concerne.

BLEPSIDÈMOS.

Mon cher, je veux arranger la chose à peu de frais,

avant qu'elle s'ébruite dans la ville : quelques pièces de monnaie fermeront la bouche aux rhéteurs.

KHRÉMYLOS.

Tu es homme, j'en atteste les dieux, à avancer trois mines, et, en bon ami, à *m'en* compter douze.

BLEPSIDÈMOS.

Je vois quelqu'un assis près du bèma, tenant un rameau de suppliant, avec ses enfants et sa femme, semblable en tout aux Hèrakléides de Pamphilos.

KHRÉMYLOS.

Non, misérable; mais les gens de bien, les hommes habiles et honnêtes, voilà les seuls que, moi, j'enrichirai.

BLEPSIDÈMOS.

Que dis-tu? As-tu donc volé tant que cela?

KHRÉMYLOS.

Hélas! Malheur! Tu me feras mourir!

BLEPSIDÈMOS.

C'est toi-même qui te perds, ce me semble.

KHRÉMYLOS.

Mais non, malheureux, puisque j'ai Ploutos.

BLEPSIDÈMOS.

Toi, Ploutos? Lequel?

KHRÉMYLOS.

Le Dieu lui-même.

BLEPSIDÈMOS.

Où est-il ?

KHRÉMYLOS.

Là dedans.

BLEPSIDÈMOS.

Chez qui ?

KHRÉMYLOS.

Chez moi.

BLEPSIDÈMOS.

Chez toi ?

KHRÉMYLOS.

Absolument.

BLEPSIDÈMOS.

Aux corbeaux ! Ploutos chez toi ?

KHRÉMYLOS.

J'en atteste les dieux.

BLEPSIDÈMOS.

Tu dis vrai ?

KHRÉMYLOS.

Vrai.

BLEPSIDÈMOS.

Par Hestia ?

KHRÉMYLOS.

Par Poséidôn !

BLEPSIDÈMOS.

Le Dieu des mers, dis-tu ?

KHRÉMYLOS.

Et, s'il y a un autre Poséidôn, par un autre !

BLEPSIDÈMOS.

Et tu ne l'envoies pas chez nous, qui sommes tes amis ?

KHRÉMYLOS.

Les choses n'en sont point encore là.

BLEPSIDÈMOS.

Que dis-tu ? Pas encore au partage ?

KHRÉMYLOS.

Non, de par Zeus ! Il faut d'abord...

BLEPSIDÈMOS.

Quoi ?

KHRÉMYLOS.

Que nous lui rendions la vue.

BLEPSIDÈMOS.

La vue à qui ? Parle.

KHRÉMYLOS.

A Ploutos. Qu'il voie, comme auparavant, d'une manière ou d'une autre.

BLEPSIDÈMOS.

Est-il aveugle réellement ?

KHRÉMYLOS.

J'en atteste le ciel.

BLEPSIDÈMOS.

Il n'est pas étonnant qu'il ne soit jamais venu chez moi.

KHRÉMYLOS.

Mais, si les dieux le veulent, aujourd'hui il y viendra.

BLEPSIDÈMOS.

Ne faudrait-il pas appeler quelque médecin ?

KHRÉMYLOS.

Quel médecin y a-t-il à présent dans la ville ? Où il n'y a pas de récompense, il n'y a pas d'art.

BLEPSIDÈMOS.

Cherchons.

KHRÉMYLOS.

Il n'y en a pas.

BLEPSIDÈMOS.

Je n'en vois pas non plus.

KHRÉMYLOS.

Non, de par Zeus ! mais, comme j'y songeais déjà, le faire coucher dans le temple d'Asklèpios, voilà le meilleur.

BLEPSIDÈMOS.

C'est ce qu'il y a de mieux à faire, j'en atteste les dieux. Ne tarde pas ; tâche d'en finir.

KHRÉMYLOS.

J'y vais.

BLEPSIDÈMOS.

Hâte-toi donc.

KHRÉMYLOS.

C'est ce que je fais.

PÉNIA.

O vous deux qui osez faire une œuvre brûlante, impie, illégale, chétifs bouts d'homme, où donc, où fuyez-vous ? Ne vous arrêterez-vous pas ?

BLEPSIDÈMOS.

Par Hèraklès !

PÉNIA.

Mais je vous traiterai misérablement comme des misérables. Vous osez un trait d'audace qu'on ne saurait tolérer, tel qu'un autre ne l'a jamais tenté, ni dieu, ni homme : aussi, vous êtes perdus.

KHRÉMYLOS.

Qui es-tu donc, toi ? Tu me parais bien pâle.

BLEPSIDÈMOS.

C'est peut-être quelque Érinys de tragédie : elle a le regard furieux et tragique.

KHRÉMYLOS.

Mais elle n'a pas de torches.

BLEPSIDÈMOS.

Alors, si nous la faisions crier ?

PÉNIA.

Qui croyez-vous donc que je sois ?

KHRÉMYLOS.

Une cabaretière ou une marchande d'œufs. Car, autrement, tu ne crierais pas si fort, n'ayant éprouvé de nous aucun mal.

PÉNIA.

Vraiment ? Ne m'avez-vous pas fait la plus cruelle injustice, en cherchant à me chasser de tout pays ?

KHRÉMYLOS.

Ne te reste-t-il donc pas le Barathron ? Mais il fallait dire tout de suite et sur l'heure qui tu es.

PÉNIA.

Quelqu'un qui vous fera repentir aujourd'hui tous les deux d'avoir essayé de me bannir d'ici.

BLEPSIDÈMOS.

N'est-ce pas la cabaretière du voisinage, qui me trompe constamment sur les kotyles ?

PÉNIA.

Je suis Pénia, qui habite avec vous depuis nombre d'années.

BLEPSIDÈMOS.

Seigneur Apollôn, ô dieux ! où fuir ?

KHRÉMYLOS.

Hé! l'homme! Que fais-tu, ô le plus lâche des animaux? Veux-tu rester!

BLEPSIDÈMOS.

Pas le moins du monde.

KHRÉMYLOS.

Tu ne resteras pas? Nous, deux hommes, nous fuirons devant une femme?

BLEPSIDÈMOS.

Mais, malheureux, c'est Pénia, le plus redoutable de tous les monstres.

KHRÉMYLOS.

Demeure, je t'en prie, demeure.

BLEPSIDÈMOS.

De par Zeus! je n'en ferai rien.

KHRÉMYLOS.

Je te le dis, nous commettrions, de tous les actes, le plus honteux qui soit possible, si nous laissions là le Dieu tout seul, pour fuir tremblants devant cette femme et sans nulle résistance.

BLEPSIDÈMOS.

Quelles armes, quel pouvoir nous donneraient confiance? Est-il une cuirasse, un bouclier, que la coquine n'ait mis en gage?

KHRÉMYLOS.

Sois tranquille : à lui tout seul, le Dieu, je le sais, déjouera facilement ses tours.

PÉNIA.

Vous avez le front de grommeler, infâmes, quand on vous a pris en flagrant délit.

KHRÉMYLOS.

Mais toi, digne de malemort, pourquoi viens-tu nous injurier, quand on ne t'a pas fait le moindre mal ?

PÉNIA.

Croyez-vous donc, j'en jure par les dieux, ne pas m'en faire, quand vous essayez de rendre la vue à Ploutos ?

KHRÉMYLOS.

En quoi te faisons-nous du tort, quand nous cherchons le moyen de faire du bien à tous les hommes ?

PÉNIA.

Et quel bien pouvez-vous leur faire ?

KHRÉMYLOS.

Lequel ? D'abord de te chasser de la Hellas.

PÉNIA.

Me chasser ? Quel plus grand mal imagineriez-vous faire aux hommes ?

KHRÉMYLOS.

Oui, si nous négligions d'exécuter notre dessein.

PÉNIA.

Eh bien, je veux, sur ce point, vous donner tout d'abord une raison. Je vous démontrerai que je suis la cause unique de tous les biens, et que vous me devez la vie. Si je ne le prouve, faites tout de suite de moi ce que bon vous semblera.

KHRÉMYLOS.

Tu oses, infâme, tenir un pareil langage ?

PÉNIA.

Laisse-toi renseigner ; car je crois pouvoir te montrer aisément que tu commets tout ce qu'il y a de pire, en disant que tu vas enrichir les gens de bien.

KHRÉMYLOS.

O gourdins, ô carcans, ne nous viendrez-vous point en aide ?

PÉNIA.

Il ne faut pas s'emporter et crier avant de savoir.

KHRÉMYLOS.

Et qui pourrait ne pas crier : « Iou ! Iou ! » en entendant de pareilles choses ?

PÉNIA.

Quiconque a le sens commun.

KHRÉMYLOS.

A quelle amende te soumets-tu, si tu perds ta cause ?

PÉNIA.

A ce que tu voudras.

KHRÉMYLOS.

C'est bien dit.

PÉNIA.

Et vous, si vous perdez, vous devrez subir la même peine.

KHRÉMYLOS.

Penses-tu que vingt morts suffisent?

BLEPSIDÈMOS.

Oui, pour elle; mais, pour nous, il suffira de deux seulement.

PÉNIA.

Vous n'y échapperez point, en agissant de la sorte. Car quelle bonne raison ferait-on valoir contre moi?

LE CHOEUR.

C'est maintenant qu'il faut dire de sages paroles, pour la confondre, en réfutant son discours: pas de mollesse, ne donnez rien au hasard.

KHRÉMYLOS.

Il est évident, je crois, et tout le monde le reconnaît sans exception, qu'il est juste que les gens de bien soient heureux et que les méchants et les athées éprouvent un sort contraire. Nous donc, mus d'un vif désir, nous avons trouvé, non sans peine, le moyen de convertir cette idée belle, généreuse, en un acte utile à jamais. En effet, si Ploutos recouvre aujourd'hui la vue et s'il n'erre plus en aveugle, il ira chez les gens de bien pour ne les plus quitter; et, quant aux méchants et aux athées, il les fuira.

De la sorte, il fera que les honnêtes gens, devenus riches, respecteront les dieux. Qui pourrait imaginer rien de meilleur pour tous les hommes ?

BLEPSIDÈMOS.

Personne, assurément ; je suis là pour l'attester : ne l'interrogez donc pas.

KHRÉMYLOS.

A voir, en ce moment, comment se passe pour nous la vie humaine, qui ne croirait que tout y est folie, voire même extravagance ? En effet, le plus grand nombre d'hommes qui aient des richesses sont les méchants, dont l'injustice les a gagnées. Beaucoup d'autres, fort honnêtes gens, vivent dans la misère et dans le besoin, n'ayant souvent que toi pour compagne. Je dis donc que, si Ploutos recouvre la vue, ce sera une route ouverte à qui voudra procurer de plus grands biens aux hommes.

PÉNIA.

O vous deux, de tous les hommes les plus disposés à radoter, vieillards, compagnons de niaiserie et de démence, s'il arrivait ce que vous désirez, je prétends que vous n'en profiteriez ni l'un ni l'autre. Car que Ploutos recouvre la vue et qu'il se donne à tous également, pas un homme ne voudra exercer un art, une industrie, pas un. Or, quand vous aurez tous deux détruit ces métiers, qui voudra forger le fer, construire des vaisseaux, tourner des roues, couper le cuir, faire de la brique, blanchir, corroyer, fendre avec la charrue le sol de la terre pour en tirer les fruits de Dèo, puisqu'il vous sera permis de vivre oisifs et libres de tous soucis ?

KHRÉMYLOS.

Tu niaises pour niaiser; car tous ces travaux que tu viens de nous énumérer, nos esclaves les exécuteront.

PÉNIA.

Mais comment auras-tu des esclaves ?

KHRÉMYLOS.

Eh mais, nous en achèterons avec notre argent.

PÉNIA.

Et d'abord qui sera le vendeur, si celui-là même a de l'argent ?

KHRÉMYLOS.

Un homme épris du gain, un trafiquant venant de Thessalia, d'où sont les rusés marchands d'esclaves.

PÉNIA.

Mais tout d'abord il n'y aura plus un seul marchand d'esclaves, d'après le discours même que tu tiens. Car quel riche courra le risque de sa vie pour faire ce commerce ? Si bien que, contraint toi-même de labourer, de piocher, de faire tous les autres travaux, tu mèneras une existence beaucoup plus douloureuse que celle d'aujourd'hui.

KHRÉMYLOS.

Que cela retombe sur ta tête !

PÉNIA.

Tu n'auras plus de lit pour y dormir : ils auront disparu; ni tapis, car qui voudra tisser, ayant de l'or ? ni gouttes d'essence pour parfumer votre jeune épouse; ni étoffes teintes à grands frais pour la parer de formes changeantes. Or, à quoi sert d'être riche, si l'on est privé de tous ces biens? Chez moi, au contraire, se trouve abondamment tout ce dont vous manquez : car moi, comme une maîtresse sédentaire, je force l'artisan, par le besoin et par la pauvreté, à chercher de quoi vivre.

KHRÉMYLOS.

Mais quel bien peux-tu donc procurer, que des brûlures gagnées au bain, des enfants affamés, un tas de vieilles femmes? Je ne te parle pas des légions de poux, de cousins, de puces, foule innombrable, qui bourdonne, gênante, autour de notre tête, nous réveille et nous dit : « Tu mourras de faim, mais lève-toi! » Pour habits, tu donnes des haillons; pour lit, une litière de jonc, pleine de punaises, qui éveillent les gens endormis; pour tapis, une natte pourrie; pour oreiller, une pierre énorme sous la tête; pour nourriture, au lieu de pain, des racines de mauve; comme gâteaux, des raves sèches; pour escabeau, un couvercle de cruche cassée; pour pétrin, une douve de tonneau, et fendue encore. Sont-ce là les biens nombreux dont tu prétends être la source pour tous les hommes?

PÉNIA.

Ce n'est pas du tout ma vie que tu as dépeinte; tu as esquissé celle des mendiants.

KHRÉMYLOS.

Mais ne disons-nous pas que la pauvreté est sœur de la mendicité?

PÉNIA.

Oui, vous assimilez Dionysos à Thrasyboulos, mais ce

n'est point là, j'en jure par Zeus, la condition de ma vie, et ce ne doit point l'être. La vie du mendiant, dont tu parles, est vivre sans rien avoir; celle du pauvre est vivre d'épargne et de travail assidu, sans nul superflu, mais sans manquer de rien.

KHRÉMYLOS.

Quelle vie heureuse, par Dèmètèr! tu nous as représentée, si ton épargne et ton travail ne te laissent pas de quoi te faire enterrer!

PÉNIA.

Tu t'efforces de railler et de jouer la comédie, sans nul souci de ce qui est sérieux. Tu ne sais pas que, mieux que Ploutos, je rends les hommes meilleurs d'esprit et de corps. Avec lui, ils sont podagres, ventrus, les cuisses épaisses, outrageusement gras; avec moi, ils sont minces, à taille de guêpe, redoutables à l'ennemi.

KHRÉMYLOS.

C'est sans doute en les faisant jeûner que tu leur donnes cette taille de guêpe?

PÉNIA.

Pour ce qui est des mœurs, je vais vous expliquer et vous prouver que la modestie habite avec moi et l'insolence avec Ploutos.

KHRÉMYLOS.

Ainsi, voler et percer les murs est tout à fait modeste?

BLEPSIDÈMOS.

Oui, de par Zeus! du moment qu'on se cache, comment ne serait-ce pas modeste?

PÉNIA.

Vois donc les orateurs dans les cités : tant qu'ils sont pauvres, ils sont justes envers le peuple et l'État; mais une fois enrichis des dépouilles publiques, ils deviennent injustes, attaquent le gouvernement et font la guerre au peuple.

KHRÉMYLOS.

Oui, dans tout cela, tu ne mens pas d'un mot, bien que tu sois mauvaise langue. Cependant tu n'en gémiras pas moins, et tu n'auras pas à faire la fière, toi qui cherches à nous persuader que Pénia vaut mieux que Ploutos.

PÉNIA.

Et, de ton côté, tu ne pourras me réfuter sur ce point : tu radotes et tu bats de l'aile.

KHRÉMYLOS.

D'où vient alors que tous les hommes te fuient ?

PÉNIA.

C'est que je les rends meilleurs. Prends un exemple d'après les enfants : ils fuient leurs pères, qui ont pour eux les meilleures intentions. Tant c'est chose difficile de discerner ce qui est juste !

KHRÉMYLOS.

Tu diras donc que Zeus ne discerne pas bien ce qu'il y a de meilleur; car il garde Ploutos avec lui.

BLEPSIDÈMOS.

Et c'est toi qu'il nous envoie.

PÉNIA.

Mais vous avez tous les deux l'esprit réellement chassieux de chassies qui datent de Kronos : Zeus est pauvre, et je vais vous le prouver clairement. S'il était riche, comment dans le concours olympique, créé par lui, où il a assemblé régulièrement tous les cinq ans la Hellas entière, ferait-il proclamer les athlètes vainqueurs pour les couronner d'une couronne d'olivier ? Il vaudrait mieux qu'elle fût d'or, s'il était riche.

KHRÉMYLOS.

Mais cela même ne prouve-t-il pas qu'il fait cas de la richesse ? C'est par économie et parce qu'il ne veut faire aucune dépense, qu'il donne ces bagatelles aux vainqueurs, et qu'il garde la richesse pour lui.

PÉNIA.

Tu cherches à lui imputer un méfait bien plus honteux que la pauvreté, si, étant riche, il se montre aussi bas, aussi épris du gain.

KHRÉMYLOS.

Que Zeus te confonde en te couronnant d'une couronne d'olivier !

PÉNIA.

Osez me répondre que tous les biens ne vous viennent pas de la pauvreté !

KHRÉMYLOS.

On peut demander à Hékatè lequel vaut mieux d'être riche ou pauvre. Elle exige que ceux qui possèdent et qui sont riches offrent un festin tous les mois, et que les pauvres l'enlèvent avant qu'il soit servi. Mais crève, et ne dis pas un traître mot. Tu ne me persuaderas pas, même si tu me persuades.

PÉNIA.

O ville d'Argos, tu entends ce qu'il dit.

KHRÉMYLOS.

Appelle Pausôn, ton commensal.

PÉNIA.

Que ferai-je, malheureuse ?

KHRÉMYLOS.

Va-t'en aux corbeaux ! Vite, loin de nous !

PÉNIA.

Où donc irai-je ?

KHRÉMYLOS.

Au carcan ! Allons, point de retard ; en route !

PÉNIA.

Certes, un jour vous me rappellerez ici.

KHRÉMYLOS.

Alors, tu reviendras ; mais, pour le moment, disparais ! Mieux vaut pour moi être riche, et te laisser crier à ton aise, en te cognant la tête.

BLEPSIDÈMOS.

Et moi, de par Zeus ! devenu riche, je veux faire bonne chère avec mes enfants et ma femme, sortir du bain tout gras de parfums, pétant au nez des travailleurs et de la pauvreté.

KHRÉMYLOS.

Voilà enfin cette coquine partie! Maintenant, moi et toi, emmenons au plus vite le Dieu, pour le faire coucher dans le temple d'Asklèpios.

BLEPSIDÈMOS.

Ne perdons pas de temps, de peur qu'on ne vienne derechef nous empêcher de faire le nécessaire.

KHRÉMYLOS.

Esclave! Kariôn! Apporte vite les tapis : il faut conduire Ploutos avec les rites accoutumés; prends tout ce qui est prêt dans la maison.

LE CHŒUR.

(Lacune.)

KARIÔN.

O vous, qui souvent avez fait maigre chère dans les fêtes de Thèseus, vieillards, nourris de quelques grains d'orge, que vous êtes heureux, quelle bonne chance pour vous et pour tous ceux qui sont gens de bien!

LE CHŒUR.

Qu'est-il donc arrivé, mon cher, à tes amis? Tu as l'air d'un conteur de bonne nouvelle.

KARIÔN.

Il est arrivé à mon maître le plus grand bonheur, ou, pour mieux dire, à Ploutos lui-même : il était aveugle ; il a recouvré la vue, ses prunelles brillent : un remède salutaire d'Asklèpios lui a procuré cette chance.

LE CHŒUR.

Tes paroles provoquent mon allégresse, mes cris de joie.

KARIÔN.

C'est le moment de se réjouir, bon gré, mal gré.

LE CHŒUR.

Je célébrerai ce fils d'un illustre père, éclatante lumière des hommes, Asklèpios.

LA FEMME DE KHRÉMYLOS.

Que veulent dire ces cris ? Est-ce quelque bonne nouvelle ? Il y a longtemps que, pleine d'impatience, je suis assise dans la maison, à t'attendre.

KARIÔN.

Vite, vite, apporte du vin, maîtresse, afin que tu boives aussi : tu te plais à cet exercice, et beaucoup. Tous les bonheurs, je te les apporte en bloc.

LA FEMME.

Et où sont-ils ?

KARIÔN.

Dans mes paroles ; tu le sauras bientôt.

LA FEMME.

Finis-en donc : achève ce que tu as à dire.

KARIÔN.

Écoute alors : je vais te conter toute l'affaire des pieds à la tête.

LA FEMME.

A la tête, non, je ne veux pas.

KARIÔN.

Tu ne veux pas des biens qui t'arrivent?

LA FEMME.

Je ne veux point d'affaires.

KARIÔN.

Aussitôt donc que nous sommes arrivés auprès du Dieu, conduisant l'homme, alors le plus misérable, et maintenant un être au comble du bonheur et de la félicité, nous avons commencé par le mener à la mer, puis nous l'avons baigné.

LA FEMME.

Quel bonheur, de par Zeus! c'était pour un vieillard d'être baigné dans la mer froide!

KARIÔN.

Ensuite, nous nous rendons au sanctuaire du Dieu. Après avoir consacré sur l'autel gâteaux et offrandes, livrés à la flamme noire de Hèphæstos, nous couchons Ploutos d'après le rite voulu, et chacun de nous s'arrange un lit de paille.

LA FEMME.

Y avait-il quelques autres personnes implorant le Dieu?

KARIÔN.

Tout d'abord Néoklidès, qui, bien qu'aveugle, surpasse en adresse les voleurs clairvoyants; puis un grand nombre d'autres, atteints de toutes sortes de maladies. Après qu'il eut éteint les lampes, le ministre du Dieu nous enjoint de dormir, nous disant que, si l'on entend du bruit, nous ayons à nous taire; nous nous couchons tous tranquillement. Moi, je ne pouvais fermer l'œil : certain plat de bouillie, placé à peu de distance de la tête d'une vieille, m'entraînait fatalement à me glisser par là. Portant en haut mes regards, j'aperçois le prêtre qui enlève les gâteaux et les figues sèches de dessus la table sainte; après quoi, il fait le tour des autels, l'un après l'autre, afin de voir si quelque galette y est restée, et il les met ensuite pieusement dans une sacoche. Alors moi, convaincu de la grande sainteté de l'action, je saute sur le plat de bouillie.

LA FEMME.

Malheureux homme! Tu n'as pas eu peur du Dieu?

KARIÔN.

Non, de par les dieux! Je craignais qu'il n'arrivât avant moi à la bouillie, ayant ses bandelettes : son prêtre m'en avait donné l'exemple. La vieille, entendant le bruit que je faisais, étend la main : moi je siffle, je la saisis et je la mords, comme si j'étais un serpent sacré. Aussitôt, elle retire la main et s'enveloppe, sans bouger, dans ses couvertures, lâchant, par peur, un vent plus puant que celui d'un chat. Enfin, moi, je me bourre de bouillie; puis, quand j'en suis plein, je me recouche.

LA FEMME.

Et le Dieu ne venait donc pas ?

KARIÔN.

Pas encore. Mais, après cela, je fais quelque chose de tout à fait drôle. Au moment où il s'approche, je lâche un énorme pet; car mon ventre était tout gonflé.

LA FEMME.

Sans doute alors cette gentillesse le met en colère.

KARIÔN.

Non; mais Iaso, qui le suivait, rougit, et Panakéia se détourne, en se bouchant le nez : car je ne vesse pas à l'odeur d'encens.

LA FEMME.

Et le Dieu ?

KARIÔN.

Lui, de par Zeus! il n'y fit pas attention.

LA FEMME.

Tu veux dire que c'est là un Dieu grossier.

KARIÔN.

Non pas, de par Zeus! mais c'est un mangemerde.

LA FEMME.

Ah! misérable!

KARIÔN.

Après cela, je me blottis vite, de frayeur; et lui, faisant le tour des malades, les examine successivement avec une grande attention. Ensuite, un esclave lui apporte un mortier en pierre, un pilon et une petite boîte.

LA FEMME.

En pierre?

KARIÔN.

Mais non, de par Zeus! pas la boîte.

LA FEMME.

Toi, comment voyais-tu cela, coquin digne de mort, puisque tu dis que tu étais blotti?

KARIÔN.

A travers mon manteau : car il ne manque pas de trous, Zeus m'en est témoin. Avant tout, il se met à délayer un cataplasme pour Néoklidès, en versant trois têtes d'ail. Il pile ensuite le tout dans un mortier avec un mélange de gomme et de lentisque, l'arrose de vinaigre sphettien, et l'applique sur les paupières retournées, pour augmenter la douleur. Le patient crie, hurle, s'enfuit à toutes jambes; mais le Dieu lui dit en riant : « Demeure ici avec ton cataplasme, afin que je t'empêche de te parjurer dans l'assemblée. »

LA FEMME.

Quel dieu patriote et sage!

KARIÔN.

Cela fait, il s'assoit auprès de Ploutos, et, d'abord, il lui tâte la tête, puis, pressant un linge bien propre, il lui essuie les paupières : Panakéia lui enveloppe la tête d'un voile de pourpre, ainsi que le visage; le Dieu souffle, et aussitôt deux énormes dragons s'élancent hors du temple.

LA FEMME.

Bons dieux!

KARIÔN.

Ceux-ci, s'étant glissés doucement sous la pourpre, lèchent les paupières, à ce qu'il m'a semblé; et, en moins de temps, maîtresse, que tu n'en mets à boire dix kotyles de vin, Ploutos se dresse voyant clair. Moi, de plaisir, je bats des mains, et je réveille mon maître. Aussitôt le Dieu disparaît, et les serpents rentrent dans le temple. Mais les gens couchés auprès de Ploutos l'embrassent comme tu penses, et restent éveillés toute la nuit, jusqu'à ce que brille le jour. Pour moi, je remercie le Dieu de toutes mes forces pour avoir vite redonné la vue à Ploutos et rendu Néoklidès plus aveugle.

LA FEMME.

Quelle puissance tu as, souverain maître! Alors, dis-moi où est Ploutos.

KARIÔN.

Il vient. Mais il y avait autour de lui une foule immense. Les hommes justes depuis longtemps, et réduits à une petite vie, l'embrassaient et lui serraient tous la main de plaisir. Les riches et ceux qui menaient une vie large, acquise aux dépens de la justice, fronçaient le sourcil et prenaient en même temps un air rébarbatif. Les premiers lui faisaient cortège, la tête couronnée, le rire aux lèvres, les bénédictions à la bouche; la terre résonnait sous les pas des vieillards marchant en mesure. Allons, tous, d'un commun accord, dansez, bondissez, tournez en rond ; car on ne viendra pas vous annoncer à l'entrée : « Il n'y a plus d'orge dans le sac. »

LA FEMME.

Par Hékatè ! je veux, pour cette bonne nouvelle, te tresser une couronne de gâteaux cuits au four, en retour de ce que tu annonces.

KARIÔN.

Ne tarde pas d'un instant, car voici déjà la troupe près de nos portes.

LA FEMME.

Eh bien ! Je vais au logis chercher des ablutions nécessaires à des yeux nouvellement reconquis ; j'y vais.

KARIÔN.

Et moi, je veux aller à leur rencontre.

LE CHŒUR.

(Lacune.)

PLOUTOS.

Et d'abord je me prosterne devant Hèlios, puis sur la terre illustre de la vénérable Pallas, pays même de Kékrops, qui m'a donné l'hospitalité. Je rougis de ma triste destinée. Quels hommes je fréquentais, sans le savoir ! et ceux qui étaient dignes de mon amitié, je les fuyais par ignorance! Malheureux que je suis! Comme en ceci, de même qu'en cela, j'agissais de travers! Mais je remettrai toutes ces choses en état, et désormais je ferai voir à tous les hommes que je me donnnais contre mon gré aux méchants.

KHRÉMYLOS.

Allez aux corbeaux! Combien sont insupportables les amis qui surgissent tout à coup, dès qu'on est riche! Ils me tourmentent et me froissent les os des jambes, en me montrant chacun leur tendresse. Car qui n'est pas venu me saluer? Quelle foule de vieillards m'a entouré, comme une couronne, sur l'Agora!

LA FEMME.

O le plus chéri des hommes! et toi, et toi, soyez en liesse. Voyons, maintenant: selon l'usage, je vais répandre ces ablutions, que j'ai prises pour toi.

PLOUTOS.

Nullement. Quand j'entre dans votre maison pour la première fois, y voyant clair, il convient non d'emporter, mais d'apporter.

LA FEMME.

Ne recevras-tu pas ces ablutions?

PLOUTOS.

Seulement chez vous, près du foyer, comme c'est l'usage. Nous éviterons ainsi une vraie charge. Car il ne sied pas à un poète dramatique de jeter aux spectateurs des figues et des friandises, pour les forcer à rire.

LA FEMME.

Tu dis vrai ; et voilà déjà Dexinikos qui se levait pour attraper des figues.

LE CHOEUR.

(Lacune.)

KARIÔN.

Qu'il est doux, braves gens, d'être heureux, et cela sans rien emporter de chez soi ! Un amas de bonheur a fait invasion dans notre maison, sans que nous ayons commis une injustice. Être riche ainsi est vraiment une agréable chose. La huche est pleine d'orge blanche, et les amphores d'un vin noir, qui fleure bon. Tous nos coffres regorgent d'argent et d'or, que c'est merveille. Le puits est rempli d'huile, les lékythes débordent d'essences, et le fruitier de figues. Vinaigriers, pots, marmites, toute la vaisselle est devenue d'airain. Les vieux plats usés où l'on sert le poisson sont d'un argent brillant à l'œil. Nos lieux d'aisances sont tout à coup devenus d'ivoire. Nous autres esclaves, nous jouons à pair ou non avec des statères ; et, par raffinement, nous ne nous torchons plus avec des pierres, mais avec des têtes d'ail. En ce moment, mon maître, ceint d'une couronne, immole, dans la maison, un porc, un bouc et un bélier. Moi, j'ai été chassé par la fumée : je ne pouvais plus rester à l'intérieur, elle me piquait les yeux.

UN HOMME JUSTE.

Viens avec moi, enfant, et allons trouver le Dieu.

KARIÔN.

Hé! quel est celui qui s'avance?

L'HOMME JUSTE.

Un homme naguère misérable, aujourd'hui heureux.

KARIÔN.

Il paraît certain que tu es du nombre des gens de bien.

L'HOMME JUSTE.

Assurément.

KARIÔN.

Alors, qu'est-ce qu'il te faut?

L'HOMME JUSTE.

Je viens auprès du Dieu, qui est pour moi la cause de grands biens. J'avais reçu de mon père une fortune suffisante, et je la mettais au service de mes amis besogneux, croyant que c'est employer utilement la vie.

KARIÔN.

Sans doute cette fortune t'a promptement manqué?

L'HOMME JUSTE.

Comme tu dis.

KARIÔN.

Et alors, après cela, tu es devenu misérable?

L'HOMME JUSTE.

Comme tu dis. Et je croyais, moi, que, ayant jusque-là

fait du bien à mes amis dans la détresse, je les trouverais fidèles, si quelque jour j'en avais besoin. Mais ils se détournaient de moi et semblaient ne plus me voir.

KARIÔN.

Et ils se moquaient de toi, j'en suis sûr.

L'HOMME JUSTE.

Comme tu dis. La pauvreté de mon ménage causait ma perte. Mais à présent il n'en est plus ainsi : et voilà pourquoi je viens auprès du Dieu, afin de lui adresser des actions de grâces.

KARIÔN.

Et que peut faire au Dieu ce manteau, porté par l'esclave qui t'accompagne ? Dis-le-moi.

L'HOMME JUSTE.

Je viens le consacrer en même temps au Dieu.

KARIÔN.

Le portais-tu, lorsque tu fus initié aux grands mystères ?

L'HOMME JUSTE.

Nullement; mais il m'a servi à grelotter treize ans.

KARIÔN.

Et ces chaussures ?

L'HOMME JUSTE.

Elles ont aussi pâti des hivers avec moi.

KARIÔN.

Les as-tu apportées aussi comme offrandes ?

L'HOMME JUSTE.

Oui, de par Zeus!

KARIÔN.

Ils sont charmants, les dons que tu apportes au Dieu.

UN SYKOPHANTE.

Hélas! Malheureux! C'est fait de moi, chétif! O trois fois, quatre fois, cinq fois, douze fois, dix mille fois malheureux! Iou! Iou! Je suis emmêlé dans une triste série d'infortunes.

KARIÔN.

Apollôn préservateur, et vous, dieux propices, quel mal est-il donc arrivé à cet homme?

LE SYKOPHANTE.

N'éprouvé-je pas aujourd'hui une cruelle infortune, ayant perdu tout ce que j'avais chez moi, grâce à ce Dieu? Puisse-t-il redevenir aveugle, si la justice ne nous a point adandonnés!

L'HOMME JUSTE.

Je crois à peu près comprendre l'affaire. Voici un homme en mauvaise passe, et qui a un air de faux aloi.

KARIÔN.

De par Zeus! c'est avec raison qu'il est ainsi frappé.

LE SYKOPHANTE.

Où est-il, où est ce Dieu qui promettait de nous rendre

tous riches, sur-le-champ, à lui seul, s'il se reprenait à voir clair? Et cependant il en a rendu quelques-uns beaucoup plus misérables.

KARIÔN.

Qui donc a-t-il si maltraité?

LE SYKOPHANTE.

Moi-même.

KARIÔN.

Étais-tu donc un méchant, un perceur de murs?

LE SYKOPHANTE.

Non, de par Zeus! Mais vous ne valez rien l'un et l'autre, et il n'est pas possible que vous n'ayez point mon argent.

KARIÔN.

O Dèmètèr! quel furieux sykophante nous est venu là! Il est certain qu'il est atteint de boulimie.

LE SYKOPHANTE.

Toi, tu ne vas pas tarder à venir immédiatement à l'Agora. Il faut que sur la roue et dans les tourments tu avoues tes méfaits.

KARIÔN.

Comme tu vas gémir, toi!

L'HOMME JUSTE.

Au nom de Zeus Sauveur, le Dieu a bien mérité de tous les Hellènes, s'il met à malemort les mauvais sykophantes.

LE SYKOPHANTE.

Malheureux que je suis! Est-ce que tu es complice de

ces moqueries ? Où as-tu été prendre ce vêtement ? Hier encore, je t'ai vu avec un manteau percé.

L'HOMME JUSTE.

Je ne fais aucun cas de toi. Cet anneau que je porte, je l'ai acheté une drakhme à Eudèmos.

KARIÔN.

Mais il ne garantit pas de la morsure d'un sykophante.

LE SYKOPHANTE.

N'est-ce point là le comble de l'outrage ? Vous plaisantez et vous ne dites pas ce que vous faites ici. Vous n'y êtes pour rien de bon.

KARIÔN.

Non, de par Zeus ! pas pour ton bien ; sois-en convaincu.

LE SYKOPHANTE.

De par Zeus ! vous allez dîner tous les deux à mes dépens.

KARIÔN.

En réalité, puisses-tu crever, toi et ton témoin, sans vous être rempli le ventre !

LE SYKOPHANTE.

Le nierez-vous, scélérats ? Il y a là dedans une grande quantité de poissons salés et de viandes rôties. Hu ! hu ! hu ! hu ! hu ! hu ! hu ! hu ! hu ! hu ! hu ! hu ! *(Il flaire.)*

L'HOMME JUSTE.

Misérable ! Tu flaires quelque chose ?

KARIÔN.

Le froid peut-être, avec le manteau usé qui l'enveloppe.

LE SYKOPHANTE.

Et vous supportez de pareilles choses, Zeus, et vous, dieux! Ces gens-là m'insulter? J'ai raison de m'indigner, moi, homme de bien et patriote, maltraité de la sorte!

L'HOMME JUSTE.

Toi patriote et homme de bien?

LE SYKOPHANTE.

Comme pas un.

L'HOMME JUSTE.

Voyons, je t'interroge; réponds-moi.

LE SYKOPHANTE.

Qu'est-ce à dire?

L'HOMME JUSTE.

Es-tu laboureur?

LE SYKOPHANTE.

Me crois-tu atteint de mélancolie?

L'HOMME JUSTE.

Marchand, alors?

LE SYKOPHANTE.

Oui, j'en prends le titre, quand cela tourne bien.

L'HOMME JUSTE.

Soit! As-tu appris quelque métier?

LE SYKOPHANTE.

Non, de par Zeus!

L'HOMME JUSTE.

Comment et de quoi vivais-tu donc, ne faisant rien?

LE SYKOPHANTE.

Je surveille les affaires publiques ou privées, toutes.

L'HOMME JUSTE.

Toi? Et de quel droit?

LE SYKOPHANTE.

Je le veux.

L'HOMME JUSTE.

Comment donc serais-tu un honnête homme, ô perceur de murs, si tu n'as d'autre fonction que de te faire détester?

LE SYKOPHANTE.

Ce n'est pas mon affaire, imbécile, de servir de toutes mes forces les intérêts de la ville?

L'HOMME JUSTE.

Est-ce les servir que de se donner beaucoup de mouvement pour rien?

LE SYKOPHANTE.

Oui, si l'on vient en aide aux lois établies, et si l'on ne transige pas avec les coupables.

L'HOMME JUSTE.

Est-ce pour rien que la ville a établi les fonctions judiciaires?

LE SYKOPHANTE.

Mais qui accuse ?

L'HOMME JUSTE.

Celui qui veut.

LE SYKOPHANTE.

Ne suis-je pas cet homme, moi ? C'est donc à moi que reviennent les affaires de l'État ?

L'HOMME JUSTE.

De par Zeus ! elles ont alors un mauvais prostate. Mais ne préférerais-tu pas, l'âme tranquille, vivre sans rien faire ?

LE SYKOPHANTE.

C'est mener la vie d'un mouton que tu veux dire, quand on n'a aucune occupation dans la vie.

L'HOMME JUSTE.

Ainsi tu ne changerais pas ?

LE SYKOPHANTE.

Non, quand tu me donnerais Ploutos lui-même et le silphion de Battos.

L'HOMME JUSTE.

Mets vite habit bas.

KARIÔN.

Hé ! l'homme ! on te parle.

L'HOMME JUSTE.

Puis, ôte ta chaussure.

KARIÔN.

C'est à toi qu'il dit tout cela.

LE SYKOPHANTE.

Qu'il y vienne donc, celui de vous qui voudra!

KARIÔN.

Eh bien! je suis celui-là, moi!

LE SYKOPHANTE.

Malheur à moi! on me dépouille en plein jour.

KARIÔN.

Ah! tu crois bon de te mettre à manger le bien des autres?

LE SYKOPHANTE, *à un témoin.*

Vois-tu ce qu'on fait? Je te prends à témoin.

L'HOMME JUSTE.

Mais il se sauve à belles jambes, celui que tu prenais à témoin.

LE SYKOPHANTE.

Hélas! on me laisse tout seul.

KARIÔN.

Tu cries maintenant?

LE SYKOPHANTE.

Malheur! hélas! encore une fois!

KARIÔN.

Donne-moi donc, toi, ce vieux manteau, que je couvre ce sykophante!

L'HOMME JUSTE.

Non pas, il est depuis longtemps consacré à Ploutos.

KARIÔN.

Où ferait-il meilleur effet que jeté sur les épaules de ce scélérat, de ce perceur de murs ? Il convient de parer Ploutos de vêtements respectables.

L'HOMME JUSTE.

Et que fera-t-on des chaussures, dis-moi ?

KARIÔN.

Je les attacherai tout de suite à son front, comme on suspend des offrandes à des branches d'olivier.

LE SYKOPHANTE.

Je m'en vais ; car je reconnais que je suis beaucoup plus faible que vous. Mais, si je rencontre quelque compagnon, fût-il de bois de figuier, je tirerai vengeance aujourd'hui de ce Dieu qui, à lui tout seul, renverse ouvertement la démocratie, sans consulter le Conseil et l'assemblée des citoyens.

L'HOMME JUSTE.

Or, maintenant que tu marches revêtu de mon armure, cours au bain : prends-y la première place et chauffe-toi. Moi-même j'ai occupé ce poste autrefois.

KARIÔN.

Mais le baigneur viendra le jeter à la porte en le prenant par les génitoires ; car, dès qu'il l'aura vu, il reconnaîtra que c'est un fripon de mauvaise marque. Pour nous, entrons, afin que tu adresses tes prières au Dieu.

LE CHOEUR.

(Lacune.)

UNE VIEILLE FEMME.

Hé! amis vieillards, sommes-nous bien devant la maison du nouveau Dieu, ou nous sommes-nous absolument trompée de route?

LE CHOEUR.

Non; tu es arrivée à la porte même, ma belle enfant: tu t'informes juste à point.

LA VIEILLE.

Voyons, maintenant, je vais appeler quelqu'un de ceux du dedans.

KHRÉMYLOS.

Non; c'est inutile, car me voici moi-même tout venu. Seulement il faut nous dire au plus tôt pourquoi tu es venue.

LA VIEILLE.

J'ai souffert des choses indignes, injustes, mon très cher ami. Depuis que ce Dieu a recouvré la vue, il m'a fait la vie non vivable.

KHRÉMYLOS.

Qu'est-ce donc ? Serais-tu donc, toi, un sykophante femelle ?

LA VIEILLE.

Non pas, de par Zeus !

KHRÉMYLOS.

Aurais-tu donc, pour boire, tiré une mauvaise lettre ?

LA VIEILLE.

Tu railles ; et moi j'ai des ennuis cuisants.

KHRÉMYLOS.

Ne finiras-tu pas par nous dire quels sont ces ennuis ?

LA VIEILLE.

Écoute donc. J'avais pour ami un jeune homme, pauvre il est vrai, mais beau, bien fait et honnête. Si j'avais besoin de quelque chose, il m'accordait tout gracieusement, gentiment, et moi je le payais de retour.

KHRÉMYLOS.

Que te demandait-il donc spécialement, de son côté ?

LA VIEILLE.

Pas grand'chose ; car il était avec moi d'une réserve extraordinaire : tantôt il me demandait vingt drakhmes d'argent pour un manteau, tantôt huit pour des chaussures ; ou bien il me priait d'acheter un khitôn pour ses sœurs, un mantelet pour sa mère, ou il avait besoin de quatre médimnes de blé.

KHRÉMYLOS.

En effet, tu nous dis là, par Apollôn ! des demandes bien modestes, et il est clair qu'il y mettait de la réserve.

LA VIEILLE.

Ce n'étaient pas effectivement, ainsi qu'il le disait, des demandes intéressées, mais des échanges d'amitié ; en portant mon manteau, il se rappelait mon souvenir.

KHRÉMYLOS.

Tu parles d'un homme éperdument amoureux.

LA VIEILLE.

Mais, maintenant, le perfide n'a plus les mêmes sentiments : il est absolument changé. Avec ce gâteau et beaucoup d'autres friandises que je lui avais envoyés sur ce plat, je lui faisais dire que je viendrais ce soir.

KHRÉMYLOS.

Qu'a-t-il fait ? Dis-le-moi.

LA VIEILLE.

Il m'a renvoyé cette tarte au lait à la condition que je ne viendrais plus jamais le voir, et, en outre, il m'a fait dire que « jadis les Milèsiens étaient braves ».

KHRÉMYLOS.

Il est évident que ce garçon n'est pas un imbécile : depuis qu'il est riche, il n'aime plus les lentilles ; quand il était pauvre, il mangeait de tout.

LA VIEILLE.

Alors, chaque jour, j'en jure par les deux Déesses ! il était constamment à ma porte.

KHRÉMYLOS.

Pour un transport?

LA VIEILLE.

Non, de par Zeus! mais pour le seul plaisir d'entendre ma voix.

KHRÉMYLOS.

Et pour recevoir quelque chose.

LA VIEILLE.

Et, j'en atteste Zeus, s'il me voyait triste, il m'appelait d'une voix douce : « Mon petit canard, ma petite colombe. »

KHRÉMYLOS.

Après quoi, sans doute, il demandait pour avoir des chaussures.

LA VIEILLE.

Lors des grands mystères, j'en prends Zeus à témoin, quelqu'un m'ayant regardée sur mon char, il me battit pour cela toute la journée, tant ce garçon était jaloux.

KHRÉMYLOS.

C'est probablement qu'il aimait à manger seul.

LA VIEILLE.

Il disait que j'avais les mains tout à fait belles.

KHRÉMYLOS.

Lorsqu'elles lui présentaient vingt drakhmes.

LA VIEILLE.

Il prétendait que ma peau sentait bon.

KHRÉMYLOS.

Sans doute, de par Zeus! quand tu lui versais du Thasos.

LA VIEILLE.

Que mon regard n'était que tendresse et beauté.

KHRÉMYLOS.

Notre homme n'était pas maladroit, mais il s'entendait à gruger les ressources d'une vieille en chaleur.

LA VIEILLE.

Ainsi, mon cher, le Dieu n'agit pas en droiture, quand il dit qu'il vient toujours en aide aux opprimés.

KHRÉMYLOS.

Que devrait-il faire ? Dis-le, et ce sera fait.

LA VIEILLE.

La justice veut, j'en atteste Zeus, que l'on contraigne celui que j'ai bien traité à me traiter bien, à son tour ; autrement, il n'est pas juste qu'il reçoive aucune faveur.

KHRÉMYLOS.

Ne s'acquittait-il pas chaque nuit avec toi?

LA VIEILLE.

Mais il disait qu'il ne m'abandonnerait jamais de ma vie.

KHRÉMYLOS.

Fort bien, mais à présent il croit que tu ne vis plus.

LA VIEILLE.

En effet, mon cher ami, le chagrin m'a desséchée.

KHRÉMYLOS.

Dis plutôt putréfiée, si tu veux m'en croire.

LA VIEILLE.

Tu me ferais donc passer par un anneau.

KHRÉMYLOS.

Oui, si cet anneau était le cercle d'un crible.

LA VIEILLE.

Mais, à propos, voici le jeune homme que je suis dès longtemps en train d'accuser : il a l'air de se rendre à un gala.

KHRÉMYLOS.

On le dirait : il s'avance, en effet, portant une couronne et un flambeau.

LE JEUNE HOMME.

Salut !

KHRÉMYLOS.

C'est à toi qu'il s'adresse.

LE JEUNE HOMME.

Ma vieille amie, tu es devenue blanche en peu de temps, de par le Ciel !

LA VIEILLE.

Malheureuse ! De quelle insulte je suis abreuvée !

KHRÉMYLOS.

Il paraît qu'il y a longtemps qu'il ne t'a vue.

LA VIEILLE.

Longtemps, misérable! Il était chez moi hier.

KHRÉMYLOS.

Il lui arrive le contraire des autres, assurément : quand il est ivre, il y voit, sans doute, plus clair.

LA VIEILLE.

Non, mais il continue d'être d'une humeur insolente.

LE JEUNE HOMME.

O Poséidôn, souverain des mers! ô vieilles divinités! que de rides elle a sur le visage!

LA VIEILLE.

Ah! ah! N'approche pas ce flambeau!

KHRÉMYLOS.

Elle a raison : si une seule étincelle tombait sur elle, elle brûlerait comme une vieille branche d'olivier.

LE JEUNE HOMME.

Veux-tu jouer un moment avec moi?

LA VIEILLE.

Où, méchant?

LE JEUNE HOMME.

Ici : prends des noix.

LA VIEILLE.

A quel jeu?

LE JEUNE HOMME.

A « Combien as-tu de dents? »

KHRÉMYLOS.

Je vais deviner aussi. Elle en a réellement trois ou quatre.

LE JEUNE HOMME.

A l'amende! Elle n'a qu'une seule molaire.

LA VIEILLE.

O le plus méchant de tous les hommes! tu ne me parais pas dans ton bon sens, de me laver la tête devant tant de monde.

LE JEUNE HOMME.

Tu y gagnerais gros, si on te lavait tout entière.

KHRÉMYLOS.

Non pas, car elle est, pour le moment, bien fardée; mais si on lavait cette céruse, on verrait à plein les rides de son visage.

LA VIEILLE.

Tout vieux que tu es, tu me parais bien peu sage.

LE JEUNE HOMME.

Il essaie, en effet, de te cajoler; il te caresse la gorge, et il croit que je ne le vois pas.

LA VIEILLE.

Non, par Aphroditè! ce n'est pas à moi, infâme!

KHRÉMYLOS.

J'en jure par Hékatè! ce n'est pas cela certainement, je

serais en démence. Mais, jeune homme, je ne puis te pardonner de haïr cette belle enfant.

LE JEUNE HOMME.

Moi, je l'adore.

KHRÉMYLOS.

Et pourtant elle t'accuse.

LE JEUNE HOMME.

De quoi ?

KHRÉMYLOS.

Elle soutient que tu es un insolent, qui lui a dit : « Jadis les Milèsiens étaient braves. »

LE JEUNE HOMME.

Moi, je ne te la disputerai pas.

KHRÉMYLOS.

Pourquoi ?

LE JEUNE HOMME.

Par respect pour ton âge ; avec un autre, je ne souffrirais pas cette façon d'agir. A présent, va-t'en, la joie au cœur, et emmène la fille.

KHRÉMYLOS.

Je comprends ton idée ; tu ne te soucies pas, sans doute, d'être avec elle.

LA VIEILLE.

Et qui le souffrira ?

LE JEUNE HOMME.

Je ne saurais dialoguer avec une vieille qui fait l'amour depuis treize mille ans.

KHRÉMYLOS.

Cependant, puisque tu trouvais le vin bon à boire, il faut maintenant avaler la lie.

LE JEUNE HOMME.

C'est que c'est une lie tout à fait vieille et rance.

KHRÉMYLOS.

La passoire corrigera tout cela.

LE JEUNE HOMME.

Mais entrons; je veux aller offrir au Dieu ces couronnes que je porte.

LA VIEILLE.

Et moi, je veux aussi lui parler.

LE JEUNE HOMME.

Alors, moi, je n'entre pas.

KHRÉMYLOS.

Du courage, n'aie crainte, elle ne te fera pas violence.

LE JEUNE HOMME.

Ce que tu dis est tout à fait juste. J'ai assez longtemps goudronné cette bonne femme.

LA VIEILLE.

Marche; moi, j'entre derrière toi.

KHRÉMYLOS.

Combien cette vieille, j'en prends à témoin Zeus, roi du ciel, est une huître fortement collée à ce jeune homme!

LE CHOEUR.

(Lacune.)

KARIÔN.

Qui est-ce qui frappe à la porte? Qu'est-ce à dire? Personne ne paraît. C'est probablement la porte qui, en bruissant, a gémi.

HERMÈS.

J'ai à te parler, Kariôn; demeure.

KARIÔN.

Holà! dis-moi, est-ce toi qui frappais si rudement à la porte?

HERMÈS.

Non, de par Zeus! mais j'allais le faire, quand tu m'as prévenu en ouvrant. Va, cours vite appeler ton maître, puis sa femme et ses enfants, puis les serviteurs, puis le chien, puis toi-même, puis le cochon.

KARIÔN.

Dis-moi, qu'y a-t-il?

HERMÈS.

Zeus, mon pauvre homme, veut vous entasser tous dans le même plat, et vous jeter ensemble dans le Barathron.

KARIÔN.

On coupe la langue au porteur de semblables nouvelles ! Mais pourquoi songe-t-il à nous traiter de la sorte ?

HERMÈS.

Parce que vous avez fait la pire de toutes les choses. Depuis que Ploutos a recommencé à voir clair, ni encens, ni laurier, ni gâteau, ni victime, personne ne sacrifie plus la moindre offrande aux dieux.

KARIÔN.

Et, de par Zeus ! nul ne vous offrira rien ; car jadis vous ne songiez guère à nous.

HERMÈS.

Pour ce qui est des autres dieux, j'en ai un médiocre souci ; mais moi, je me meurs, je suis anéanti.

KARIÔN.

Tu as raison.

HERMÈS.

Autrefois, dans les cabarets, j'avais, dès le matin, et sur-le-champ, toutes sortes de bonnes choses, gâteaux au vin, miel, figues, tout ce qu'il plaît à Hermès de manger. Aujourd'hui, réduit à la misère, je demeure couché les jambes croisées.

KARIÔN.

N'est-ce pas de toute justice, toi qui faisais condamner à l'amende ceux qui te procuraient ces biens ?

HERMÈS.

Malheureux que je suis! c'en est fait du gâteau pétri à mon intention le quatrième jour du mois!

KARIÔN.

Tu regrettes ce qui n'est plus, et tu l'appelles en vain.

HERMÈS.

Ah! jambon que je dévorais!

KARIÔN.

Eh bien! joue des jambes, ici, en plein air.

HERMÈS.

Entrailles toutes chaudes que je dévorais!

KARIÔN.

Ce sont des douleurs d'entrailles qui semblent te tourmenter!

HERMÈS.

Ah! coupe remplie d'un égal mélange!

KARIÔN.

Avale celle-ci; fuis et ne te laisse pas devancer!

HERMÈS.

Serais-tu homme à rendre service à un ami?

KARIÔN.

Si le service demandé, je puis le lui rendre.

HERMÈS.

Si tu me procurais un pain bien cuit, et si tu me donnais

à manger un fort morceau de viande des victimes que vous immolez là dedans ?

KARIÔN.

Mais c'est défendu.

HERMÈS.

Cependant, lorsque tu dérobais quelque objet à ton maître, je faisais toujours qu'il ne s'en aperçût pas.

KARIÔN.

Afin d'en avoir ta part, perceur de murs : il t'en revenait un gâteau bien cuit.

HERMÈS.

Qu'ensuite tu mangeais tout seul.

KARIÔN.

Tu ne partageais pas les coups avec moi, lorsque j'étais pris à faire mal.

HERMÈS.

Ne rappelle plus les maux, si tu as pris Phylè ; mais, au nom des dieux, recevez-moi chez vous.

KARIÔN.

Comment ! Tu quitterais les dieux pour rester ici ?

HERMÈS.

C'est que chez vous tout est beaucoup mieux.

KARIÔN.

Qu'est-ce donc ? Te semble-t-il plus honnête de déserter ainsi ?

HERMÈS.

La patrie pour chacun est où l'on est bien.

KARIÔN.

De quelle utilité nous serais-tu, en demeurant ici ?

HERMÈS.

Établissez-moi près de la porte, afin de la tourner.

KARIÔN.

De la tourner ? Nous n'avons pas besoin de tours.

HERMÈS.

Mais marchand.

KARIÔN.

Non; nous sommes riches. Qu'avons-nous besoin de nourrir un Hermès revendeur ?

HERMÈS.

Mais au moins agent d'affaires.

KARIÔN.

Agent d'affaires ? Pas le moins du monde. Présentement, il ne faut point d'affaires, mais des cœurs loyaux.

HERMÈS.

Mais guide.

KARIÔN.

Non, le Dieu y voit clair et nous n'avons plus besoin d'être guidés.

HERMÈS.

Alors, je présiderai aux jeux. Eh bien, que dis-tu? Il convient, en effet, à Ploutos, de faire célébrer des jeux musicaux et gymniques.

KARIÔN.

Qu'il est bon d'avoir plusieurs noms! Le voilà qui a trouvé des moyens de vivre. Ce n'est pas sans raison que tous les juges tâchent de se faire inscrire en même temps à plusieurs tribunaux.

HERMÈS.

Entrerai-je à cette condition?

KARIÔN.

Entre, et va au puits laver les entrailles, pour avoir l'air tout de suite d'un bon serviteur.

LE CHOEUR.

(Lacune.)

UN PRÊTRE DE ZEUS.

Qui peut me dire au juste où est Khrémylos?

KHRÉMYLOS.

Qu'y a-t-il, mon très bon?

LE PRÊTRE.

Rien que de fâcheux. Car, depuis que Ploutos s'est remis à voir clair, je meurs de faim. Je n'ai rien à manger, moi, prêtre de Zeus Sauveur.

KHRÉMYLOS.

Au nom des dieux, quelle en est la cause ?

LE PRÊTRE.

Personne ne veut plus sacrifier.

KHRÉMYLOS.

Pourquoi ?

LE PRÊTRE.

Parce que tous sont riches. Jadis, quand ils n'avaient rien, le marchand, sauvé du péril, immolait une victime, ou l'accusé absous dans un procès; un autre faisait-il un sacrifice solennel, il m'invitait, moi, prêtre. Aujourd'hui, pas un absolument ne sacrifie, personne n'entre dans le temple, si ce n'est plusieurs milliers pour soulager leur ventre.

KHRÉMYLOS.

Eh bien, n'en prends-tu pas ta part légitime ?

LE PRÊTRE.

Aussi j'ai résolu de dire adieu à Zeus Sauveur et de m'établir ici.

KHRÉMYLOS.

Courage ! Tout ira bien, si le Dieu le permet. Zeus Sauveur est ici : il est venu de lui-même.

LE PRÊTRE.

Tout ce que tu dis là est excellent.

KHRÉMYLOS.

Attends un peu, et nous allons mettre tout de suite Ploutos à la place où Zeus gardait autrefois l'opisthodome de la Déesse. Qu'on m'apporte ici des torches allumées, afin que tu les portes devant le Dieu.

LE PRÊTRE.

C'est tout à fait ainsi qu'il faut faire.

KHRÉMYLOS.

Qu'on appelle Ploutos au dehors.

LA VIEILLE FEMME.

Et moi, que ferai-je ?

KHRÉMYLOS.

Ces marmites, qui nous servent à l'inauguration du Dieu, mets-les sur ta tête, et porte-les solennellement : tu as pour cet effet une robe de diverses couleurs.

LA VIEILLE.

Mais ce pour quoi je suis venue ?

KHRÉMYLOS.

Tout s'arrangera suivant ton gré. Le jeune homme ira chez toi ce soir.

LA VIEILLE FEMME.

Si, de par Zeus ! tu me garantis que ce jeune homme viendra chez moi, je porterai les marmites.

KHRÉMYLOS.

Ces marmites sont tout à fait à l'opposé des autres : dans les autres marmites la vieillesse se voit par-dessus ; dans celles-ci on la voit par-dessous.

LE CHOEUR.

Nous n'avons plus, pour nous, à demeurer ici ; retirons-nous à la suite des autres : il faut, en chantant, leur servir de cortège.

FIN

TABLE

TABLE

Achevé d'imprimer

le onze janvier mil huit cent quatre-vingt-dix-sept

PAR

ALPHONSE LEMERRE

6, RUE DES BERGERS, 6

A PARIS

I. — 2601.

www.ingramcontent.com/pod-product-compliance
Lightning Source LLC
LaVergne TN
LVHW010526100826
845148LV00001B/99

* 9 7 8 2 0 1 2 5 2 4 2 7 9 *